投资大道之
价值为锚

潘 滨 ◎ 编著

中国宇航出版社

·北京·

版权所有　侵权必究

图书在版编目（CIP）数据

投资大道之价值为锚 / 潘滨编著. -- 北京：中国宇航出版社, 2025. 1. -- ISBN 978-7-5159-2453-3

Ⅰ. F830.59

中国国家版本馆CIP数据核字第202484WP82号

策划编辑	田芳卿	封面设计	王晓武
责任编辑	吴媛媛	责任校对	谭　颖

出版发行　**中国宇航出版社**

社　址　北京市阜成路 8 号　　邮　编　100830
　　　　（010）68768548
网　址　www.caphbook.com
经　销　新华书店
发行部　（010）68767386　　（010）68371900
　　　　（010）68767382　　（010）88100613（传真）
零售店　读者服务部
　　　　（010）68371105
承　印　三河市君旺印务有限公司
版　次　2025 年 1 月第 1 版　　2025 年 1 月第 1 次印刷
规　格　710×1000　　　　　　开　本　1/16
印　张　16　　　　　　　　　　字　数　262 千字
书　号　ISBN 978-7-5159-2453-3
定　价　69.00 元

本书如有印装质量问题，可与发行部联系调换

前　言

　　投资，貌似是世上最简单的事儿，敲敲键盘，瞬间买入；动动手指，刹那卖出。完全不需要任何技能或者体力。但从另一个角度讲，投资是世上最难的事儿，因为投资的世界里，没有标准答案。

　　A股市场开放得比较晚，上海证券交易所1990年11月26日正式挂牌，距今不过30多年时间。1792年5月17日，24名美国证券经纪人在纽约签署《梧桐树协议》，之后，在此基础上创立纽约证券交易所，距今已然超过200年。

　　在这200年里，美国的股市，各种炒作层出不穷，各种流派百家争鸣，但最终美国股市形成了以机构投资者为主的格局，而机构又以价值投资为主。可以说，这种格局的形成，有偶然性，又有必然性。

　　美国股市也曾经出现过很多股神，其璀璨程度，堪比流星，灿烂却短暂。

　　技术派大师最大的问题，就是控制不好回撤。这个问题，几乎无解。只要是趋势跟随策略，只要是追涨突破买入的，几乎就是不可避免。而大幅回撤，对资产管理来说，绝对是灾难。没有几个投资者能够安然承受动辄30%到50%的回撤。所以控制不好回撤，几乎就没有可能长期从事资产管理行业，也就意味着，最终只能当个散户。

就价值投资而言，巴菲特实在是太有名了，太成功了，导致国内投资圈儿言必称巴菲特，好像只有学习巴菲特才能取得成功。实际上，目前为止，也没有第二个巴菲特出现。可见，要么巴菲特的成功是幸存者偏差，要么他有核心的秘诀不为世人所知。

实际上，价值派大师可以说是人才辈出，灿若星辰，但是国内知道甚至熟悉的并不多。就连很多研究价值投资的投资者，也并不能掌握全貌。笔者在研究价值投资的过程中，仔细研究了诸多大师，有美国的，也有欧洲的，有价值投资的，也有成长投资的，他们的方法各异，但都形成了自己独特的投资体系，并在实战中取得了巨大成功，因此笔者觉得有必要认真地分析这些大师们各自的独门技巧，以及他们的共同内核，为自己的投资实践提供支持。这就是本书出版的初衷。

只有经过足够的时间沉淀，方知谁是真英雄。就投资而言，至少十年的持续记录，才是证明一个人投资方法是否可行的必要指标。以这样的标准来衡量的话，价值投资派占据了绝对上风，至少可以找出数十位符合标准的投资大师，甚至更多。而其他流派的投资大师，可以说双手就能数得过来。这毋庸置疑地证明了价值投资的含金量和碾压式优势。

总体而言，价值投资因为其扎实的逻辑基础，无论从理论上，还是从实战中，都具有极佳的说服力。但是大师们各异的投资经历，也说明了价值投资大师并不是单纯地学习模仿最原始的价值投资——格雷厄姆的价值投资，而是在这个基础上，进行了深入的思考，形成了自己独特的风格，这才是他们取得成功的关键。当然，也有不少大师，借鉴了技术分析的方法，形成了并不纯粹但更有效的独特投资方法。

实际上，股价的波动受到至少三种力量的影响：第一是业绩，也可以简单理解为每股收益，这是决定股价波动的长期力量；第二是周期，这是决定股价波动的中期力量；第三是技术，这是决定股价波动的短期力量。

价值的本质是成长，周期的本质是回归，技术的本质是惯性。三种力量，你中有我，我中有你，呈现出一种既有规律，又似混沌的特征。但是三者的作用显然并不等同，从长期的角度来看，业绩的力量更强劲，更持久，所以长线操作必须建立在价值的基础上。但价值对中线的作用就弱了许多，对短线来说，几近于无。所以也不能说谁比谁重要，各有发挥的空间，各有独特的功能。能够兼容并蓄，取长补短，方为投资大道。

让我们一起努力，取得更好的投资成绩，才是最终目的。加油吧，投资人！

目录 CONTENTS

第1章 第一性原理

一、第一性原理的起源 /2

二、第一性原理的应用 /6

三、第一性原理的精髓 /11

第2章 投资公理

一、投资第一公理 /13

二、投资第二公理 /16

三、投资第三公理 /18

第3章 投资方法总论

一、有效市场假说 /20

二、有效市场的三种形态 /22

三、有效市场理论的发展 /23

四、三种投资方法 /25

第 4 章　投资的本质

一、零和、负和与正和 /27

二、博弈与共赢 /28

三、价值与技术 /29

第 5 章　投资者构成

一、投资者结构演变 /32

二、美国投资者结构分析 /34

（一）美国股票市场的现状 /34

（二）美股投资者结构演变 /35

三、中国投资者结构分析 /37

四、以投资逻辑为基础的投资者结构分析 /37

（一）庄家 /38

（二）游资 /39

（三）机构 /40

（四）投资者现状 /41

第 6 章　价格波动之源

一、能力与意愿 /43

二、机构与游资 /44

三、价值与成长 /47

第 7 章　本杰明·格雷厄姆

一、悲惨童年 /50

二、少年学霸 /52

三、崭露头角 /54

四、投机之殇 /56

五、事业起飞 /58

六、坠入深渊 /59

七、传世巨著 /60

八、重回巅峰 /61

九、兴趣广泛 /62

第8章 本杰明·格雷厄姆传世经典

一、《证券分析》/64

二、《聪明的投资者》/66

（一）核心思想 /66

（二）选股标准 /74

（三）现有版本 /76

三、其他著作 /76

第9章 沃尔特·施洛斯

一、一生低调的大佬 /79

二、施洛斯的投资理念 /81

三、施洛斯的投资方法 /85

四、超额收益的原因 /87

第10章 欧文·卡恩

一、最长寿的投资家 /89

二、一战成名 /91

三、净流动资产价值法 /93

四、卡恩的投资建议 /95

第 11 章 约翰·聂夫

一、大师生平 /98

二、选股方法 /101

三、交易策略 /106

　（一）买入策略 /106

　（二）调仓策略 /107

　（三）卖出策略 /108

　（四）仓位管理 /108

四、返璞归真 /109

第 12 章 塞斯·卡拉曼

一、天之骄子 /110

二、核心理念 /113

三、主要观点 /115

第 13 章 乔尔·格林布拉特

一、人生经历 /123

二、畅销作家 /126

三、神奇公式 /127

四、投资策略 /129

五、价值俱乐部 /131

六、"神奇公式"的延伸思考 /132

第 14 章 菲利普·费雪

一、精彩绝伦的一生 /134

目　录

　　二、经典投资案例 /136

　　三、主要著作 /139

　　四、投资座右铭 /140

第 15 章　菲利普·费雪成长投资策略

　　一、投资理念 /143

　　二、选股策略 /148

　　三、交易策略 /154

　　　（一）买入策略 /154

　　　（二）卖出策略 /155

　　　（三）大盘走势 /156

　　　（四）资产配置 /156

第 16 章　托马斯·普莱斯

　　一、何方神圣 /160

　　二、投资生涯 /162

　　三、主要理论 /166

第 17 章　彼得·林奇

　　一、大师生平 /174

　　二、投资理念 /179

　　三、六种股票类型 /183

　　四、选股原则 /185

　　五、综合分析 /186

第 18 章　吉姆·斯莱特

一、PEG 指标 /191

二、传奇一生 /193

三、投资理念 /195

四、选股策略 /198

第 19 章　戴维斯家族

一、第一代戴维斯 /204

二、第二代戴维斯 /210

三、第三代戴维斯 /211

四、《戴维斯王朝》/212

五、戴维斯双击 /212

六、实战案例 /213

第 20 章　沃伦·巴菲特

一、传奇人生 /219

二、经典案例 /224

三、投资帝国 /227

四、思想演变 /229

第 21 章　何以解忧，唯有成长

一、价值与成长 /235

二、成长投资万能公式 /239

第1章

第一性原理

2014年，特斯拉总裁"钢铁侠"埃隆·马斯克在南加州大学商学院的毕业演讲上，进行了一场5分钟的精彩分享，他将自己对工作和人生的思考总结为五个要点，其中一点说到了他的决策方式：

"要从物理学的角度思考问题，这是第一性原理。即不要进行类比推理。你把事情细分到你可以想象的最基本元素，然后你从那里开始推理，这是确定某件事是否有意义的好方法。

"这种思考不容易，你可能无法对每件事都这么思考，因为这很花精力。但是如果你想创新知识，那么这是最好的思考方法。这个框架是由物理学家提出并发展的，他们因此找出了反直觉的事情，比如量子力学。所以这是非常有效、非常强大的方法。无论如何，一定尽可能这样去做。"

这不是马斯克第一次在公众面前提及他极力推崇的思维框架：第一性原理。此前在一次公开采访中，马斯克对这个概念给出过更具体的解释：

"有一种好的思维框架，那是物理学的东西，有点儿像第一性原理推理，第一性原理的思考方式是用物理学的角度看待世界，我们运用第一性原理思维而不是比较思维去思考问题是非常重要的。在日常生活中，我们总是倾向于和别人比较，别人已经做过或者正在做这件事情，我们也去做。这样思考决策产生的结果是只能产生细小的迭代发展。

"第一性原理思维的思考方式是用物理学的角度看待世界的方法，也就是说一层层剥开事物的表象，看到里面的本质，然后再从本质一层层往上走。这要消耗大量的脑力。"

那么这个被马斯克念念不忘的"第一性原理"到底是何方神圣呢？

一、第一性原理的起源

第一性原理本来是物理学中的概念，由古希腊哲学家亚里士多德首先提出，后来被引申为一种思维模式。当出现一个问题时，问题背后一定有其原因，这个原因的背后还有原因，就这样一步一步向前推演，直至找到问题最本质的原因。然后，从这个本质原因开始，重新向后推演，直到找到解决问题的方法。通俗地说，第一性原理就是一个领域内所有知识的起点。

其实在亚里士多德之前，西方就有很多哲学家在用这种思维方式思考问题，他们将其称为"一"。

古希腊哲学家赫拉克利特认为：一切产生于一，一产生于一切，一就是神。

古希腊哲学家巴门尼德认为：唯一真实的存在就是一，一是无限的、不可分的。

这里的"一"就是起点，就是源头。

有很多哲学家开始探究物质的起源和宇宙的起源。

古希腊米利都学派的创始人泰勒斯认为：水生万物，万物复归于水，水是万物的本原。

古希腊哲学家阿那克西美尼认为：气体是世界的本源，不同形式的物质通过气体聚和散的过程产生，包括灵魂也是由气体产生。

古希腊哲学家赫拉克利特认为：万物的本原是火，而宇宙是永恒的活火。

古希腊哲学家恩培多克勒认为：万物由四种元素组成，分别是水、火、土和气。这四种元素是永恒存在的，由另外两种抽象元素"爱"和"恨"，使它们联结或分离。

这种探究物质起源和宇宙起源，认为万物由水、火、土、气所组成的思维方式，实际上就是第一性原理的思维方式。

在东方，这种类似的思维方式也在不断萌芽并壮大。

老子认为：道生一，一生二，二生三，三生万物。

《易经》把物质的起源归结为"阴阳"。

《黄帝内经》指出：阴阳者，天地之道也，万物之纲纪，变化之父母，生杀之本始，神明之府也，治病必求于本。

五行学说认为：物质由金、木、水、火、土五种元素组成。

这些都是第一性原理的思维方式。只不过之前没有人对这种思维方式进行系统的总结，后来亚里士多德在《形而上学》中把这种思维方式总结出来，他将其称为 First Principle，翻译成中文就是"第一性原理"。

这就是第一性原理的由来。

它其实并不复杂，所谓第一性原理，就是探索事物的起源；所谓第一性原理思维，就是不断探索事物起源的一种思维方式。但是亚里士多德为了保证这种起源和第一性原理的科学性，给它加上了一些限制性条件，他认为只有满足了这些条件，才称得上是真正的第一性原理。

亚里士多德说：任何一个系统都有自己的第一性原理，是一个根本性命题或假设，不能被缺省，也不能被违反。简单翻译一下，大概意思就是说，只有那些"最基本的""不证自明的"知识，才能称为第一性原理。那如何理解"最基本的"和"不证自明的"知识呢？

西方有一本流传极广的书，这本书曾影响了笛卡尔、牛顿等诸多科学大神，它就是古希腊数学家欧几里得的《几何原本》。它仅仅从五条公理和五条公设出发，就推导出了一个严密的逻辑体系——欧式几何。今天我们中学课本里学的几何学知识，基本上全是这五条公理和五条公设推导出来的结论。这也是人类历史上最经典的第一性原理的案例。

五大公理：

（1）等于同量的量彼此相等。

（2）等量加等量，其和相等。

（3）等量减等量，其差相等。

（4）彼此能重合的物体是全等的。

（5）整体大于部分。

五大公设：

（1）过两点能作且只能作一直线。

（2）任意线段能无限延伸成一条直线。

（3）以任一点为圆心，任意长为半径，可作一圆。

（4）所有直角都全等。

（5）若两条直线都与第三条直线相交，并且在同一边的内角之和小于两个直角，则这两条直线在这一边必定相交。

第五条公设又称为平行公理，可以导出下述命题：通过一个不在直线上的点，有且仅有一条不与该直线相交的直线。

通过这个例子，应该对亚里士多德所说的第一性原理多少有点感觉了。

1."最基本的"知识

这个怎么理解呢？可以理解为"不可从其他已有的定理演绎推导"，它就是起点。

人们经常会有一种思维惯性——追问事物的起因。人们认为，任何事物一定都有一个东西在它前面，即使是元起点，也认为它之前还有起点。但是第一性原理就是那个终极起点，没有什么在它前面了。比如，"过两点能作且只能作一直线"，这就是一种起点，它再也不可能由其他东西推理得到了；"等于同量的量彼此相等"，这就是一种起点，它也不可能由其他东西推理得到。

2."不证自明的"知识

这个怎么理解呢？第一性原理不仅是终极起点，而且它还是对的；不仅是对的，甚至有时候都无法证明它是对的，仅仅只能通过直觉感知它。比如，"过两点能作且只能作一直线"，虽然直觉性地知道它就是对的，但是无法通过任何逻辑手段来证明它是对的。为什么无法证明呢？因为它就是起点，在它之前没有东西了。

因此，人们仅能通过直觉来感知，这种直觉是人类所有知识的根基，即所有的知识都建立在这些不证自明的直觉基础之上。

理解了第一性原理之后，发现要找到这种第一性原理，其实并不容易。人们绝大多数的决策都并非建立在第一性原理的基础之上，而是一些自认为的"真理"。残酷的是，这些人们认为的"真理"，很多时候都是错误的，或者是不合时宜的，所以导致的谬误之多，超出绝大多数人的想象。

下面来看两个案例。

第1章 第一性原理

案例1：二战时期，英国空军有一项规定，战斗机的真皮座椅必须用骆驼粪来保养。某一天，由于骆驼粪短缺，很多战斗机不能做保养，有一个士兵想到能不能用其他的东西来代替，但是被战友嘲笑：既然部队规定必须用骆驼粪，就一定有他的道理。然后这个士兵就没再提这个事儿。直到有一天，一位参加过一战的老兵来到部队，看到这番景象就问：你们为啥还用骆驼粪保养皮具呢？

士兵答：这是部队的规定啊。

这位老兵就讲道：当年在北非作战，有大量物资需要骆驼运输，驾驭骆驼的皮具是牛皮的，骆驼闻到这个味道就不干活了，于是士兵们用骆驼粪擦拭皮具，好掩盖上面牛皮的味道，这样骆驼闻不到牛皮的味道就能正常干活了。

这是一条一战时期的正确做法，但是随着时间的流逝，到了二战这个方法还在用。

站在旁观者的角度，很容易看出来这是一条很没有道理的规定。但是如果把你放到当局者的角度，还能看清楚这个事情的本质吗？

这个故事的关键并不在于一条毫无道理的规定被执行了几十年，而是一条正确的规定怎么演变成了错误行为！

从这条规定的产生过程来看，没有这条规定的时候，士兵们可能不会把每一套设备都擦一遍，但是当紧急战斗时，会出现骆驼不合作的情况，为了避免这种情况的出现，于是部队设立了一条规定：每一套皮具都必须用骆驼粪擦拭。这是一条很正确的规定，士兵们也都知道拿骆驼粪擦装备是为了什么，每套皮具都用骆驼粪擦一遍，可以最大限度地保证设备处于备战状态。但是当一件很有用的事情变成了一条规定之后，就会发生一件事，那就是人们都会记得这条规定，制订这条规定的原因却被人忘记了。

每一项规定都是为了解决一个问题而出现的，但是当这个解决问题的办法变成了规定以后，人们很容易忘记产生这条规定的原因。

案例2：二战的时候，有一个军官去视察炮兵部队，发现每一架炮都配备四个人，一个人负责填炮弹，一个人负责瞄准开炮，一个人负责挥旗，还有一个人就直挺挺地站在旁边，似乎什么工作都没有。

军官很奇怪，就问这些炮兵，为什么有一个人站在那里一动不动，这个人是在干什么？结果所有炮兵的答案都是："这是规定。"

既然这第四个人没有任何作用，为什么要多配备这么一个人呢？

这个军官非常认真，通过一系列调研走访，终于知道了为什么炮位上要配备四个人。因为最早的大炮是靠马拉的，除了负责操作的三个人外，还需要有一个人拉着马的缰绳，防止打炮的时候把马吓跑了。后来都改成机动化部队了，但一个炮位配备四个人的编制被保留了下来，所以总有一个人直挺挺地站在旁边。

很多事，人们认为一贯如此就是对的。其实随着时代的变迁，有些事在过去是正确的，但现在已经成了禁锢头脑的牢笼。

为什么第一性原理如此重要呢？因为有一种惯性，当做出决定的依据或者定理早已时过境迁，但是依然以它为基础做决定。在错误的基础上，无论如何努力，都会越错越远。

实际上人们做的很多决定，都是基于"不合时宜"甚至是"错误"的依据。"不合时宜"指的是以前是非常正确的，但随着时间的推移，情况发生了很大的改变，导致现在已经不适用了。"错误"指的是以前得出结论的方式本来就是错的，现在一直根据一个错误的定理进行推论。

总的来说，在第一性原理的思维模式下，对于任何事物，首先要找到事物的第一性，然后再从本源出发，逐步论证。这样就绕过了复杂的衍生参数，使事物简单化，大大提高了解决问题的效率以及成功率。

二、第一性原理的应用

把第一性原理发挥到极致的是特斯拉的总裁埃隆·马斯克，第一性原理也是被他带火的。马斯克用活生生的案例向世人展示了自己是如何通过第一性原理进行颠覆式创新的。

1. 特斯拉电池

马斯克在创立特斯拉的时候，首先碰到的就是电池成本太高的难题，当时储能电池的价格是600美元/千瓦时，85千瓦电池的价格超过5万美元。

一些人会说，电池组从来都是这么昂贵，而且会一直这么贵下去，因为它过去就是这么贵，它未来也不可能变得更便宜。

马斯克和他的工程师们就开始思考电池组到底是由什么材料构成的，这些电池原料的市场价格是多少。通过研究发现，电池的组成包括碳、镍、铝和一些聚合物，这些材料的价格都可以从伦敦金属交易所和原料厂购买得到，购买这些原材料然后组合成电池组，只要80美元/千瓦时。这个惊奇的发现让马斯克决定在2013年自建电池工厂，最终发展得非常不错。

从本质出发，研究电池都是由什么材料组成，再推算这些原材料加在一起的价格，从而得到电池的最低价格，通过这样的思维方式，马斯克让电动车的商业化成为可能。

多数人考虑问题的出发点是这件事情的现有情况是既定事实，人们无法改变，但是马斯克的想法是，如果这件事在物理层面行得通，那么就能做成。

这就是典型的第一性原理的认知方式和行动方法，第一性原理就是知行合一的创新重构方法，是可以直接拿来应用到商业实践的操作逻辑。

类似的案例在马斯克的商业实践中非常常见，比如电池产品的结构设计方法、太空探索技术公司（SpaceX）的产品重构和成本控制方法等，这种创新方法几乎贯穿于马斯克的所有创业项目中，是创新的第一认知逻辑。

2. 火箭发射

著名传记作家沃尔特·艾萨克森在《埃隆·马斯克传》中也多次提及"第一性原理"这个概念。他在书中第一次提到，是在马斯克刚开始涉足太空探索领域时。

当时他的第一个计划是要建造一个小型火箭，把老鼠送上火星。但是后来马斯克开始担心，如果我们最后目睹的只是一只小老鼠在小飞船上慢慢死去这个画面，那可就不妙了，所以他后来想到了把一个小型温室送到火星上去。温室会降落在火星上，同时把火星上绿色植物生长的照片传回地球。

他认为公众会为此感到非常兴奋，以至于他们会迫不及待地希望向火星发射更多飞船，完成更多任务。

这个计划被称为"火星绿洲"，马斯克预估只需花费不到3000万美元就能完成这个任务。他用手头的钱就足够了，最大的挑战是造出一枚可以将小温室带到火星的廉价火箭。2002年年初，马斯克为了购买两枚第聂伯运载火箭（一种经过改装的老式弹道火箭），去了俄罗斯，但最后因为价格原因没有谈下来。他开始应用第一性原理进行思考，一步步在头脑中构建火箭发射的模型。

人类如果要去火星，必须彻底改进制造火箭的技术。依靠二手火箭，根本不可能推动航天技术发展。因此，在返程的飞机上，马斯克拿出电脑，开始用电子表格拉清单，详细列出制造一枚中型火箭的所有材料和成本。

在猎鹰9号之前，马斯克的SpaceX也只打造出了能够飞往地球轨道的火箭，跟其他火箭没什么区别，但后来，他有了新的目标，那就是大幅降低火箭的发射成本，而降低火箭发射成本的一条有效之路就是利旧，此时他必须在火箭的功能上下功夫，既然飞机可以从天而降，那火箭为什么就不可以呢？

如果从第一性原理的角度来分析，马斯克肯定是拆解了当下主流航天器的功能，发现了比如月球着陆器具备了垂直降落的功能。如果在重构火箭的过程中，把垂直降落技术添加在火箭身上，那么至少一级火箭就可以复用了，这就实现了降低火箭发射成本的诉求！可以说，猎鹰9号的诞生，是马斯克对第一性原理的绝佳实践案例。

3. 特斯拉皮卡

无独有偶，在特斯拉的设计生产过程中，第一性原理也发挥着至关重要的作用。从2017年年初开始，马斯克和冯·霍兹豪森翻来覆去地讨论特斯拉皮卡的想法。

霍兹豪森从传统设计起步，以雪佛兰在20世纪60年代打造的复古未来主义轿跑埃尔卡米诺（EI Camino）为参考，设计了一款具有类似气质的皮卡，但当二人绕着模型走来走去时，他们一致认为它的风格"太软"了。霍兹豪森说："曲线玲珑的样子，不像皮卡那样敦实厚重。"

头脑风暴的过程很有趣，但还是没有碰撞出一个让他们激动的概念原型。为了汲取灵感，他们参观了彼得森汽车博物馆，在那里有些发现出乎他们的意料。霍兹豪森说："我们意识到，皮卡的外形和制造工艺在长达80年的时间里基本没有变化。"这让马斯克把注意力转移到了更基础的问题上，他

第1章 第一性原理

开始用"第一性原理"推导这个问题：特斯拉应该用什么材料打造卡车车身？通过对材料的反思，甚至是对车辆结构物理学的反复研究，特斯拉可以为全新设计开辟出可能性。

霍兹豪森说："最初我们考虑的是铝，还考虑过钛，因为耐用性真的很重要。"但在那时，马斯克开始着迷于探索用富有光泽的不锈钢制作火箭飞船的可能性。他意识到，这种材料可能也适用于皮卡。不锈钢车身不需要喷漆，而且可以承担车辆的一些结构性负荷。这个想法真正做到了不落俗套，重新思考了车辆的可能性。

经过几周的讨论，马斯克简明扼要地宣布："我们要用不锈钢造皮卡。"马斯克具备的一个优势是他的几家公司可以彼此分享工程知识。查尔斯·柯伊曼是特斯拉和SpaceX负责材料工程的副总裁，他开发了一种"冷轧"的超硬不锈钢合金，不需要做热处理，特斯拉还为此申请了专利。这种材料足够结实，也足够便宜，可以用于制造卡车和火箭。

在特斯拉电动皮卡上使用不锈钢的决定对车辆的工程设计有重大影响。钢制车身可以作为车辆的承重结构，而过去是底盘在发挥这一作用。用上了不锈钢，也给卡车外观引入了新的可能性。与使用冲压机器将碳纤维雕琢成曲线玲珑的车身面板相比，不锈钢更适合做直线和锐角设计。这就让设计团队有机会——某种程度上也是被逼无奈——探索出更多未来主义的、前卫的甚至是乍一看不太和谐的设计想法。

4. 成本把控

马斯克对于"第一性原理"的推崇，还体现在对成本的极致把控上。

马斯克对成本控制极为关注，这不仅因为他要花自己的钱，更是因为把每一分钱都花在刀刃上对实现他的最终目标（殖民火星）来说至关重要。

航空航天领域的零部件供应商提供的部件价格不能让他满意，他质疑这些价格，因为这些部件的价格一般要比汽车行业的类似零部件高出10倍。他对成本的关注，以及他天生的控制欲，让他产生了这样一种想法：尽量多地在公司内部制造零部件，而不是从供应商那里购买。

穆勒回忆说，有一次SpaceX需要一个阀门，供应商要价25万美元。马斯克说他们心太黑了，并对穆勒说我们应该自己制造。他们在几个月内就以很低的成本完成了这项工作。另一家供应商负责提供一种能使发动机喷管旋转的驱动器，报价12万美元。马斯克说这东西并不比车库门开关复杂多少，于是他要求手下的一名工程师以每个5000美元的成本把它造出来。为穆勒工作的年轻工程师杰里米·霍尔曼发现，洗车系统里用于混合清洗液的阀门改造后就可以与火箭燃料一起工作。

还有一家供应商，交付了一批装在燃料箱顶部的铝制整流罩，随后就抬高了下一批产品的价格。"这就像油漆工给你的房子刷了一半漆后坐地起价，要你花3倍的价钱才肯刷完后一半，埃隆可不吃这一套。"马克·容科萨说道，他是马斯克在SpaceX关系最亲密的同事。马斯克对容科萨说："我们自己做。"

于是装配设施中增加了一个新的部分来打造整流罩。几年后，SpaceX在内部就完成了70%的火箭零部件制造工作。

马斯克在运用创新技术来消减成本方面可以说是大刀阔斧，甚至有点丧心病狂。例如：他认为猛禽发动机的量产过程太复杂，于是解雇了设计负责人，并亲自担任分管推进器项目的副总裁。他的目标是将每个猛禽发动机的成本降至20万美元左右，这是当时成本的1/10。

他甚至为此发明了一个白痴指数，也就是一个零部件的总成本与它的原材料成本的比值。如果白痴指数很高，比如零部件成本1000美元，而制作它的铝的成本只有100美元，那么很可能就是设计过于复杂或制造过程效率太低导致的。马斯克原话是这么讲的："如果你做的东西白痴指数很高，那你就是个白痴。"

而马斯克一举成名的回收式火箭也是源于上述思维的成果。只要在符合物理学定律的基础上，所有大幅度降低成本的创新和努力都是值得去尝试的，而且很大程度能达成。

很显然，循序渐进的降低成本比较容易，但绝对不会被马斯克放在眼里。他的期望总是非常高，只有实现80%到90%大幅度的成本降低才有意义。而要达成这类目标就一定要打破常规思维。这时第一性原理起到的作用就至关重要了。

三、第一性原理的精髓

看了这么多，很多人恍然大悟，原来第一性原理就是本质思维法，就是找到事物的本质，又不是什么新东西。但这种理解是有失偏颇的。

很多人认为第一性原理就是认识到事物的本质，找到决定事物的第一因，或者叫洞察事物的本质，这就是所谓的第一性原理了。如果这么认为的话，第一性原理归根到底就是洞察力的表述，认识论的表述，或者叫追本溯源、刨根问底，这是常听到的关于第一性原理的表述，而且这么表述的人往往认为自己也是能看透本质的人，这肯定是荒谬的。如果是这样简单的话，马斯克就不会有那么多颠覆性的技术和商业创新。

马斯克说，"第一性原理的思考方式是一层层剥开事物的表象，看到里面的本质，然后再从本质一层层往上走"，这就是从本质一层一层往上创新重构的意思，这里面最关键的是从本质往上一层一层、动态化地创新重构，进而用新的创新系统来解决问题的思维。一般人往往以为看到本质就结束了，其实最重要的是从本质层面对系统多个层次的创新重构，这才是实现价值的根本。

第一性原理强调的是从事物的第一因往前推演重构，进而找到解决问题的方式的创新过程，所以第一性原理其实是一个典型的创新思维方式，找到问题和事物的本质，然后从本质层面一层一层推演重构、创新重构，最终实现体系化、系统化解决问题的目的。这是一个层层递进的创新过程和解决问题的过程，可不仅仅是所谓的看到本质的认知过程。

如果仔细思考的话，第一性原理其实可以用"解构＋重构"的创新逻辑来表述，先看清事物的本质结构，然后再从基本结构开始往上重构创新，这种重构创新才是第一性原理的真谛。

当然，任何一个原理或定律，都不可能解决世界上所有的问题。

如果出问题的地方不在第一性原理的体系中，那么即便采用第一性原理的思维方法，也是找不到解决方案的。

所以从这个角度讲，第一性原理并非是解决任何问题的万能钥匙，更多的是一种思维方式，无论哪个领域，或者解决哪个问题，第一性原理都是可以让人们受益良多的高效思维武器。

通过上面的分析，可以看出第一性原理有以下几个特征。

（1）自然科学的第一性原理，研究的是系统；而人文、经济领域的第一性原理，研究的是某个问题，或者某个现象。

（2）第一性原理并非只有一个定理，相反，通常第一性原理都包含好几个定理，只要这些定理都是最基本的，彼此独立不能互相推导的，都是第一性原理。

（3）第一性原理具有最基本的、不证自明的特征。

（4）第一性原理是先从现象发现本质，然后再次重构以发现新的路径和可能性。

第一性原理的真谛就是将一个整体拆解为最基础的组成部分，并且保证这些部分都是正确或者无限接近于正确的，然后再从最基础的层面，重新构建出一个新的整体。

第 2 章 投资公理

上一章介绍了第一性原理的通用解释，那么能不能把第一性原理的思维应用到投资领域呢？投资的第一性原理到底是什么？

投资的第一性原理，也可以称为投资公理，共有三条，它们各自独立，无法彼此推导，属于投资中的基础逻辑，是推导出投资体系的根基。

一、投资第一公理

投资第一公理：任何一笔投资都是不确定的，无论使用什么样的方法。

之所以说是第一，是因为关于投资的所有秘密，都隐藏在如此简单的一句话背后。之所以说是公理，是因为无法证明，却被实践不断检验而证实。读不懂这句话，一切都是镜中花、水中月，可望而不可即。

为什么这句话如此重要，以至于把它提升到公理的高度？这是因为，它揭示了所有投资行为的本质，那就是"无法准确地描述和精确地衡量"。所以自然的结论就是：没有任何一种理论和方法，能够确定投资行为。

正因如此，一切对基本面分析、周期分析和技术分析之类的批评都可以闭嘴了。

所有的这些方法都是对一个无法准确描述和精确衡量的行为进行的尝试，所以其能力范围就只限于提供一种概率上的估算，也就是追求高胜算，而不是确定性。因此，批评这些理论无法百分百地确定结果，是没有道理的。

这些理论存在的价值，就在于投资者按照理论提供的方法进行投资，会比随机买入有更高的胜算。投资的本质是无法准确描述和精确衡量的，并不代表无法通过投资获利。这是两回事。面对充满不确定性的世界，需要一些方法或者一种秩序，就可以持续稳定获利。目前来看，主要有基本面分析、周期分析和技术分析这三种方法，这些方法提供了获取高胜算机会的独特角度。所以，可以说这些方法的本质，就是捕捉高胜算的投资信号。

目前为止，没有任何一种理论能够对投资给出确定性，既然无法找到这种确定性，那实现持续稳定盈利的方法就是利用概率。需要强调的是，再高的概率也不是具有确定性。

举个简单的例子，在54张扑克牌中抽到大王算输，抽到其他算赢，那么赢的概率是53/54，很高了吧？结果呢？可能就那么背，抽到了大王，一次全部输光。所以确定性就是确定性，高概率就是高概率。二者完全不同。

在确定的情况下，所有的基本面研究、资金管理策略等，都成为多余的东西，没有用了。但是只要存在不确定性，哪怕是概率很小的不确定性，就需要制订相关的策略。比如上面的游戏，就要考虑每次只拿出总本金的一部分作为赌注，而不是一次赌全部。

这就是投资的本质。投资都是沿着一个逻辑，一步步推导出来的，很多人没有意识到这一点。

如果大家都认同实现盈利的方法是利用概率，那下面两个要素就很关键。

第一，胜率。

第二，盈亏比。

首先，赢的次数多，当然容易获利，因为无法找到一定赢的方法，所以要找到尽量赢得多的方法；其次，就算赢的次数比亏损的多，但赢的是小头，一输就输个大的，最后还是不一定会盈利。因此在这个基础上，就出现了盈亏比的概念。

哪怕赢了很多次，但不够这一次亏的，所以当情况不妙时，亏了也要出。这就是止损的雏形。逐渐地，人们会发现，在每一笔投资前就设好止损位远比出了问题再被迫斩仓要好得多。

设好止损位后，也比较容易判断一笔交易的质量。比如承担了5%的风险，却只赚到2%的利润，这笔交易如何呢？在没有设置止损的情况下，赚到2%，可能就知足了。但要知道，这笔2%的利润是冒着5%的风险获得的，那么观点就会发生改变。当人们意识到这一点时，就会重新审视每一笔投资。以前的很多投资，现在来看都有点儿不太靠谱。这就是一种进步。

结论：赚了钱的投资未必是好投资。

重新梳理一下。因为不确定性，所以每次下注的时候不能总是满仓操作，需要一些仓位配置技巧。这就是资金管理的起源。

有效的资金管理可以更加从容地面对市场的涨跌，以及操作失误可能带来的损失。因为不想每次投资都承受过大的损失，所以在每笔投资前都确定止损位，从而控制每笔投资的风险；因为希望在控制风险的前提下，尽可能获得更高的收益，所以需要选择盈亏比较为理想的投资机会。

这就是交易系统的框架。

到现在为止，从投资的本质不确定性出发，一步步延伸开来，逐步建立起了一个逻辑框架。有了这个框架，再来看很多具体的问题。

现在已经建立了适合自己的资金管理策略、止损策略、退出策略，那剩下的还缺什么？就是如何找到胜率和盈亏比的最佳组合。

投资的一切流派，其实试图解决的都是这个问题。如果认同上述逻辑，就应该了解，各派的争执，其实就是集中在对这个问题的不同理解上，但都需要建立在交易系统的框架下。

在这个框架下，选择适合自己的胜率与盈亏比的最佳组合，就是应该努力的方向。用简单的视角看待股票是投资者能够真正理解投资终极秘密的关键。

面对复杂的状况，无穷的选择，唯有以不变应万变。因此，进行的每一笔投资，如果对它进行抽象和简化，就会发现，只需要关注如下两个要素。

第一，盈亏比是否理想？

第二，实现该盈亏比的胜率多大？

二者的结合就是一个正期望值的交易系统。

需要注意，上述两个要素的顺序。首先是盈亏比，其次才是胜率。这个顺序不能改变。因为没有事先确定盈亏比，就无所谓胜率。很多人对这个问题存在误解，没有理解胜率的真正含义。

股票之于投资者，正如牛之于庖丁。庖丁眼中，牛不再是牛，而是经络、骨骼、关节；投资者的眼中，股票也不再是股票，而是盈亏比和胜率组成的二维坐标。

在不同的时刻，同一只股票的坐标值也是不断改变的。因此，股票具备了二维的属性，如果加上时间，就是三维空间。投资者要做的，就是在每一个具体时刻，去选择具有最优二维属性的股票，或者对某只符合要求的股票，寻找适合介入的最佳时机。

这就是投资的自然哲学原理。从此以后，就能沿着一条可以归纳、总结、演绎的道路前行了。恭喜你，你已经正式开始了探索投资奥秘的神奇之旅。

二、投资第二公理

投资第二公理：投资之争，其实质是投资逻辑之争。

股价波动的原因是什么？这是所有投资者都无法回避的问题。要在股市中持续稳定盈利，其实就是不断寻找这个问题的答案。

价格波动的直接原因是多空双方的力量对比。当多方占优时，价格就会上涨；当空方占优时，价格就会下跌。成交必然是一买一卖。有人买，同时有人卖，才能成交。所以，任何时候，买盘都等于卖盘。

但是，当愿意在某个价格上买入的数量多于卖出时，就会有部分投资者愿意以更高的价格买入，使得价格上涨。随着价格的上涨，愿意买入的投资者数量在减少，而本来不愿意卖出的投资者也逐步加入空方阵营，从而使得买卖双方力量对比逐渐地偏向空方，价格开始下跌。

投资就是这样一个投资者根据价格的不断变动，心态相应调整的动态过程。

力量对比包括两个方面：一是能力；二是意愿。

对于多方来说，能力指的是所能够动用的资金量。资金量越大，可以形成的买力越大，促使价格上涨。意愿指是否愿意买入。光有能力，没有意愿，无法形成真正的买力；只有意愿，没有能力，结果也是枉然。

对于空方来说，能力指的是已经持有的筹码。当然，能够融券的情况下，所融到的筹码也是能力的一部分。意愿指是否愿意卖出。光有能力，没有意愿，无法形成真正的卖力；只有意愿，没有能力，也没有实际意义。

股价的波动，就是多空双方的意愿和能力随着价格波动而随之动态博弈的过程。

能力的差别是客观的，有实力的机构或者部分大户的能力远超散户。因此，在投资市场上，主动权永远由他们掌控。散户的数量虽多，但一盘散沙，无法形成合力，往往是弱势的一方。

意愿则是一个相对主观的因素。意愿的实质是投资逻辑。每一笔投资背后都有一个投资逻辑，也就是说，每一笔投资总是按照一个相对确定的逻辑进行的。越是成熟的投资者，其投资逻辑越清晰。散户也是有投资逻辑的，比如根据利好消息买入就是一种投资逻辑。散户成长的过程，其实就是投资逻辑逐步清晰并确定的过程。

可以这么讲，投资之争，其实质就是投资逻辑之争。不同的投资者，持有不同的投资逻辑，这些逻辑的碰撞，使得不同投资者面对同一个价格产生分歧，从而促使成交。要判断价格波动的方向，就要紧紧抓住主力投资者（也就是能力强势的一方）的投资逻辑，并合理地跟随。

按照投资实践，市场目前至少可以分为三种情况。

（1）高度竞争对抗的市场。这样的市场中，没有谁可以绝对控制，顶多是在短期内对走势产生一定的影响，但最终的走势要靠市场的合力。可称为完全竞争市场。

（2）存在一个高控盘的主力。就股票而言，一个主力持有其流通筹码的 50% 以上，就可以说是高控盘。其含义就是该主力可以在很大程度上影响价格的波动。可称为垄断市场。

（3）市场不是由一方控制，但也不是高度竞争和对抗，而是由几个交易逻辑很相近，实力也较为接近的机构共同控制。可称为寡头市场。

第一种情况适用于指数。没有人可以控盘，高度竞争，激烈对抗，市场的走势基本取决于合力。其走势有自己的规律性。

第二种情况适用于某些盘子不是很大的股票。通常指的是某些庄股，其流通筹码被一个主力慢慢搜集，逐步达到控盘的程度。当然，根据其持有流通筹码数量的不同，运作模式仍然有差别，但本质相差不大。比如，把控制流通筹码 70% 以上叫作高控盘，50% 左右叫作中控盘，其运作模式略有差异，但原理相差不大。

第三种情况因为盘子比较大，所以几个有实力的机构共同控制。因为这几个机构的交易逻辑极为相似，所以类似于控盘，但由于不是一家，而是各自有各自的决策权，所以他们之间是既合作又提防的状态，其运行规律又会有所不同。这种情况，通常适用于某些优质蓝筹股，基本都是机构扎堆。因为这些机构的投资逻辑如出一辙，可选的目标股票有限，所以很容易出现这种状况。

上述三种情况，其价格运行的规律显然是不同的。试图找到一种适用一切的终极规律，有些不切实际。

传统的技术分析理论，主要是对第一种情况的解释。第二种情况，其核心是要理解控盘主力的投资逻辑，主力固然可以较为容易地影响价格，但未必有意愿。这是因为，主力之所以要控盘，是根据其投资逻辑做出的合乎理性的决定，后续必然需要一系列的操盘策略与之配合。所以，在貌似杂乱无章的波动背后，实则是不同于传统技术分析的操盘逻辑。只有深刻地理解了这种逻辑，才有可能真正把握其价格波动的规律。第三种情况，适合于机构扎堆股。这种股票也有自身的运行规律，其出发点仍然是深刻理解机构的投资逻辑。

三、投资第三公理

投资第三公理：股票价格由三种力量共同决定。

股票的价格，最终反映的是公司的价值，这个价值，主要是通过盈利能力（也就是每股盈余）来反映。因此从长期来看，二者是正相关的，但是这种正相关并不是线性的，也就是并不是完全同步的。股价又会受到各种各样其他因素的影响，比如突发的负面消息，财报不及预期，突然接到一笔大订单，等等。从短期来看，股价具有随机性。

所以股价与公司业绩之间的关系，长期来看正相关，中期来看会回归，短期来看有偏离。

（1）长期来看，股价由基本面的力量决定，主要是每股盈余。二者是线性关系，可以近似表示成一元一次函数，体现的是长期增长的力量。

价值派正是这种力量的拥趸。他们认为，股价最终是由业绩决定的，中间虽然会有起起落落，但无法识别，因此坚定长期持有才是最优选择。

（2）中期来看，股价由周期力量决定，几种不同周期相互嵌套，形成合力。其中主力周期为基钦周期（也就是库存周期）。周期力量体现的是循环往复，永不停歇。

周期的表现是哪里来，哪里去，股价最终会回到起点。因此抓住周期底部启动时机买入，周期高点卖出，才是最优选择，否则只会不断坐过山车。

（3）短期来看，股价容易受到技术力量的影响，体现的是超涨或者超跌。技术的核心是趋势，因此当出现强有力的刺激因素，形成趋势时，大量的技术派会入场，追随趋势，追涨杀跌。最终会导致涨幅或者跌幅远超出常规的幅度。

技术派操作的主要依据是趋势，只有出现趋势，识别趋势，并把握趋势，才能实现利润最大化。

上述三种力量交织在一起，无时无刻不在发挥作用，绝大多数时候都难以精确划分和识别。只不过不同时间段，有的力量占上风，有的力量被压制。股价就是在这三种力量的此消彼长中，不断波动，永无休止。

投资者可以选择上述任何一种逻辑作为自己的底层逻辑。但是显然，最优策略就是将三者融合。选出业绩不断高成长的股票，尽量买在周期底部即将结束或者启动初期，卖在周期顶部即将结束时。当趋势出现时，识别趋势，并拥抱趋势，尽量吃到趋势的大部分。

成长选股，周期断局，技术择时。这就是投资大道。

第3章
投资方法总论

试图找到股价波动的规律,是所有股票投资方法的终极目标。

如果没有这样的规律指引,股票投资就跟乱蒙没啥区别。那么究竟有没有这样的规律?

一、有效市场假说

有效市场假说(Efficient Markets Hypothesis,EMH),是由美国经济学家尤金·法玛在1970年提出的。该理论的核心思想:在证券市场中,如果价格完全反映了所有可获得的信息,那么每一种证券的价格永远等于其投资价值,那么就称这样的市场为有效市场。

在有效市场理论下,股票市场的价格是无法预测的,无论是技术分析还是基本面分析,甚至内部消息都无法预测市场。该理论认为所有有价值的信息都已经准确、及时、充分地反映在股票的价格走势上了,同时也包含了企业的当前价值和未来的预期价值,投资者不可能通过历史的价格来获得超过市场平均水平的额外收益。

2013年10月14日,瑞典皇家科学院宣布授予美国经济学家尤金·法玛、拉尔斯·皮特·汉森以及罗伯特·席勒该年度诺贝尔经济学奖,以表彰他们在研究资产市场的发展趋势中采用了新方法。

瑞典皇家科学院指出,三名经济学家"为资产价值的认知奠定了基础"。几乎没什么方法能准确预测未来几天或几周股市、债市的走向,但可以通过研究,对三年以上的价格进行预测。

第3章 投资方法总论

"这些看起来令人惊讶且矛盾的发现,正是今年诺奖得主分析做出的工作",瑞典皇家科学院说。

值得一提的是,尤金·法玛和罗伯特·席勒持有完全不同的学术观点,前者认为市场是有效的,而后者则坚信市场存在缺陷。这也从另一个侧面证明,迄今为止人类对资产价格波动逻辑的认知,还是相当肤浅的,与真正把握其内在规律的距离,仍然非常遥远!

有效市场假说的渊源可以追溯到19世纪,在1889年,英国经济学家乔治·吉布森在《伦敦、巴黎和纽约的股票市场》一书中开始描述类似的理念。

1900年,法国数学家、经济学家巴舍利耶从随机过程角度研究了布朗运动以及股价变化的随机性,这位数学家把统计分析的方法应用于股票收益率的分析,发现其波动的数学期望值总是为零。

在他之后关于证券价格行为的研究几乎没有大的进展,直到计算机技术的出现和发展,才开始了新的突破。

1953年,英国统计学家莫里斯·肯德尔在其论文《经济时间序列分析,第一部分:价格》中研究了英国股票,纽约、芝加哥商品的价格周期变化规律时,做了大量的时间序列分析,发现这些序列就像在随机漫步一样,未来的价格只是之前价格叠加的一个随机数。他形容价格"像一个醉汉走路一样,几乎宛若机会之魔每周扔出一个随机数字,把它加在目前的价格上,以此决定下一周的价格"。

1964年,奥斯本提出了"随机漫步理论",他认为股票价格的变化类似于化学中的分子"布朗运动"(悬浮在液体或气体中的微粒所做的永无休止的、无秩序的运动),具有"随机漫步"的特点,也就是说,它变动的路径是不可预测的。

1965年,尤金·法玛在他的博士毕业论文《股票市场价格行为》中,对有效市场给出了初步的概念:"有效市场是这样一个市场,在这个市场中,存在着大量理性的、追求利益最大化的投资者,他们积极参与竞争,每一个人都试图预测单个股票未来的市场价格,每一个人都能轻易获得当前的重要信息。"他对资本市场的有效性给出了描述性定义:如果证券价格充分反映了可得的信息,每一种证券价格都永远等于其投资价值,则该证券市场是有效的。

1970年，尤金·法玛在他的论文《有效资本市场：理论和实证研究回顾》中，对有效市场假说的研究做出了系统的总结，提出了一个完整的理论框架。他指出，股票价格收益率序列在统计上不具有"记忆性"，所以投资者无法根据历史的价格来预测其未来的走势。

二、有效市场的三种形态

法玛定义了与证券价格相关的三种信息。

（1）历史信息，即基于证券市场交易的有关历史资料，如历史股价、成交量等。

（2）公开信息，即一切可公开获得的有关公司财务及其发展前景等方面的信息。

（3）内部信息，即只有公司内部人员才能获得的有关信息。

有效市场可以分为以下三种形态。

1. 弱有效市场

弱有效市场是指证券价格能够充分反映价格历史序列中包含的所有信息，如有关证券的价格、交易量等。如果这些历史信息对证券价格变动都不会产生任何影响，则意味着证券市场达到了弱有效。

该理论认为在弱有效的情况下，市场价格已充分反映出所有过去历史的证券价格信息，包括股票的成交价、成交量、卖空金额等。如果弱有效市场理论成立，则股票价格的技术分析失去作用，基本面分析还可能帮助投资者获得超额利润。

2. 半强有效市场

半强有效市场是指证券价格不仅能够体现历史的价格信息，而且反映了所有与公司证券有关的公开信息，如公司收益、股息红利、对公司的预期、股票分拆、公司间的并购活动等。假如投资者能迅速获得这些信息，股价应迅速做出反应。

如果半强有效理论成立,则在市场中技术分析和基本分析都会失去作用,内幕消息有可能获得超额利润。

3. 强有效市场

强有效市场是指有关证券的所有相关信息,包括公开发布的信息和内部信息对证券价格变动都没有任何影响,即如果证券价格已经充分、及时地反映了所有有关的公开和内部信息,则证券市场就达到了强有效市场。

强有效市场理论认为价格已充分反映了所有关于公司营运的信息,这些信息包括已公开的或内部未公开的信息。在强有效市场中,没有任何方法能帮助投资者获得超额利润,即使有内幕消息也一样。

资本市场作为一个复杂系统并不像有效市场理论所描述的那样和谐、有序,有层次。比如,有效市场理论并未考虑市场的流通性问题,而是假设不论有无足够的流通性,价格总能保持公平。故有效市场理论不能解释市场恐慌、股市崩盘,因为这些情况下,以任何代价完成交易,比追求公平价格重要得多。

三、有效市场理论的发展

自尤金·法玛正式提出有效市场假设框架以后,大量的实证验证和实验方法不断出现。其中市场有效性的未来价格密度函数模型、公平博弈模型、市场有效性的随机游走模型为主要模型,用来检验市场有效性的经济含义能否被实证检验。

1975年大卫·鲁宾斯坦以及1986年莱瑟姆等人,从逻辑学、信息学的角度对有效性进行新的构造,首次提出把交易量和有效性结合在一起进行研究。

1978年,迈克尔·詹森又提出了交易成本的定义,进一步推动了实证的研究。

1991年,法玛发表的《有效资本市场II》归纳了70年代到90年代的研究探索,并重新将研究工作分类,调整了第一种形态弱式检验,从过去收益的预测能力到与收益可预测性相关的更广泛的检验。第二种形态和第三种形态包括的范围不变，但建议更换名称，将半强势检验改为时间研究，强势检验改为内幕信息检验。

1992年，伯顿·马尔基尔基于实证分析过程的问题对有效性的定义概括了三个方面。

（1）在证券价格的决定过程中，所有相关信息都能得到完全、正确的反映。

（2）如果透露某种信息给主体交易者，证券价格不受影响，那么市场对这种信息是有效的。

（3）如果建立在某种信息基础上的证券交易不能产生超额收益，那么市场对这种信息是有效的。

1998年，法玛在《市场有效性、长期收益和行为金融学》的文章中总结：异常是偶然的结果，这和市场有效性的假设是一致的。长期收益异常对研究方法是敏感的，绝大部分的长期收益异常可以归结为使用劣质模型的问题。

有效市场假说作为一种理论体系，在学术界取得了巨大的成功和关注，但在实战领域，不少专业投资者对其嗤之以鼻。无数人前仆后继地投身股市，有的甚至付出毕生的精力，他们都坚信自己可以找到一种方法，能够取得超越平均指数的业绩。

过去100多年里，众多规律被发现，亦真亦假，鱼龙混杂。有的吸粉无数，成为一代宗师；有的如昙花一现，终没有泛起什么波澜。

个人认为，市场是无效的。我们可以通过对市场整体和个股的深入研究，取得超过市场指数的回报。主要原因有如下两个。

（1）经过一定专业训练的投资者，通过有效深入的研究，可以选出市场上真正的明星股票。这些明星股票，可能是市场领导者或者是细分行业的隐形冠军，通过持续不断的规模扩张和高额盈利，能够为我们带来远超市场平均值的收益水平。

（2）结合周期与择时技术，可以大幅提高买卖区间的精确度，或者大幅提高资金的使用效率，从而实现更高的年化收益。

四、三种投资方法

无论什么方法，对股票价格的研究都遵循着相同的逻辑基础：首先把所有可能影响股价的要素罗列出来，然后逐个分析它们影响股价的路径和力度。

经过多年实践，投资者发现，所有这些影响股价波动的要素，基本都可以归到三种方法中：基本面研究、时间周期和技术分析。

这三种方法，分别从不同的角度，提炼出各自的一整套股票研究和交易方法。由于理论基础迥异，因此基本无交叉，自成体系。

基本面研究是投资机构的主流方法，因为其逻辑基础严谨可靠，简单明了。此外沃伦·巴菲特的巨大成功，也让其具有无可辩驳的说服力。目前机构主要以基本面研究为主。这也与其强大的研究团队直接相关，普通散户不可能有这样的团队支持和资金实力。

技术分析主要在散户中流行，主要原因是进入门槛低，不需要团队支持，不需要实地调研。一个人就可以学习，并不断在实战中提升技巧。

时间周期相对小众，懂的人比较少，付出大量精力研究的也不多。主要原因是时间周期的方法实战性相对较差。其价值主要体现在宏观经济的周期性研究方面。这些主要是机构的经济学家在研究，散户几乎没有，也不具备相应的研究功力。

绝大多数机构都是基本面研究，有的基金经理会在择时上结合技术分析的一些手法，但总体而言，基本面研究是主流。

早期的散户是清一色的技术分析派。在一个数据真实性可疑、投机氛围浓厚的市场里，根据财务数据进行交易，确实显得很不靠谱。早期的庄家和近些年的游资，他们的操作风格与基本面研究相关度很低。但最近这些年，市场开始发生明显变化，一方面与监管政策趋严息息相关，另一方面，市场中投资者的构成也在不断变化，越来越多的投资者开始重视基本面研究，市场作为投资者的合力，也相应地出现了很多变化。这种变化会一直存在，正如生物物种的不断进化一样，我们必须正视、接受和适应这种变化。

事后给出解释总是相对容易，提前预测变化则绝非易事。绝大多数投资者都会有这种感觉：虽然自己不断学习，异常勤奋，但总有一种慢市场一步的感觉。这种感觉虽然让人不舒服，却是现实，而且无法逆转。市场是所有投资者的合力，既熟悉又陌生的感觉才是市场常态。要解决这个问题，很难。总的来说，只有加大研究周期，适度忽略小周期的波动，才有可能在不断的变化中找到极少的那些不变。这也是为何市场老手和大户，都会不知不觉地向基本面研究靠拢。

这三种方法中，时间周期一直比较小众，处于弱势地位，很少有人把时间周期作为主要的投资方法，绝大多数人都是把时间周期作为一种辅助工具来使用。

威尔斯·威尔德在《三角洲理论》中宣称自己发现了一种隐藏在市场中的秩序，可以适用于道琼斯指数，以及各期货品种。读过他的书后，个人感觉确实存在一定的规律性，但并非绝对精确。这种方法只能够提示转折点，无法区分是大的转折点还是小波段，此外对涨跌的幅度无法判断。提示的转折点也会出现特例，这时又需要做出修正。经过这么一番折腾后，仅有的优点也就所剩无几了，感觉噱头大于实际。

市场主流的投资方法是基本面研究和技术分析，通常机构以基本面为主，散户以技术分析为主。但这几年，情况也在慢慢发生变化，机构的基金经理也开始重视技术分析，尤其是在择时和趋势转折方面的作用。越来越多的散户也开始意识到基本面研究的重要性，逐步加入基本面研究的队伍中。我认为，二者的逻辑基础完全不同，分别从不同的角度解释了股价的波动，实战中各有各的价值，因此不应该完全对立分割，取长补短、综合运用才是正确的态度。

三种方法，三个角度。正如查理·芒格所言：如果你只有一把锤子，你看什么都像钉子。与其找一把天下无双的锤子，不如既有锤子，又有钳子，还有镊子。

第4章

投资的本质

一、零和、负和与正和

四个人玩游戏,每个人初始积分都是10分。最终结果肯定是有输有赢,但本质上讲,这个游戏就是初始积分40分在4个人之间的分配而已。唯一的不同就是每个人分到多少。这就是典型的零和游戏。

零和游戏不会产生财富增值,只是初始财富以某种规则进行分配,具体结果取决于分配规则以及当事人之间的博弈技巧。也就是聪明的或者运气好的分得多;愚笨的或者运气差的分得少,具体要看规则是偏向于运气还是博弈技巧。

如果每玩一局游戏,都需要消耗1个积分,那么10局后,合计消耗10个积分,这时初始积分40分最后只剩30分,4个人要分配的积分从40变为了30。这就是典型的负和游戏。

负和游戏比零和游戏更残酷,如果中间的消耗很高的话,就连赢家也未必能获利。

零和游戏是初始财富不变情况下的分配,负和游戏是初始财富越来越少情况下的分配,正和游戏则是初始财富越来越多情况下的分配。

任何一个理性的人,都应该积极参与正和游戏,适当接受零和游戏,坚决拒绝负和游戏。

二、博弈与共赢

简单规则下，可以很容易区分到底是正和、负和还是零和游戏，但是现实中绝大多数情况都是无法准确区分的，因此我们把倾向于负和游戏的称作博弈特征，倾向于正和游戏的称作共赢特征。

具有博弈特征的市场，是个残酷的市场，因为不是你死就是我亡，我赚到的就是你亏损的，所以博弈市场中，你聪不聪明不重要，重要的是没人比你聪明。

具有共赢特征的市场，相对温和得多，因为蛋糕越来越大，可以分配的资源越来越多，哪怕你没有其他人聪明，也有可能分一杯羹。

任何一个聪明理性的投资者，都会尽量选择共赢的市场，而不是博弈的市场。

股票市场到底是一个博弈市场，还是一个共赢市场？这个问题很难回答。既有博弈的特征，又有共赢的特征，并非绝对清晰。在牛市中，好像没干什么，但大多数人好像都赚钱了；在熊市中，同样什么也没做，大多数人好像都亏钱了。

但从另一个角度看，可以把市场分为两个部分：按照技术分析作为操作依据的投资者构成的技术市场和按照基本面分析作为投资依据的投资者构成的价值市场。大致而言，技术市场是个博弈特征更显著的市场，价值市场是个共赢特征更显著的市场。

简单点说，技术分析的本质，就是赚博弈的钱，比的是我比你更聪明，我比你买的点位更低，卖的点位更高，出手更快。价值分析的本质，是寻找能让蛋糕做的更大的股票，聪明的人可能多分点，不够聪明的人可能少分点。

以游资操作题材股为例来说明。随着利好的出现，某股票短期内迅速被拉升，然后高位巨量换手，几天后就跌回原价。这个过程从K线上看就是一个拉升然后回落的过程，也就是这个利好只是形成了一个波动，但对业绩并无实质影响，因此很快就回归了。但本质上，是低位购买股票的人，在高位迅速出货给接盘者，兑现了利润，然后股价回落，高位接盘者套牢，或止损出局。

很短的时间里，股价从低位快速上涨，然后迅速回落，好像什么都没有发生，但财富发生了转移。一部分人的钱迅速地转移到了另一部分人的口袋，亏钱的通常是散户，赚钱的大多是游资，还有一部分眼明手快的聪明的散户。

如果这只股票根本没有基本面的支持，那么后续唯一的指望就是哪天再次被游资看中，再一次重复这个过程，而本质并没有变，只不过是今天套牢的散户解套，另一批散户接着站岗而已。

这种典型的博弈特征是不可持续的，最终接盘的人会越来越少，剩下的就是聪明人之间的博弈，直到证明谁更聪明。

很多人非常痛苦，一直很努力地学习，废寝忘食地研究各种战法，最终还是很难赚钱，是因为在博弈特征的市场中，你自己进步没有用，重要的是你进步的速度比大多数人快才行。

在一个共赢的市场里，则有所不同。对于一只不断成长的优质股票来说，买在很理想的价格，盈利自然不在话下，即使买在了半山腰，哪怕短时间套住，很快也会解套并盈利，如果一出手就买在最高点，也没有关系，通过时间的推移，以前高估的股价现在看来已经逐渐产生吸引力，因此原来的高点会被突破，也有可能解套并实现盈利。当然，如果一出手就买在最高点，而且这个高点是远远超出实际价值的，那就是在博弈，这个高点可能很多年都不会被突破。

这就是博弈和共赢的区别。

当然，如果投资者总是能够获利，不管在哪个市场，都是赢家。但是很显然，只有少数人能够做到，大多数人还是要尽量选择共赢的市场，这样才能有较大可能性成为赢家，同时也要不断地学习提高自己。

三、价值与技术

比较一下股票投资的两大体系，技术分析和基本面分析，不难得出结论：技术分析领域的变动更迅速，淘汰率和失效率更高，而基本面分析领域历经100多年的发展，却变动很小。原因何在？

前面提到过，技术分析的市场是一个偏向于博弈的市场，越是短线技术，越接近于纯粹的博弈。而基本面研究的市场，是一个远离博弈的市场，是一个有可能实现共赢的市场。

博弈市场的典型特征就是只有少数人可以赚钱，其他人都要亏钱，你赚的钱就是别人亏的，因此这样的市场要脱颖而出，比的不是谁有进步，而是你在整个市场中的相对位置。

举个例子：假设班级里有100个学生，你期末考试考了70分，排名第60名，中等偏下，勉强过得去。经过一年的努力学习，第二年期末考试你考了80分，有了不错的进步，排名却跌到了80名。那你到底是进步了，还是退步了？

在一个博弈的市场中，你不但没进步，反而退步了。就像很多散户，感觉自己也非常努力，每天都学习、研究，一年下来，感觉提高了很多，但实战中，甚至还不如以前了，就是这个原因。你虽然自觉进步了，但别人的进步更大，你相对而言甚至是退步了。你离能赚钱的那部分精英更加遥远了，所以你的进步是虚幻的。

越是博弈特征明显的市场，变化越迅速；越是博弈特征不明显的市场，变化越缓慢。因此基本面研究的市场就比技术分析的市场稳定得多，中长线的市场就比短线的市场稳定得多。

现在的股票市场在不断地变化，主要特点如下。

（1）大的趋势越来越少，波段波动成为主流。

（2）假突破越来越多，使得追涨的模式经受严重考验。

这背后的原因就是市场投资者越来越聪明，而聪明的投资者都会选择见好就收的稳健策略，所以市场的波动自然会越来越小，市场赚钱越来越难。现在的市场，采用简单的跟随策略，难度跟以前不可同日而语。

除了跟随，还有预测，显然也不容易。预测其实只是完整投资策略的一个环节，后续应该结合应对。也就是说，做任何一笔投资，都应该从开始就对不同的情况做出预测，同时做好每一种情况的应对方案。通俗一点说，也就是如果这样，我就怎样；如果那样，我就怎样。这显然是更合理的股票投资策略。但这些只是策略，并不足以让你赚钱。赚钱的核心不在于这些形式，而是对市场和个股的深刻把握。

从基本面的角度而言，就是如何才能选出真正优秀的股票；从技术面的角度来看，就是如何找到高胜算的规律。没有这些，单凭所谓的策略，无论是预测还是跟随，都不过是安慰自己受挫心灵的麻醉剂。

所以，下面两条原则就是投资中最重要的事。

（1）尽量选择共赢的市场，放弃博弈的市场。

（2）无论哪个市场，都尽量变得比别人更聪明。

第 5 章

投资者构成

一、投资者结构演变

想要透彻地了解一个市场，深入全面地了解市场上有哪些玩家就变得非常重要。

有研究者通过分析成熟股票市场的投资者结构，发现投资者结构的演变存在着四大经验规律。

第一，机构化和去散户化。

半个世纪以来，专业投资机构的持股占比逐渐提高。从 1951 年到 2021 年，美国各类境内机构投资者持股市值占比提升了 37 个百分点，持股市值占比由 5.49% 上升至 42.4%。并且机构投资者的占比结构不断出现新的变化。70 年代与 80 年代美国养老金持股市值占比提升，1953 年时，养老金持股市值占比仅为 1.26%，到了 1985 年，养老金持股市值已经达到 27%；90 年代，美国共同基金的持股占比开始快速增长，1991 年，共同基金持股占比约 7.05%，到 2001 年便增长至 21%。英国市场上，机构投资者持股比重在 1981 年就已取代个人投资者，成为持股市值比重最大的投资者类型，彼时机构投资者占比约 51.1%。

另一方面，个人投资者占比持续下降。20 世纪 40 年代，美国个人投资者维持在 90% 以上。在最高峰的 1945 年，美国个人投资者持股市值占比达到 94.85%，其他各大金融类机构投资者占比仅约 4.8%，但半个世纪以来，美国散户持股市值比重下降了约 60%。英国股市在 1963 年时，个人投资者持股市值占比是54%，到2018年底已降至13.5%，在55年的时间里，英国个人投资者持股占比下降了41.5%。

第二，市场开放性提高，外资比重提升。

1991年，日本股市境外投资者持股比重仅为4.7%，截至2021年6月底，其境外投资者持股比重已达30.2%，是日本股市中持股市值最高的投资者类型，在30年内提升了25%。这与日本20世纪80年代与90年代股市对外开放加速直接相关。英国股市在80年代后，境外投资者占比开始攀升，2012年后已发展成为英国股市的主导力量，近十年占比始终在50%以上，截至2018年，英国境外投资者持股市值占比为54.9%。

第三，投资者结构并非自然转变，而是依赖政策的主动引导和作为。

美国历史上有两次机构投资者持股比重上升的关键时期，一是20世纪70年代及80年代养老金机构持股比重上升；二是90年代后基金持股比重上升。

美国70年代机构投资者占比上升的主因是对政府养老金体系进行了改革，推动了私人养老金体系的建立。美国养老金体系的二、三支柱发展起来，带动养老金入市资金量提升，促成了美国基金业的发展。

养老金改革后，美国居民资产中的养老金比例上升，家庭直接持股的需求降低；养老金投入股市的增量资金提升，养老金持股规模和比重也出现了加速扩张。美国在完善养老金体系的同时，改善了股票市场的投资者结构，为股票市场引入了长期资金，养老资金则实现保值增值，促成了美国的长期牛市，形成了正向循环。

90年代，几大因素又推动了美国共同基金持股比例的上升，其中共同基金的管理办法起到了重要作用。首先，美国养老金发展到90年代，购买基金的比重上升，直接投资股市的比重下降。养老金改革后，美国养老金规模不断上升，对其投资能力提出了更高的要求，而美国共同基金的投资能力较强，能更好地满足养老金投资人的需求，养老金逐渐构成了共同基金的主要资金来源，美国基金业的持有人结构也出现了由散户向机构的转变，带动公募基金规模扩大。其次，1992年，美国劳工部规定，企业雇主在向员工提供DC型养老计划时，须提供3种及以上的投资工具，否则需要承担投资风险，投资工具虽然更加丰富，但对于普通工人而言，选择难度反而增长，因此员工们更加倾向于选择便捷简单的共同基金投资。

第四，投资者结构受经济、文化、习惯影响。

纵观境外股票市场，并不存在统一的、理想的市场投资者结构。日本偏好储蓄，股票市场中的个人占比较低；美国存在较强的冒险主义精神，个人投资者占比依然较高。虽然机构化、国际化是大势所趋，但各大市场的具体投资者结构皆不相同，反映了背后的经济与文化特征。

二、美国投资者结构分析

作为全球较为完善的资本市场，美国的经验可供参考。下面进行一个大致的梳理。

（一）美国股票市场的现状

美国股票市场经历长期发展，至今已经形成了较为稳健且均衡的投资者结构，美国国内专业机构、个人投资者以及外资为美股的三大支柱，其中又以专业机构占比最为显著。

截至2019年第1季度的统计数据，美国股市总市值为48.02万亿美元。占比从高至低排列，国内专业机构、个人投资者以及外资直接持有美股市值分别为20.68万亿美元、17.49万亿美元和7.28万亿美元，占比依次为43%、36.4%以及15.2%。这三大部分总共直接持有美股市值45.45万亿美元，占据美国股市94.6%的份额。

美国国内专业机构数据由共同基金、封闭式基金、交易所交易基金ETF、私人养老基金、州及地方政府退休基金、保险公司组成。共同基金类似于我国的公募基金，美联储在数据库中统计的共同基金主要是指开放式基金。共同基金直接持股市值达10.83万亿美元，占据美国国内专业机构近一半的份额，远超其他机构，是美国股市关键的引领力量。其次是ETF以及两大退休基金，保险以及封闭式基金份额较少。

美国股市投资者结构的基本特征是个人投资者占比逐渐减少，机构投资者逐渐走向前台。与全球大多数市场相似,个人投资者直接持股市值在前期占据了美国股市总市值的90%以上份额,之后随着机构投资者的扩容,个人投资者占比逐渐下滑,从1951年占比93%一直逐步下降至2009年占比35%,随后开始低位企稳,2016年至今,个人投资者总体直接持股稳定在36%上下。2019年第1季度,个人投资者直接持有美股总市值达到17.4万亿美元。

机构投资者方面,养老金基金直接持股占比是前期扩容最快的美国国内机构,中期开始逐渐回落。1974年美国政府颁布的《雇员退休收入保障法》,进一步放宽了养老金机构投资者的投资限制与门槛。养老金直接持股市值占比从1952年的1%快速扩容到1985年的27%,达到顶峰。随后因为共同基金的崛起,养老金机构逐渐开始将部分资金交给共同基金打理,直接持股市值占比开始下滑,2016年至今,持股占比稳定在12%左右。

与养老基金直接持股市值相比,共同基金前期在美国股市的扩容较慢,中期开始增速。从1951年至1985年,共同基金市值占比份额只从1%提升到了5%。此后随着各种多样的共同基金品种逐渐放开以及管理专业化,养老金以及个人投资者开始热衷于持有共同基金,共同基金直接持股市值在美股总体占比迅速上升,从1985年的5%快速提升到2007年的25%,2016年至今稳定在23%左右。

从外资直接持股市值占比演变来看,其实际上是美国股市较为稳定的一股增量资金。从1951年占比2%稳步提升到2011年的15%,这期间并没有出现明显的暴增或者回撤现象。2015年至今,外资持股占比一直稳定在15%左右。

(二)美股投资者结构演变

1. 1920—1945年:个人投资者持股处于高位

1900—1920年,美国个人投资者很少参与股市交易,主要原因如下。

(1)发行股票的上市公司较少(多为铁路运输企业),且发行规模较小,个人投资者并没有渠道接触股票。

(2)个人投资者对于股票市场知识较匮乏。多种原因导致了在1920年之前股票基本在企业家之间流通。

1920—1945年，受益于自由贸易以及较低的通胀率，美国经济开始繁荣发展，较多现代大企业迅速崛起，汽车、化工以及无线电等行业蓬勃发展，这些大企业依靠较强的盈利能力带动股市大幅上涨。而个人投资者也在股市"赚钱效应"的吸引下，大规模地参与股市，以赚取高额回报。根据美联储数据，1945年美国家庭持有股票总市值比例高达85.7%。

2. 20世纪50年代至70年代：机构投资者初步涌现

自20世纪50年代开始，美国经济进入发展的黄金时期，个人投资者依旧对股市保持较高的热情，但美国股市投资者结构已然发生变化。20世纪60年代以养老金为代表的机构投资者迅速崛起，机构投资者的入市对于个人投资者持股开始产生影响。

20世纪70年代初成为分水岭，根据美联储数据，20世纪50年代至70年代初，个人投资者持股比例呈现平稳下滑态势，但持股比例仍保持在65%以上。

3. 20世纪70年代至20世纪末：个人投资者间接参与股市比例加大

根据美联储数据，从20世纪70年代至20世纪末，家庭直接持股比例加速下滑，从65%下降至40%。个人投资者通过养老金以及共同基金参与股市的比例开始上升，造成该种现象的主要原因有以下两点。

（1）1978年私人养老金计划401(K)的成立以及同时期共同基金的发展，使共同基金和养老金为代表的机构投资者开始逐渐获得更高的持股占比，个人投资者持股占比加速下降。

（2）20世纪80年代，美国经济开始走出滞涨，促使国际资本回流美股市场，同时也推动了境外机构投资者参与美股的投资。

4. 21世纪以来：个人投资者持股稳定在低位

21世纪以来，由于美国政府持续出台税收优惠政策，极大地推动了养老金投资的发展，机构投资者更加愿意长期持有股票，也导致个人投资者的持股占比进一步下降。机构投资者拥有更加先进的交易手段以及丰富的专业知识，在投资决策上相较于个人投资者存在一定优势。

2008 年金融危机之后，部分个人投资者通过机构投资者管理的共同基金或养老金等方式间接投资股市。此外，外资投资者在美股的持股占比在 21 世纪快速上升。因而，近 5 年美股的家庭持股比例稳定在 32%～34% 的低位。

三、中国投资者结构分析

（1）截至 2023 年第三季度，公募基金持有 A 股总市值 5.39 万亿元，占 A 股流通市值的 7.74%，占 A 股总市值的 5.95%，持股规模环比 -3.28%，同比 +1.50%，占自由流通市值的 14.65%。公募基金是持股比重最高的机构投资者。

（2）经测算，截至 2023 年第三季度，境外投资者持有 A 股流通市值约 3.08 万亿元，占 A 股流通市值的 4.42%，占自由流通市值的 8.36%。

（3）经测算，截至 2023 年第三季度，私募证券投资基金持有流通股市值 2.61 万亿元，环比 -3.60%，同比 +19.68%，占 A 股流通市值和自由流通市值比重分别为 3.75%、7.09%。私募机构持有的股票规模在专业机构投资者中位列第三，仅次于公募和境外投资者。

（4）截至 2023 年第三季度，总市值口径下，保险资金持有 A 股股票和证券投资基金共 3.48 万亿元，占总市值的 3.85%。假定持有股票都为流通股，保险资金持有流通股规模为 2.01 万亿元，占 A 股流通市值和自由流通市值的比重分别为 2.89%、5.47%。

（5）据测算，截至 2023 年第三季度，个人投资者流通股持股占比依然较高，为 29.53%。

（6）据测算，截至 2023 年第三季度，一般法人持股占比最高，为 45.70%。

四、以投资逻辑为基础的投资者结构分析

前面的分析，是从投资主体的角度进行划分，除了这种方式，还有另一个划分角度，那就是投资逻辑。例如，虽然共同基金和境外机构不属于一个

分类，但其投资逻辑非常相似，因此可以视为同一类资金。而游资虽然跟散户同属于个人投资者，但其投资逻辑并不相同，因此有必要加以区分。

（一）庄家

早期的A股市场，机构很少，基本是散户的天下。一部分资金实力强，同时具有金融行业资源优势的投资者，逐步发展出庄家模式。

庄家主要以自有资金和通过各种方式从外部拆借的资金，形成资金优势，对某只股票达到控盘甚至高度控盘的目的。庄家经常通过控制多达数百甚至上千个私人账户，规避监管，达成实质上的控盘，可以占某只股票流通盘的50%以上，有的甚至达到80%以上的高度控盘。庄家在大幅拉升股价，到达目标价位后，借助或者制造利好，试图高位卖出筹码，让散户接盘，从而实现巨额盈利的目的。

庄家模式有其自身的时代背景。

（1）监管处于初期，制度不完善，很多拥有金融体系资源的人比较容易钻空子。

（2）监管手段比较原始，没有大数据的支持，只要资金分散在很多私人账户，发现的难度比较大。

（3）通常庄家需要从外部融资，利息较高，使用期限通常有限。

庄股的最大特征就是无量拉升，因为绝大多数筹码都在自己手里，只需要很少的资金就可以轻松拉升股价。那个时代是庄股的时代，市场上最耀眼的明星基本都是庄股。

但庄股最大的问题在于：拥有的筹码越多，拉升股价越容易，但出货就越难。庄股拉高后，虽然账面盈利极为丰厚，但只要没有兑现筹码，就都是纸面富贵。

庄股一般面临如下重压。

（1）筹措来的资金需要支付高额利息，而且这部分资金通常是短期拆借，无法长期使用。

（2）庄家为了缓解资金压力，通常会质押部分股票融资，当高股价一旦无法维持的时候，就会产生连锁反应，导致庄家爆仓。

当一只高控盘的股票处于极高的股价时，想出货兑现利润绝非易事。因为此时股价已经严重脱离价值，大资金不会轻易接盘。而真正敢于火中取栗的散户数量有限，靠散户也很难完成出货，或者需要很长的时间，所以很多庄股拉高后会横盘很长时间。庄家要维持股价，慢慢出货，一旦有大的状况出现，无论是监管方面，还是资金断链，就会出现崩盘。

德隆系的全面崩塌代表着庄股模式的覆灭。自此庄股模式逐渐退出主流，一部分庄家被市场消灭，一部分开始了转型之旅，有的转向了兴起的游资模式，有的转向了以价值投资为基础的机构模式。

（二）游资

游资的出现，一部分是以前的部分庄家，改变了操盘模式，从高度控盘拉升的庄家，转向了短线割韭菜的游资；还有一部分是精明的散户，这些散户通过研究市场规律，采用先进的战法，从而快速实现了财富的原始积累，成长为市场上活跃的游资。

游资总结了庄家模式的利弊，控盘高，容易拉升，但出货难；操盘周期较长，需支付很高的资金利息。一只庄股，即使拉升一倍，到最后的利润也就30%～50%。所以游资采用的基本都是快进快出的策略，持仓量不高，不控盘，但相对容易出货，尤其是善于利用政策和题材。

游资站上历史舞台是从宁波涨停板敢死队开始的。他们通过长期实战，发明了一种很有效的战法，那就是利用资金优势封板，然后借助利好消息和散户的追涨热情，快速拉高出货，从而兑现利润。

一开始这种方法只被极少数人掌握，后来慢慢的这种操作方法开始流传到市场上，被越来越多的人所认知，并加以研究、实战，从而逐渐成为操盘主流。

这段时期，市面上流行的股票书籍就是各种涨停板战法。资金量大的，试图成为游资；资金量小的，试图跟上游资。随着这种技术的普及，市场上出现了数量庞大的具有涨停板意识的散户，这些散户中的极少数通过刻苦钻研，在跟随游资的基础上，逐步成为知名游资，比如"赵老哥"，绝大多数则没有这个运气，成为游资出货的推手和工具。可能没有这些知识的普及，游资的出货也不会如此容易。

这里可以看到一个残酷的逻辑：每个人都觉得自己比别人聪明，都试图跟着狼喝点羊肉汤，却从来没有意识到，在狼眼里，自己也不过是只羊。

游资模式并非一成不变，也出现了不少变形。有的热衷于炒作大题材，借助重大题材的推出，把龙头股炒上天，而不是短期几天就收割。这种游资模式，同庄家相比，收割散户的本质相同，只是时间更短，力度更狠。一个知名游资的崛起，背后是不知多少散户高位割肉的血泪史。最可怕的是，这些散户非但不恨游资，反而恨自己不争气，没有掌握所谓的核心技术。

游资模式是赤裸裸的博弈，是一只或者几只狼同一群羊的博弈，结局几乎是不言自明的。每个人都觉得自己可以通过研究技术，成为羊群里的快枪手，狼吃羊，自己可以喝点汤，甚至最终加入狼群的队伍。

无论是庄股模式，还是游资模式，本质上都是利用资金优势和信息优势的市场操纵。受害的散户为什么屡次受伤仍然乐此不疲？主要是想赚快钱，甚至很多人幻想自己可以超越巴菲特。再加上市场中很多刻意为之的宣传，暴富的神话，大多数散户都很难抵御这种强大的诱惑，最终会加入涨停板模式的洪流中，无法自拔。

在这种大环境中，价值投资的信奉者成了另类，毕竟价值投资赚钱太慢了，有什么比抓涨停板更快呢？甚至某些机构投资经理因为业绩排名的压力，也耐不住诱惑，操作风格变成追涨杀跌，完全散户化。

（三）机构

其实在游资时代，机构投资者已经逐渐变得强大，甚至实力远超游资，但他们的存在感远低于游资，这是为何？

绝大多数游资，资金也就是几千万元，后来慢慢的有人做大了，资金达到了过亿元级别，只有极少数达到10亿元级别。这些资金跟机构比，显然是微不足道的，但游资的操作模式决定了他们对散户的影响大于机构。

机构主要以基本面为主，强调价值，因此买入股票时通常会低吸，即使出现重大利好，也不会采用坚决封板模式。绝大多数机构买入一只股票，并不会几天后就卖掉，通常会持有很长时间，因此机构操盘的股票，主要特征是不涨停，涨不停。但游资操盘，快进快出，短时间就要兑现利润，因此会利用一切手段造成强势错觉，只有这样，才能迅速高位兑现筹码。所以游资炒作的股票通常更有视觉冲击。

总体来说，游资和机构各有各的操盘标的，互不侵犯。机构通常做业绩比较好的股票，游资通常做业绩很差的垃圾股。游资之所以这样，其实是有原因的，业绩良好的绩优股里，通常有大量的机构驻扎，如果游资选择这样的股票连续封板，但凡有几家机构选择卖出，封板就很困难，一旦封不住板，跟风散户就会卖出，游资很难冲高出货。

随着国家监管趋严，游资开始受到限制，机构投资模式开始崛起。因为本质上游资的操盘模式就是市场操纵，短短几天的时间就实现割韭菜，留下的是散户的一地鸡毛。而机构投资是以价值为基础，强调基本面研究，强调中长期投资。

近几年兴起的量化机构，虽然名字里带有"机构"二字，但究其实质，与传统的机构迥然不同。从某个角度讲，量化更像是特殊的游资，他们的投资逻辑，主要是依据技术分析，本质是短线收割，而不是价值投资。

（四）投资者现状

A股市场的主要玩家里，庄家已经退出历史舞台，今后也很难再现辉煌。

散户在数量上处于绝对多数，但对整体没有重要影响，主要因为散户是一盘散沙，操作随意，极易动摇，因此形成不了合力，一直以来就是被收割的对象。随着一次又一次的收割，现在的散户已经呈现出递减的趋势，无论是数量，还是资金量。

游资作为过去几年市场活跃度的主要提供者，随着监管趋严，影响力也大不如前。有的彻底退出二级市场；有的则呈现机构化，或者操盘模式机构化。继续游资模式操作的，也将面临一个困境，那就是可以收割的散户越来越少，也可以说散户吃亏多了，也开始变聪明了。而且游资数量增多后，互相会产生激烈的碰撞和竞争，某个游资想拉升，另一个游资可能刚好砸盘出货。就看谁更聪明，操盘手法更强。

量化机构作为一股新兴力量，某种程度上取代了过去游资的地位。从目前来看，游资败局已显，收割局是量化的天下了。

就机构而言，其实也不是铁板一块，机构与机构之间也有很大差别，彼此也是对手盘的关系。早期的QFII，近些年的港股通、沪股通、深股通的开通，以及A股加入明晟指数，越来越多的境外资金进入，其操作风格和习惯有很大不同，随着相互碰撞和学习，市场的整体风格也发生了细微的改变。

随着被收割的散户越来越少，机构和机构之间，机构和游资之间，游资和游资之间，游资和量化之间，境内机构和境外机构之间，谁收割谁，就变得异常激烈了。说到底，投资最终比拼的是实力，既有研究的实力，又有资金的实力。显然，研究的实力更重要。

这两年其实已经出现游资之间的收割。毕竟，好的题材和股票就那么多。所以经常可以看到某只题材股的龙虎榜里，有游资买，也有游资卖，到底是谁收割谁，就看谁的实力更硬。机构也是一样，再好的股票，到了一定的价格，机构之间也会出现分歧，最终谁是更聪明的那个，只能通过最终的走势来验证了。

庄家是通过自己拉升股价来出货，但因为吃下的货太多，往往出不了货。游资也是通过自己拉升吸引跟风盘来出货，因为吃货不多，所以一两天就可以出完。机构的投资风格决定了不可能全靠自己拉升来实现出货，而是需要别人拉升才能出货。所以从这个角度讲，资金量大，并非是绝对优势。真正的投资者，不会总是幻想着自己拉升制造假象，让别人来接盘。最有效的方式，是找到其他投资者都认同的逻辑，当他们都觉得好而抢着买的时候，才是最好的出货时机。所以很多人抱怨自己资金少赚不了钱，只是自欺欺人而已。

总体来说，在一个博弈占主流的市场中，比的是谁更聪明，聪明的收割愚笨的，强大的收割弱小的。这是一个负和市场必然的逻辑。无论你多聪明，只要有人比你更聪明，你就要小心自己的命运和结局。在一个共赢的市场里，结局却有所不同。只要蛋糕越做越大，哪怕自己分得份额少一些，最终自己得到的，恐怕也要比博弈情况下多得多。

第 6 章

价格波动之源

一、能力与意愿

股价为什么会上涨？如果问投资者这个问题，绝大多数人都会回答买盘大于卖盘，买的多卖的少之类的。

实际上，买盘永远等于卖盘。因为必须有人卖一手，才能有人买得到一手，买单永远等于卖单。

价格上涨的唯一原因是主动性买盘大于主动性卖盘。主动性买盘指的是挂单价格高于当前价格的买盘。为什么不挂当前价格而是要挂更高的价格呢？主要是担心当前的价格无法成交，为了确保迅速成交，所以直接挂高几分钱，就可以立刻成交。这通常反映的是买家的一种急切心理，担心太抢手买不到，道理跟几个买家买一个卖家的东西，因此纷纷提高出价是一样的。

如果主动性买盘越来越多，自然的，价格就会一步步向上走，呈现出上升的走势。如果只是在当前价格上，哪怕堆积再多买盘，价格也不会上涨，只会横盘。

价格的波动，本质上就是由主动性买盘和主动性卖盘决定的，这些交易者才是真正用行动表示自己买入或者卖出意愿的人，而那些只是挂单，却并不确保立刻成交的投资者，只能说有这个想法，却未必有强烈的意愿。

光有意愿就够了吗？显然不是。很多散户意愿无比强烈，但对于股价的走势几乎无能为力。显然问题出在能力上。交易市场中的能力，只有一个评判标准：资金量。

资金量小的人，即使有很强的意愿，挂高很多，追切成交，但一下就成交了，后续再也没有资金能够持续买入，因此对股价的影响就是那一下，很多散户甚至连一分钱的价格都影响不了。

大资金量的机构，有时一只股票一天就可以买入上亿元，要想满足这些成交量，除了少数的超大盘股外，其他的股票几乎都会出现一个非常明显的放量中阳线，而这可以明显影响到股票的技术形态。如果是机构持续很多天买入，而不是只买入一天，影响更是巨大。

股价上涨的时候，所有人都会做出评估。没有买入的投资者，考虑要不要追高买入，权衡如果不追买，以后还有没有低买的机会。已经持有的投资者也会评估，是否已经涨不动了，需要卖掉以兑现利润。每一个价格的波动，牵动的都是无数利益相关者的神经。不断评估，不断纠结，最终做出决定。

价格的波动，代表的是市场的合力。这个说法没错，但市场的合力，实际上体现的是极少数大资金量投资者的意志。占据市场绝大多数的散户投资者，可以不夸张地说，对股价的影响几乎为零。因为散户虽然数量众多，但没有共同目标，很难产生一致的行动，相反，倒是很容易被影响，左右摇摆。股价波动的最终结果，本质上是大资金量投资者之间的博弈。

二、机构与游资

市场上大资金量投资者，主要分为两类：一是机构投资者，二是游资。也有极少的一部分个人投资者资金量很大，甚至过亿元，但这部分人基本已经脱离散户的范畴，其操作模式更像机构。

机构投资者和游资的主要区别是什么？不是资金量的大小，而是背后的操盘模式。

机构一般都有严格的投资体系和风控体系，重视基本面研究，基金经理的投资权限受到限制。通常实行股票池制度，没有进入公司股票池的股票，一般是不能购买的，而能够进入股票池的股票，通常都在基本面方面达到一定的标准。此外，机构的风控制度也非常严格，如买入流程、仓位管理等。

游资与机构有许多不同。绝大多数游资都是个体作战，个别游资有自己

第6章 价格波动之源

的团队,但其纪律性和组织性跟机构无法相比,大多是核心操盘手说了算,股票标的也具有比较大的随意性,主要操作依据是题材、热点,对基本面的重视远不如机构。很多大消息都是收盘后发布的,所以游资收盘后要研究这些消息或者题材的力度,以及受益股票的受益程度,从而决定第二天是否操作以及具体的操盘策略。

实际上机构和游资的区别并非那么清晰明了。有的机构操作手法和游资类似,主要是一些小机构,以私募为主;有的游资做到一定程度,就会像机构一样操作。现在已经做大的量化机构,名字叫机构,究其实质,更像是另类的游资。所以,这里的机构和游资指的更多的是两种操盘风格。

市场本质上就是这些大资金投资者之间的博弈。机构之间,游资之间,机构和游资之间,他们既有合作,也互相砸盘。

能力和意愿是理解价格波动的核心。能力很简单,就是资金量,没有资金,说啥都没用。意愿不是口头说说,而是用行动表达出来的。主动性买单才是真实的意愿表示。那些总是逢低挂单试图捡漏的,显然意愿不如直接高挂甚至直接封板的。但无论如何,平挂甚至低挂总比不挂只是嘴上说说强。

散户既没能力,也没有意愿主动买单。有的散户表示不服,我很有意愿,我挂单都是主动性买单,总是高挂直接成交。但是股价一涨就直接高挂,怕上不了车,当涨不动甚至开始跌了,恨不得再次低挂,逃走。这个不叫意愿,叫冲动。

机构与游资相比,机构的能力更强,资金量更大,但机构操作的股票往往非常分散,会同时操作很多股票。所以虽然总资金量大于游资,就单只股票而言,优势并没有那么明显。而绝大多数游资,资金可能只有几千万元或者几亿元,超过十亿元的并不多,但他们操作的股票数量很少,有的一次就操作一只,最多也就是三五只,出了一只再进一只,循环操作,快进快出。

就意愿而言,游资显然强于机构。机构的操盘风格更倾向于低吸,而不是高买。好的股票一旦选出来,尽可能逢低买是机构的主要买入策略,除非遇到突发情况,重大利好,筹码稀缺,只能追涨买。但就是这样,机构也很少用大资金坚决封板,更多的是大阳线或者涨停板不断开板,因为机构以尽量低的成本买到尽量多的筹码才是最终目的。游资完全不同,其操盘模式以快速追涨为主，然后巨额资金封板。游资的目的不是为了低价拿到更多筹码，而是通过刻意展示的强势，使得已经持有的筹码不会卖，想买的买不着。只有这样，才能在第二天甚至随后的几天，让那些想买但没有买到的追涨者，在贪婪的驱使下，追涨更高的价格，游资才能利用这些贪婪的买盘快速出货。

　　游资非常怕在拉板的时候被砸盘。如果是散户，虽然很难形成合力，但一旦巨额资金封板，绝大多数都不会再卖出。如果其他有实力的游资刚好将持有几千万元的筹码卖出，或者几个在里面的机构决定砸盘出货，对买入的游资而言就非常不妙了。一旦没法强势封板，甚至封不住板，绝大多数散户都会蜂拥而出，第二天拉高也会面临巨大的压力，因为跟风追涨的意愿明显降低，甚至会变成逃命大赛。所以游资选股，很少选择机构重仓的股票，绝大多数都是业绩很差的垃圾股，因为业绩差，机构基本没有入局，比较容易操控。

　　但现在随着机构的扩张，新的游资势力的不断崛起，神仙打架的事明显比以前多了。游资收割起其他游资甚至机构，就没有收割散户那么容易了。这两年已经出现了游资整体收益下降的情况，甚至出现了割肉王这样的游资。根据长期的跟踪和观察，有一部分游资操盘的胜率并不高，经常割肉出局，已经出现游资散户化的趋势。这也说明任何一种有效的方法，都是建立在生态的基础上。

　　博弈双方实力差距越大，收割越容易。近些年随着连续被收割，大量散户退出市场，还有很多以前跟随游资试图喝汤的追板者，由于长期无法盈利，也开始转换操盘模式。散户作为一个整体，警惕性大为提高，没有那么容易收割。相应的，游资之间、游资和机构之间的收割比例增加了。一个游资想收割另一个游资，比拼的是硬实力。

　　任何具有博弈特征的市场，最终容易赚钱的模式必然失效，新的模式必然出现，否则就是红海般的血拼了。

　　最近几年出现了一些新的现象和趋势，我的判断是游资的博弈模式逐渐式微，许多靠研究游资模式试图复制游资传奇的散户，可能会遭受重挫，最后要么转型，要么退出市场。

三、价值与成长

实际上不仅是题材投资，就是价值投资领域，容易赚钱的模式也在悄然发生变化。以巴菲特为例，早期的巴菲特信奉本杰明·格雷厄姆的价值投资——"捡烟蒂"。早期靠这个方法赚了很多钱，后来也抱怨，能找到的机会越来越少。经过芒格的游说，巴菲特逐渐接受了欧文·费雪的成长投资理论，开始寻找卓越的企业，而不是总试图捡漏。

早期的价值投资作为一种先进的理念和方法，确实能够带来非常好的收益。但这种理念一旦为主流认知，就有很多人都盯着，一个低估的机会出现，马上就有人买，很快这个机会就消失了，后来甚至连低估的机会都很少出现。到了这个时候，其价值就大为降低了。

格雷厄姆当年把自己的价值投资理念著书立传，广为传播，一方面为自己带来了巨大的声望；另一方面也相当于把自己的饭碗砸了。因为这种模式能够容纳的资金量是有限的，懂的人少，闷声发大财是可以的。按照这种模式操作的人一旦多起来，很快就会谁都吃不饱。沃尔特·施洛斯晚年接受采访的时候，曾经抱怨过：巴菲特大肆宣扬价值投资，不断地公开发表讲话，自己博得了名声，却导致找到"烟蒂股"的机会急剧减少。语气之中不乏埋怨和牢骚。其实可以理解，本来人家过得好好的，年化收益率有20%，干了47年，妥妥的大师水准，后来却被迫不断调整自己的投资策略，因为符合条件的股票实在找不到了。

由此可见，一种理念或策略，哪怕再好，再先进，也是有约束的，其能够容纳的资金量不是无限的，一旦竞争者大量涌入，最终会降低收益，甚至彻底失效。比如约翰·聂夫，虽然号称格雷厄姆门徒，但他的成名绝活就不是纯粹的格雷厄姆的价值投资，而是选择了低市盈率、高分红的模式。这种模式显然比按照净流动资金或者净资产选股的范围广多了，也实用多了。

后来巴菲特接受了成长投资理论，开始关注卓越的企业。即使不便宜，但随着时间的推移，盈利的提升，估值自然会降下来，也就没那么贵了。如果将眼光放到5年甚至是10年后，那当时不便宜的价格也就可以接受了。

这个改变成了巴菲特的转折点，最终成就了巴菲特的股神之路。

投资大道之价值为锚

目前国内也出现了类似的情况。有几个比较出名的基金经理，坚持价值投资，很坚定地寻找低估的机会。业绩也过得去，不算太高，但也能做到正收益。但个人认为，老派价值投资的理念已经不是主流，也很难再次辉煌。在一个信息高速流动的市场中，试图捡漏将会越来越难，相反，踩雷的概率倒是越来越大。你以为自己找到了一个低估的机会，实际上更有可能的是你没看到别人看到的东西。它便宜，不是因为大家漏掉了它，而是真的有问题。

现在投资世界的主流逐渐偏向成长投资。只有不断地成长，才是股价不断上涨的根本动力。当然这里的"成长"，并不是动辄50%甚至翻倍的高速增长，这种成长是不可持续的。比如，约翰·聂夫喜欢7%～15%的稳健增长，彼得·林奇喜欢15%～25%的成长机会。总之，要保持一定程度的成长，才是股价上行的关键所在。哪怕暂时被高估，随着时间的推移，只要成长真的兑现，都不是问题，怕就怕在是根本无法兑现的假成长。以后的竞争，是研究的竞争，单凭财务数据会力不从心。谁的研究能力更强，挖掘的更深入，对产业链、行业周期、企业竞争优势的理解更深刻，谁就有更大的可能找到真正的明星股票。

本质上讲，优质、低价才是价值投资的王道。这里的低价不是股价低，而是估值低。这个大的原则一定要把握，其他的细节可以自由发挥。当然越是优质的股票，想捡漏的难度就越大。能捡到的，往往不是真的"漏"。既要优质又要低价的困境，才是投资的常态。从这个角度讲，如何权衡优质和低价的关系并尽量做到均衡，才是投资者真正需要深入思考的问题。

大资金投资者的投资逻辑，决定了价格的波动模式。只有深刻理解他们的运作逻辑，才能捕捉到股价的上涨阶段。所以，普通投资者要么成为价格的引领者，要么花大力气去了解他们的操盘逻辑，成为优秀的跟随者。除此之外，别无选择。

那么大资金投资者是不是就可以为所欲为呢？显然不是。无论是机构，还是游资，他们并不是独立的，机构之间，游资之间，机构和游资之间，都存在着残酷的竞争和博弈关系。最终的胜者，不是某个机构或者游资，而是能够影响力量占优一方的操盘逻辑。

大资金投资者的操作都遵循着各自的逻辑，他们的逻辑互相碰撞，相互融合，你中有我，我中有你。最终，如果某个逻辑能够让力量占优的大资金投资者形成合力，对手盘可以轻易被击垮，一波大力度的涨势才会形成。这种力量对比越大，上涨空间也就越大。

深刻理解大资金投资者背后的操盘逻辑，做一个优秀的跟随者，这就是盈利之道。

第 7 章

本杰明·格雷厄姆

说到价值投资,就不能不提本杰明·格雷厄姆。他是价值投资学派的创始人,价值投资强调深入研究公司的基本面和财务状况,寻找低估的股票,从而获得长期的资本增值。

本章主要介绍格雷厄姆精彩的一生,第 8 章会对他的主要作品和价值投资体系展开讨论。

一、悲惨童年

格雷厄姆的父母都是犹太人。家里一共三个男孩,格雷厄姆排第三。他的两个哥哥都出生在英国伯明翰,在那里格雷厄姆的父亲和祖父经营瓷器和古玩生意。在他二哥出生后不久,他们全家搬到了伦敦。1894 年 5 月 9 日,格雷厄姆在伦敦出生。

在格雷厄姆差不多 1 岁时,他的祖父派格雷厄姆的父亲去美国建立分支机构。于是在 1895 年的某一天,他们一家五口乘船前往纽约,但他们的英国国籍依旧保留了 20 多年。格雷厄姆在 20 岁之前,一直使用原本的姓氏格罗斯鲍姆。1914 年,美国反德情绪升温,身居美国的格罗斯鲍姆家族把姓氏改成了格雷厄姆。

格雷厄姆的童年时代,他父亲的生意颇为成功。他们不仅住着大房子,还雇用了厨师、女仆和法国管家。在格雷厄姆五六岁时,他们一家搬进了位于第五大道的一栋私家宅邸。虽然年幼的格雷厄姆在那里住了没几年,但他对那栋给他留下美好童年记忆的私宅始终印象深刻。

第 7 章　本杰明·格雷厄姆

但天有不测风云，格雷厄姆的父亲年仅 35 岁就去世了。父亲去世后，格雷厄姆的母亲努力维持着父亲的生意。但经过几番尝试后，最终还是失败了，他父亲赚取的各种商业资产被逐步变卖。母子四人很快就陷入困境，多次搬家，寄人篱下，这种情况持续了好多年。在最为困顿的几年里，格雷厄姆一家不但卖掉了父亲留下的遗物，母亲的珠宝也被送去了典当行，再也没有赎回。幸运的是，在母亲诸多的兄弟姐妹中，有些人成了有钱人，将他们从苦难中拖了出来，但耻辱感一直伴随着他们。

格雷厄姆的母亲曾经尝试了各种方式赚取收入，维持一家四口的生活。她还投了一点钱在股市，那点小额交易最终交给了格雷厄姆来打理。因此，有段时间还是小男孩的格雷厄姆每天会打开报纸的金融版面。显然，那个年龄的他对金融一无所知，只知道股价上涨时会很开心，股价下跌时会很难过，最终这个保证金账户在 1907 年的金融危机中归零了。

1906 年，格雷厄姆在公立第 10 校毕业时，刚满 12 岁的他已经学会用各种方式赚点小钱了。他知道凡事只能靠自己，学生时代的格雷厄姆，在多个行业做过 12 份不同的兼职工作，他做过送奶工、看过煤炉、做过数学家教、给舅舅打印资料等各种兼职以赚取收入。

艰辛的生活经历，让年轻的格雷厄姆在做出重大决定前，总是首先考虑到经济因素。在哥伦比亚大学毕业后，他放弃了留校当老师的三次机会，放弃了法学院的研究生奖学金，在踏入华尔街初期，他申请了免除兵役，这些决定的前提都是考虑到拮据的家庭环境。

对很多华尔街人士来说，金钱是一种抽象的概念，就是一个数字。而对格雷厄姆则不同，他从很小就明白，金钱是一种真实而具体的力量，甚至可以说是这个世界上最强大的力量。金钱可以给他的家庭带来荣耀，也能带来毁灭。自从他父亲死后，他和他的妈妈就一直为了金钱而挣扎，这也让他对赚钱充满了渴望。

尽管艰苦的生活有助于锻炼一个人的坚强意志，少年时代令人沮丧的困顿还是给格雷厄姆造成了巨大的心理阴影。他在回忆录中写道，他的内心一直是希望远离物质而追求更智慧的精神层面的生活，但童年的艰辛给他和他的哥哥们都带来了很大的影响，他开始对金钱变得更敏感、更崇拜，并理所当然地认为，成功的主要标志就是赚很多钱、花很多钱。当格雷厄姆开始写回忆录时，艰辛的生活早已远去，在经历了几十年的荣辱兴衰之后，他总结了获得物质享乐最简单和最重要的原则：在自己的能力范围内过上良好的生活。

那段特定时期经受的压力和贫穷，扭曲了格雷厄姆的性格，让他封闭了自己，与周围世界之间筑起了太多屏障，因此，他始终无法与他人建立并维系持久的关系和真正亲密的友情或爱情。

二、少年学霸

格雷厄姆对学习非常感兴趣，也表现出了极强的学习天赋。他的一生也证明，他是一个优秀的终生学习者。

1900年，6岁的格雷厄姆开始了他的学习生涯，直至1914年从哥伦比亚大学毕业。格雷厄姆的学生时代一路开挂，套用现在的话说，他是一枚妥妥的学霸。

格雷厄姆6岁那年，纽约市组织了一次所有小学生都参加的英文和数学考试。他的英文成绩是68分，而排名第二的学生只拿了42分。在漏做了两道题的情况下，他第一个交上了数学试卷，但他答对了全部5道题目，取得了学校最高分。后来，他依靠在数学上的天赋，给其他孩子补习数学课，赚了人生中第一笔大钱，而且补习数学的兼职他做了很多年，一直到他在华尔街工作的初期。

在父亲去世后的那几年困顿时光里，格雷厄姆把生活中的主要兴趣都放在了学业上，老师布置的作业虽然很多，但每次他都能很快完成，并且他很会充分利用各种碎片时间。他多次跳级，尽管如此，还是以优异的成绩结束了在公立第10校的学业，并拿到了最高平均分。

中学时代的格雷厄姆依然在学业上出类拔萃，他的每门科目都学得很好，成绩名列前茅，他期待着中学毕业后能够去哥伦比亚大学读书。格雷厄姆和他的家人非常相信他有实力成为获得普利策奖学金的12个学生之一，这项奖学金是按照报业大王普利策的遗愿设立的，其金额足以支付他在哥伦比亚

第7章 本杰明·格雷厄姆

大学的学费和生活费。但事与愿违，格雷厄姆出人意料地落选了1910年的奖学金名单。

无奈之下，格雷厄姆只能选择去纽约城市学院读书。社会底层、不修边幅的穷学生是纽约城市学院的主要学生来源，以格雷厄姆一家固有的清高，可以想象格雷厄姆其实在心里并不满意这个选择，到纽约城市学院读书实属无奈之举。在这种心态下，格雷厄姆在纽约城市学院过得相当不开心，关于这所学校的每件事都令他感到厌恶和不满。有一天，他不小心丢了两本书，在没有零花钱去重新购买的绝望之下，格雷厄姆决定退学，然后他找了一份工作。

1911年4月，格雷厄姆决定去申请当年9月的普利策奖学金。此时，哥伦比亚大学的教务长凯佩尔告诉格雷厄姆，去年他做招生办主任时，错误地把本杰明·格罗斯鲍姆（此时格雷厄姆家族还在使用格罗斯鲍姆作为姓氏）当成了路易斯·格罗斯鲍姆。按照规则，普利策奖学金不能重复颁发，所以他们把本该属于格雷厄姆的奖学金授予了排在他后面的同学。

为弥补去年的过失，凯佩尔同意将今年的奖学金授予格雷厄姆，以支持他在1911年9月重新入学。对于已经错过的一年大学时光，凯佩尔在表示抱歉的同时告诉格雷厄姆，如果他足够勤奋，有可能只用三年就能拿到学位。

1911年9月，格雷厄姆如愿以偿地进入了哥伦比亚大学。由于他在高中时已经学过了相当于大学第一学期的课程，他直接从更难的高年级课程开始了大学学业。入学之初，格雷厄姆给自己定的目标是三年毕业，但格雷厄姆一如往常地继续一路开挂，两年半之后他就拿到了学位。

在学业之外，格雷厄姆继续从事一些兼职工作赚取零花钱。1912年9月，在获得了教务长凯佩尔的同意和支持后，他还曾短暂休学，全职加入美国快递公司从事打孔卡项目的管理工作。

在休学之前，格雷厄姆开始学习初级经济学，但上了几周课之后，这一"乏味的科学"没能激起他的兴趣。因此，当休学结束返回学校时，他决定不再上这门课。谁都不会想到，格雷厄姆此后一辈子的职业生涯都投身于经济学的分支——金融学，而且还在该领域取得了非凡的成绩。

1914年春天,格雷厄姆即将从哥伦比亚大学毕业。在大学的最后一个月,首先是哲学系主任伍德布里奇教授建议他留在哥伦比亚大学,成为哲学系的老师。之后不久,霍克斯教授代表数学系邀请他加入数学系。令格雷厄姆意外的是,著名的厄金斯教授也向他伸出了橄榄枝,邀请他加入英语系。

对这些邀请,格雷厄姆既有成就感又很困惑。然而,当他把这些情况告诉凯佩尔教务长时,凯佩尔建议他不要马上做决定,因为他更倾向于把聪明的大学毕业生送到商业世界,而不是把他们关在学术生活的象牙塔里。

尽管获得学位仅用了两年半,格雷厄姆大学期间的平均成绩依然非常优秀。毕业时,他在那一届同学中排名第二,虽然不能像第一名那样在毕业典礼上致辞,但他还是成功入选了美国大学优等生荣誉学会。

三、崭露头角

大学毕业典礼前夕,纽伯格·亨德森·洛布公司的老板塞缪尔·纽伯格拜访了凯佩尔教务长,请他推荐一个优秀的学生去做债券销售工作,凯佩尔便推荐了格雷厄姆。

初入华尔街,格雷厄姆的薪酬只有每周12美元,因此,他决定继续给总督岛上军官的儿子们补课,同时在夜校教外国人英语,赚些外快。

1914年6月,奥匈帝国皇储在波黑的萨拉热窝遇刺,8月初,第一次世界大战爆发了,纽约金融市场被汹涌的抛售潮淹没,为了稳定金融,美国政府很快就决定关闭交易所。

纽约证券交易所大门紧闭,已经进入华尔街的格雷厄姆收到了来自哥伦比亚大学法学院的官方通知邮件,告知他获得了研究生奖学金,并且要求他必须在一周内答复是否接受该奖学金。对于把学习视为终生事业的格雷厄姆来说,这无疑是一个好消息,但他还是陷入了困惑。

再三考虑家庭经济情况并征求了未婚妻黑兹尔的意见后,格雷厄姆拒绝了研究生奖学金,同时深表感激。与此同时,他还另外写了一封信把这一决定告诉了凯佩尔教务长,凯佩尔在回信中表示支持格雷厄姆的决定。凯佩尔

第7章 本杰明·格雷厄姆

认为，随着交易所的关门，很多不学无术的人无疑会失去华尔街的工作，更好的机会将留给像格雷厄姆这样的优秀人才。

第一次世界大战在欧洲大陆爆发，大洋彼岸的美国无疑将受益于随之而来的战时经济繁荣，因此，纽约金融市场的巨大动荡和抛售潮是令人意外且极其不理性的。纽约交易所关闭几个月后，交易得到有限度的恢复。没过多久，战时物资订单开始从法国和英国涌向美国，美国的经济前景迅速从悲观转为乐观，股市也随之开始上涨。

面对突如其来的市场逆转，公司最大的难题在于人手不足，因为很多员工已经离职，于是格雷厄姆一个人承担了多项工作，这一难得的机会让他得到了全方位的锻炼。

为了做好与债券相关的工作，格雷厄姆开始研究铁路债券报告的细节，与此同时，他花了大量时间阅读相关教材。对于债券从业人员来说，当时的红宝书是由劳伦斯·张伯伦撰写的《债券投资原则》，这是一部内容沉闷的大部头著作。彼时的格雷厄姆怎么也不会想到，20年后他撰写的教材会取代这本大部头。

在学习了一段时间之后，格雷厄姆萌生了写一份关于密苏里太平洋铁路公司的分析报告的想法。在读完该公司1914年6月之前的财务报告后，他认为该公司的经营和财务状况都处于危险状态，投资者不应该再持有它的债券。这份写于1914年的分析报告是格雷厄姆价值投资的启航之作。

这份高质量的报告吸引了巴赫公司一个合伙人的注意，他想把格雷厄姆招聘到该公司的统计部门，并开出了每周18美元的薪水，而此时格雷厄姆的薪水只有每周12美元。或许是因为格雷厄姆更想成为一名证券分析师而不是债券销售员，抑或是优厚的薪水让生活拮据的格雷厄姆动了心，他决定接受巴赫公司的邀请。

当格雷厄姆把离职的决定告诉塞缪尔时，塞缪尔极力挽留，并决定让格雷厄姆加入正在组建的统计部门，薪水上涨到每周15美元。考虑到即将真正开启作为证券分析师的职业生涯，于是他决定留下来。几个月后，在业务爆发式增长之际，塞缪尔又把格雷厄姆的薪水提高到每周18美元。

到了1916年，格雷厄姆的工资涨到了每周50美元，便向女友黑兹尔求婚了，他们在当年 11 月举办了订婚仪式。

1917 年 4 月，美国对德国宣战，格雷厄姆申请加入训练营，希望能成为少尉军官。此时，格雷厄姆仍然持有英国国籍，由于军队规定美国公民才能成为军官候选人，他的申请被拒绝了。

后来，格雷厄姆的两个哥哥去服了兵役，从家庭经济情况考虑，他以母亲需要照顾为由申请豁免服兵役，仅在临时代替国民卫队的"纽约州卫队"以非正式的军官身份偶尔参与演习。与大多数热血青年一样，因为没能加入真正的军队，没能与数百万其他年轻人一道在前线出生入死，遗憾与不安贯穿了格雷厄姆的一生。

1920 年，格雷厄姆被提拔为公司的初级合伙人，此时他年仅 26 岁，除了大幅涨薪之外，他还可以额外分得 2.5% 的公司年度利润，而且无须对公司的任何损失承担责任。最初的 4 年，他每年能分得 5000 美元的年度分红，格雷厄姆非常满意，有点春风得意的感觉。

四、投机之殇

虽然格雷厄姆在华尔街的早期生涯颇为成功，但他的投资之路也并不是一帆风顺的。弥漫华尔街的投机冲动，吸引着年轻的格雷厄姆，给他早期的职业生涯带来了挫折，但也促使他日后更加坚定于审慎的价值投资方式。

在格雷厄姆早期的投资生涯中，他经历过两次重大挫败。

第一次是在他初入华尔街的 1914 年，他的好友、曾经高度评价他写作水平的哥伦比亚大学英语教授阿尔杰农，与他签订了委托理财协议，将价值 1 万美元的股票资产委托给他操作，利润和损失双方均摊。

在第一年，他们的账户赚了不少钱，格雷厄姆将分得的几千美元利润为大哥盘下了一家留声机店。1917 年美国参加一战，股票价格持续下跌，阿尔杰农的账户需要追加更多保证金。最终，格雷厄姆不得不卖掉阿尔杰农最钟爱的美国照明和有轨电车公司的一部分股票，但账户资产仍然低于保证金而被冻结。

萧条的市场让格雷厄姆欠下了无法偿还的债务，阿尔杰农的账户也亏得

第 7 章　本杰明·格雷厄姆

一塌糊涂。有一天，当格雷厄姆极为绝望地在金融区闲逛时，有那么一瞬间甚至想过自杀，但他最终还是决定告知老朋友实情。阿尔杰农在吃惊之余，仍然给予了格雷厄姆极大的理解和同情，允许他每年还款一部分，并继续操作账户。两年之后市场终于好转。阿尔杰农对格雷厄姆坚定不移的信任，让他在后来几十年的岁月里获得了丰厚回报。

第二次挫折发生在 1919 年。《华尔街杂志》的编辑巴纳德·鲍尔斯通过新股上市前的内幕交易，在几天时间赚了 3 倍有余，格雷厄姆被鲍尔斯的此次投机交易所吸引。随后，格雷厄姆跟随鲍尔斯加入了萨吾奥尔德轮胎公司上市前的内幕交易中，他投入了 5000 美元本金，一周后收到了 1.5 万美元回报。

尽管格雷厄姆天生的保守倾向和常识让他认识到，这类操作本质上就是欺诈，但人性的贪婪还是主宰了他，他渴望继续跟随鲍尔斯，寻求参与此类内幕交易的机会。几周后，他和鲍尔斯联合投入了 2 万美元参与到纽约萨吾奥尔德轮胎公司上市的内幕交易之中，在 1919 年 5 月 10 日那一周，他带着兴奋之情庆祝了自己的 25 岁生日，稍后他收到了一张巨额支票，金额是他的本金外加 150% 的回报。

俄亥俄萨吾奥尔德轮胎公司的股票在 1919 年 6 月发行上市，发行额度较小，股价表现也没有前面两家公司那样强劲，略感失望之余，鲍尔斯关于宾夕法尼亚萨吾奥尔德轮胎公司即将上市的内幕消息，又让格雷厄姆心中燃起了希望。

宾夕法尼亚萨吾奥尔德轮胎公司是萨吾奥尔德轮胎系最后一家有机会上市的公司，鲍尔斯和格雷厄姆等人准备抓住最后的机会大赚一笔，当基金开始募集时，格雷厄姆投入了大约 6 万美元，其中一半来自他富有的师兄、朋友兼客户马克思韦尔·海曼家的三兄弟。

然而，由于未知的原因，宾夕法尼亚萨吾奥尔德轮胎公司没能如期上市，所有萨吾奥尔德上市公司的股票开始暴跌。1919 年 9 月，情形进一步恶化，最早上市的母公司股价暴跌，但宾夕法尼亚萨吾奥尔德轮胎公司的股票还是没有启动交易。10 月 4 日后，三家萨吾奥尔德上市公司从报价系统中彻底消失。可怜的鲍尔斯已经把自己的大部分资金和朋友的资金都投入了萨吾奥尔德轮胎公司。几番周折后，他们最终只返还了大约33%的资金给参与其中的客户或朋友。

事实上，作为所谓的"内幕信息人"，鲍尔斯和格雷厄姆只知道萨吾奥尔德轮胎公司可能具有的业务性质和据称发行在外的股票数量，这一信息也基本上属于道听途说。然而，人性的贪婪让他们甘于上当受骗，让他们觉得把钱投入到这类欺诈项目中是一种极大的特权，然后寄希望于广大投机者表现得更加贪婪和愚蠢，从而让他们赚取高额利润。

格雷厄姆有限的几次投机活动，让他亲身体会到了投机带来的短暂快感和长期悔恨，从而让他对投资和投机的区别，形成了深刻的认知，这些内容后来也出现在了他的著作中。

五、事业起飞

1923年初，格雷厄姆决定离开纽伯格公司，出来单干，成立了格兰赫私人基金。消息传开后，许多对格雷厄姆有所了解的投资者闻风而来，基金尚未开始运作，已经募集到50万美元的资金。

有了资金支持，格雷厄姆得以大展宏图。他的第一个目标就瞄准了当时赫赫有名的化工巨头——杜邦公司。

彼时，距离一战结束已经过去5年，美国经济已从战后步入复苏期。而当时的杜邦和通用汽车是交叉持股，但两大公司面临的市场机遇截然不同。战后经济形势一片向好，汽车市场得到进一步开拓，通用股价一路回升，接近了战前水平。而靠战争发迹的杜邦公司，因战火的平息暴利不再，股价急剧滑落，到1923年，股价已经跌到297美元/股。

一向对市场敏锐的格雷厄姆从中看到了市场机会，他从一切可能的渠道，搜集杜邦、通用两家公司的财务数据，没日没夜地研究。最后认定，市场低估了杜邦公司的真实价值。

于是，格雷厄姆果断花30万美元买入杜邦公司1000股股票，与此同时，他以放空该数额7倍的数量，卖出通用公司股票。

果然，如格雷厄姆所料，市场很快发现了这两个股票价格的不均衡，并迅速对其做出调整，在格雷厄姆买入杜邦股票两周以后，杜邦股价一路攀升，一个多月后，股价已达 365 美元。而通用股价一路下跌，最后两只股票在 370 美元左右的价格上展开盘整。格雷厄姆在此价位上卖出杜邦公司股票，每股获利 70 美元以上。

短短两个月，格雷厄姆在这次投资中赚了足足 7 万美元，回报率高达 23%。仅仅这一笔业务，便超额完成公司基本年度指标。

格兰赫基金运作一年半，其投资回报率高达 100% 以上，远高于同期平均股价的涨幅，但由于股东与格雷厄姆在分红方案上的意见分歧，格兰赫基金最终不得不以解散而告终。

1926 年，32 岁的格雷厄姆成立了自己的投资公司，格雷厄姆·纽曼公司。

当时的美国股市可谓牛市冲天，一片繁荣。凭借着过人的投资才华，格雷厄姆一路势如破竹，到了 1929 年初，其公司资金规模已从最初的 40 万美元上升到 250 万美元，格雷厄姆一时风光无限。

35 岁的格雷厄姆成了百万富翁。当时的美元可比现在值钱得多，美国的平均通货膨胀率按照每年 3% 计算，1928 年的 100 万美元在 2024 年大约相当于 4500 万美元。

他在 81 街和中央公园西边一幢金碧辉煌的 30 层公寓大厦里，租了 18 层和 19 层两层复式的公寓套房。房租每年超过 1 万美元，租期长达 10 年。

格雷厄姆这一时期的一大收获是意外地遇到了他之后投资生涯的黄金搭档——杰罗姆·纽曼。纽曼具有非凡的管理才能，处理起各种繁杂的事务显得游刃有余，这使得格雷厄姆可以腾出更多的精力专注于证券分析，做出投资策略。

六、坠入深渊

虚假的繁荣下隐藏着巨大的危机。1929 年 10 月，华尔街迎来历史上最为惨烈的股灾。股市一路暴跌，从 1929 年 10 月开始的股灾到 1932 年经济大萧条的谷底，道琼斯指数共下挫了 90%。

覆巢之下，安有完卵。1929—1932 年，短短 3 年时间，格雷厄姆公司账户损失超过 70%。公司账户里的钱从 250 万美元亏损至 55 万美元。因为使用了财务杠杆，巨额借款使得格雷厄姆的处境更加雪上加霜。

1930 年损失了 20% 以后，格雷厄姆以为股市到底了，急于翻本的他加了杠杆抄底。然后的事情，用格雷厄姆的话就是"所谓的底部一再被跌破，那次大危机的唯一特点是一个噩耗接着一个噩耗，越来越糟"。1930 年是格雷厄姆投资生涯中最糟糕的财务年度，亏损 50%。到达 1932 年股灾真正底部时，格雷厄姆的账户跌掉了 70% 之多。

格雷厄姆迎来了投资生涯中最黑暗的一段时间，由于巨额亏损，他持续 5 年没有从基金得到收益，靠教书、写作和部分兼职维生。直到 1935 年 12 月，格雷厄姆才将所有过往的亏损都赚了回来。

这里插一句，就在 1930 年 8 月 30 日，格雷厄姆正在遭遇大股灾带来的痛苦之时，格雷厄姆未来最著名的弟子巴菲特出生在内布拉斯加州的奥马哈市。

股灾之后，几乎破产的格雷厄姆被迫削减庞大的家庭开支，退租了豪宅、辞退了仆人，就连当初给母亲买的汽车也被卖掉。

这次股灾对格雷厄姆的投资理念产生了深远影响，安全边际这一思想逐渐成为格雷厄姆日后投资理念的重要基石。

七、传世巨著

1929 年股灾期间，格雷厄姆当时为了节省开支，搬出了豪宅，辞退了所有仆人，卖了豪车，又过起了勤俭节约的日子。

这期间，格雷厄姆不断反思自己的投资框架，经过归纳汇总，写成了一本书，1934 年《证券分析》第 1 版由麦克格劳希尔公司出版。

这本书一经推出就好评如潮，迅速登上了畅销书排行榜，成为顶级畅销书。书中价值投资的理念、科学的分析方法、系统的投资框架，在当时的投资界如同一颗重磅炸弹，而这本书的大卖也为格雷厄姆日后摆脱困境、东山再起，提供了源源不断的资金来源。

随着时间的流逝，这本书经历一轮又一轮的市场检验，历久弥新，逐渐被投资界奉为圭臬。

为了保持收入，格雷厄姆同意了哥伦比亚大学的邀请，一边兼职投资教授，一边继续做投资。格雷厄姆从1928年起，在母校哥伦比亚大学教授"证券分析"课程，一直持续到1954年。

为了更加通俗地传达自己的价值投资理念，格雷厄姆在1949年出版了一本《证券分析》的"通俗版"，这本书就是后来名震投资界的另一本投资巨著——《聪明的投资者》。

1950年秋，20岁的巴菲特追随格雷厄姆的脚步，进入哥伦比亚大学商学院就读。他最感兴趣的是证券分析课程，由多德教授主讲，格雷厄姆会在每周四下午股市收盘后，到校讲一堂公开课。由于巴菲特早先就熟读过《聪明的投资者》，并且对数字非常有天赋，所以巴菲特相对其他同学而言是妥妥的学霸。课堂上经常在其他同学没想明白问题问的是什么的时候，巴菲特就和两位教授展开对话和讨论，其他同学主要负责扮演"吃瓜群众"的角色。至此，格雷厄姆和巴菲特这段令世人称道的师徒情谊正式拉开帷幕。

此后，投资界又诞生了一位巨擘。在后来巴菲特成名后，他曾不止一次地在公开场合讲道：《聪明的投资者》是有史以来关于投资的最佳著作。

八、重回巅峰

世纪股灾之后，格雷厄姆的投资事业顺风顺水。

1948年，格雷厄姆花费72万美元买入了政府雇员保险公司（GEIKO）1500股股票，当时这家公司还未上市。

早在此前，格雷厄姆就对这家公司表现出极大的兴趣。在他看来，这家公司极其符合他的投资理念。首先，该公司财务状况优异，盈利增长迅猛，1946年每股盈利1.29美元，1947年，每股盈利高达5.89美元，一年翻了近5倍；其次，该公司潜力巨大，由于其独特的服务对象和市场宽度，前景可谓一片光明；再次，该公司最大的股东同意以低于账面价值10%的比例出售所有股份。

这一切促使格雷厄姆毫不犹豫地买下了这家公司的股份。然而这家公司的买入，对于格雷厄姆来说只是一个开始，格雷厄姆认为，像这样业绩好、价格低、盘子小的公司，其价值极易被市场低估，一旦为市场所认识，其股价必定会大幅上涨。此外，作为一个新兴行业，保险市场的潜力将会使投资者获得更高的回报。于是格雷厄姆决定将政府雇员保险公司推为上市公司。

上市后的政府雇员保险公司，正如格雷厄姆所料，股价一路上涨。以1948年政府雇员保险公司上市市值来算，到1966年，投资者的回报率已高达10倍以上，其中格雷厄姆个人所持有的股票价值已经接近1000万美元。

截至1972年，美国政府雇员保险公司股票的涨幅已超过28000%，许多投资人将其当成传家宝来代代相传。这也成为格雷厄姆投资生涯中最成功的一笔投资。

格雷厄姆于1926年建立格雷厄姆·纽曼投资公司，其主要资产和收益也都来自这家公司。因此，格雷厄姆·纽曼公司的投资回报率基本上可以代表格雷厄姆的投资战绩。

格雷厄姆·纽曼公司在1941年到1960年的20年中，累积收益率达到4425%，平均年化收益率为21%。

如果在1941年把1000美元交给格雷厄姆来掌管，到1960年，这1000美元会变成4.5万美元。但如果把这1000美元用来购买标普500指数基金，那到1960年只能得到0.56万美元。相比之下，格雷厄姆的总收益率是同期标普500指数的8倍。

难能可贵的是，格雷厄姆一生慷慨无私，数十年如一日地传授价值投资理念和实战指导，一生桃李满天下。

九、兴趣广泛

格雷厄姆的亲传弟子施洛斯曾在一次采访中说："格雷厄姆对赚钱并没有多大的兴趣，所以当他发现股票投资对他而言已不再是件难事后，他便把精力投向了其他更具挑战的领域。不然他在投资界的成就还要更大。"

作为一名投资大师，格雷厄姆不但开创了价值投资流派，还创办了证券分析师协会和特许金融分析师（Chartered Financial Analyst，CFA）认证体系。

CFA协会曾写道："价值投资的根源可以追寻到1934年格雷厄姆和多德出版的经典著作《证券分析》，其倡导的方法论将名垂后世。"

格雷厄姆最先提出了要将分析师许可规范化的想法（比如1945年1月的《分析师期刊》摘要，提出要设立分析师的职业评级制度），这一思想使得CFA于1959年创设。CFA是系统训练分析师的一个项目，分三级考试，就算你是一个学霸，能连续一次性通过三级，时间上也至少要跨过两个年度，且要有四年职业经验，才能拿到证书。其中的代价，是长达至少1000小时的学习时间。

此外，格雷厄姆还是一位经济学家、发明家（他在数学及摩斯电码系统等领域有许多创新专利）、戏剧家（编写的剧本曾登上百老汇舞台）、语言学家（精通英语、法语、希腊语和拉丁语）。无论在深度和广度上，格雷厄姆都展现出无与伦比的智慧。他的一生之丰富多彩，完全可以拍成一部连续剧。

第8章

本杰明·格雷厄姆传世经典

格雷厄姆一生著作颇丰，这些作品中，非常著名的传世巨著就是《证券分析》（Security Analysis）和《聪明的投资者》（The Intelligent Investor）。格雷厄姆凭借一己之力，让"炒股"从一件原本只是凭感觉、碰运气、靠内幕消息的赌博游戏，变为具有扎实逻辑支撑、可以计算的科学，亲手缔造了证券分析行业。也正是这两本书，奠定了格雷厄姆投资宗师的地位。

一、《证券分析》

《证券分析》自1934年出版以来，畅销不衰。市场早已反复证明，《证券分析》是价值投资的经典之作，至今已修订多次。这本书的核心观点并不复杂，非常简洁明了，却又振聋发聩。

《证券分析》为投资者提供了一套完整的价值投资理论和方法。虽然投资环境和投资工具不断变化，但本书提供的投资原则和核心思想仍然具有极高的指导价值。但它主要是为专业投资者所写的。

《聪明的投资者》有所不同，更像是《证券分析》的通俗版。因为《证券分析》写得比较专业化，很多人读起来比较吃力，所以格雷厄姆用通俗的语言，对自己的价值投资理念做了新的阐述。从投资理念的角度来说，《聪明的投资者》描述的更详细、更丰富，可读性更强。因此受众面更广，也更受普通大众的欢迎。

《证券分析》一共有6个版本，目前市面流行的是第6版。

格雷厄姆亲自写的有4个版本。1934年第1版，1940年第2版，1951

年第3版以及1962年第4版。第5版和第6版不是格雷厄姆修订的，1988年是第5版，2008年第6版则是1940年第2版的升级版。

《证券分析》1940年版本是作者格雷厄姆和多德最满意的版本，也是股神巴菲特最为钟爱的版本。巴菲特说他保存在图书馆，以及他在哥伦比亚大学使用的复印本就是1940年的版本。巴菲特称他至少读了四遍，"很明显这本书十分特别"。因为格雷厄姆在投资上展开了一幅让他一直遵循了57年的地图，并且直到现在他"遵循的还是这幅地图，从来就没有理由去寻找另一个"。

1959年，格雷厄姆和多德，以及斯坦福大学研究生院的西德尼·科特尔和巴克公司的公用事业专家查尔斯·塔塞，对《证券分析》进行第4版的修订，这个版本于1962年出版。它扩大了论述市场走向和成长性的篇幅，加入了一些新的观点。

第4版出版后在社会上引起了激烈的讨论。有刊物评论说，格雷厄姆和多德"已经摆脱了黑色年代的阴影"，而格雷厄姆亲传弟子施洛斯认为这一版"完全丧失了格雷厄姆的风格"。

四位修订者在序言中谈到他们的修订思想：第1版是在大萧条时期出版的，因此"必须采取谨慎的态度"。第2版和第3版分别出版于1940年和1951年，当时的市场状况还算符合最初的原理，但是从1955年起，市场的变化已经对旧的评价标准提出了挑战。如果墨守成规，他们或许会被视为老顽固。

因此他们最终决定，在需要的时候，重新整理过去的观点，应该抛弃的部分也绝不保留。著名财经作家珍妮特·洛认为，这个版本未必会使格雷厄姆和多德完全满意，但至少这些改动体现了格雷厄姆从新的角度观察问题、分析问题的倾向。

第6版在保持原书原貌的同时，增加了10位华尔街金融大佬的导读，既表明了这本书在华尔街投资大师心目中的重要地位，也为这部经典著作增添了时代气息。

二、《聪明的投资者》

1949年，格雷厄姆的另一本划时代著作《聪明的投资者》出版。

1950年，年仅19岁的大一新生巴菲特读到此书，如醍醐灌顶，猛然顿悟：原来这才是真正的投资之道，这绝对是最伟大的投资书。

1970年巴菲特受邀修订《聪明的投资者》（第4版），巴菲特在序中表示："1950年初，我阅读了本书的第1版，那年我19岁。当时，我认为它是有史以来投资论著中最杰出的一本。时至今日，我仍然认为如此。要想在一生中获得投资成功，并不需要顶级的智商、超凡的商业头脑或内幕消息，而是需要一个稳妥的知识体系作为投资基础，并且有能力控制自己的情绪，使其不会对这种体系造成侵蚀。"

可以这么讲，格雷厄姆的主要投资理念，基本来自《聪明的投资者》这本书，关于这本书的介绍也基本可以代表格雷厄姆关于价值投资的核心思想。因此下面会详细地介绍这本书的内容，后续就不再有专门的篇幅分析价值投资了。

（一）核心思想

1. 保护自己是投资第一要务

大多数投资书籍的核心思想就是传授一些击败市场的神奇方法，只要你如何如何，就可以如何如何。格雷厄姆却不断地告诫读者绝对不要低估投资的难度。这个领域危机四伏，尤其是当你试图投机的时候。

价值投资的核心特征：致力于规避损失、防范错误。这也是《聪明的投资者》全书的一条隐含主线：投资者如何保护自己？

沿着这条线索，我们就能很容易地串起整本书，也会很自然地理解，为什么作者要苦口婆心地做一些貌似与投资赚钱不相关的事情，包括定义什么叫投资和投机，区分防御型、积极型投资者，等等。

因为，保护自己能在这个残酷的市场中活下来实在是太重要了。当年意气风发的格雷厄姆，35岁就成了百万富翁，住上了豪宅，一次大危机就让他体会到了什么叫凶险。后来如果不是靠出书大卖，他未必能够东山再起。

最为残酷的是，格雷厄姆自认为找到了股市的圣杯，那就是价值投资，而且这套方法用起来是那么得心应手，屡战屡胜。但是大崩盘来临的时候，这套战无不胜的方法突然就失效了。这种打击是巨大的，足以摧毁一个人的所有信心。

绝大多数人意识不到，一次破产究竟意味着什么。很多人看过《股票大作手回忆录》，都会为利弗莫尔跌宕起伏的人生感到激动无比，心向往之，甚至会产生错觉，破产一次也不过尔尔，甚至不破产，非传奇。但是对于绝大多数人而言，一次破产，这一辈子几乎就完了，没有下一次翻身的机会了。那些东山再起的事迹之所以激动人心，恰恰是因为它只是小概率事件。读到格雷厄姆的回忆录，他从百万富翁突然坠入深渊的经历，我非常能够感同身受。所以他在书里不断强调保护好自己，保护好本金，我是完全理解的。但相信有很多人会觉得他太保守了，总是想着别亏钱，而不是如何大赚特赚，有点不够潇洒。

从这个角度，我们能更深刻地理解格雷厄姆，以及他为何提出价值投资理念。我们要认真思考，加以领悟。

2. 严格区分投资与投机

格雷厄姆对投资有严格定义：投资操作必须以深入分析为基础，确保本金的安全，并获得适当报酬，而不符合上述条件的操作就是投机。

贾森·兹威格将该定义扩充为三个要素。

（1）买进股票之前，必须深入分析该公司与相关业务是否稳健。

（2）必须保护自己，以免遭受重大损失。

（3）只能期望获得"适当的"报酬，但不要期望过高。

格雷厄姆说：投资者与投机者真正的区别，在于他们对股市运行的态度。投机者的兴趣主要在于参与市场波动并从中谋取利润；投资者的兴趣主要在于以合理的价格买进并持有适当的股票。

贾森·兹威格打了一个形象的比方：对投机者来说，连续不断的报价好比是氧气——切断了就会出人命。与之相反，即使不知道股票每天的价格，唯有在投资者能对所持有股票感到放心的情况下，格雷厄姆才会敦促你去投资。

投资与投机的区别，不在于买卖什么证券（并不是说买了白马股、蓝筹股就是投资），而在于以什么价格购买，以及投资组合的分散程度。一只股票可能在某个价格水平上具备投资价值，而在另一个价格水平上则不值得投资。此外，投资可能会针对一组证券，如果只单独购买其中一只证券则不够安全。换句话说，为满足最低程度的投资要求，多元化投资是必要的，这样可以减少个别股票所涉及的风险。对于购买普通股作为投资，这一点是适用的。

格雷厄姆指出，虽然深入分析、承诺安全和回报满意等词语不够精确，但已清楚到足以避免严重的误解。

我们所说的深入分析当然是指根据安全和价值标准对事实进行研究。仅仅因为其良好的前景，而建议以最高盈利记录40倍的价格投资通用电气普通股，这样的分析显然会因完全不够透彻而被摒弃不用。

安全是一个相对的概念。投资寻求的安全不是绝对的、彻底的。这个词是指在所有正常合理的条件或变化下保护投资免受损失。例如，安全的债券只有在特殊和概率极小的情况下才会发生违约。同样的，除非可能性很小的意外事件发生，否则安全的股票在未来必定物有所值。研究和经验表明，只要有较大的概率遭受损失，就是在进行投机。

回报满意是一个主观的概念。回报满意比收益足够的含义更为广泛，因为它不仅包括当前的利息及股息收益，还允许包含资本增值或利润。满意是一种主观的术语，它涵盖了任何回报率或回报金额，无论多低，只要投资者合理投资并愿意接受，都能称为回报满意。

3. 防御型和进取型投资者

格雷厄姆认为，你首先要明确自己是什么样的投资者。整本书中根据不同风格的投资者，给出了不同的投资建议。

（1）防御型投资者。作为防御型投资者，有两个目标。

第一，避免重大错误和重大亏损，主要精力要放在防守上。

第二，希望投资轻松自由，不需要经常分析决策，省心省力，省时省事。

用一句话说，就是躺着赚点小钱。

要实现这样的目标，格雷厄姆建议防御型投资者应该遵循四大投资原则。

①投资要适当分散在 10～30 只股票中。

②选股要选大型企业、杰出企业、融资保守的企业。

③股息持续发放 20 年以上。

④市盈率不超过 25 倍。

这些是格雷厄姆在书中给出的 1949 年美国股市投资的标准，这些标准未必适合 A 股的情况。

从上述标准中不难发现，对于大多数业余投资者来说，晚年的格雷厄姆已经不再推荐早年以净流动资产或者净资产为锚的选股策略，而是开始转向推荐大型蓝筹股的组合，或多或少有了后来指数基金的影子。

事实上，格雷厄姆以前的选股策略更适合专业投资者，号称最纯粹格雷厄姆传人的沃尔特·施洛斯，就是凭着格雷厄姆传授的半部真经，取得了 47 年年化 20.1% 的惊人收益率。

对于普通投资者，动辄挑选 50～100 只低估值股票确实太过复杂。然而随着 1975 年格雷厄姆的另一个门徒约翰·博格发明了世界上第一只指数基金，问题便变得简单了。

约翰·博格设计发行的先锋标准普尔 500 指数基金只买市值最靠前的蓝筹股，实施行业和个股的高度分散策略，并且收费低廉，因此标普 500 指数基金可以作为格雷厄姆选股策略的平替方案之一。

最终，约翰·博格成为遵循格雷厄姆理念为散户投资者谋福利的门徒。有趣的是，格雷厄姆另一位伟大的弟子巴菲特，最近几十年来也是多次推荐普通投资者应该首选投资先锋标普 500 指数基金。

（2）进取型投资者。作为一个进取型投资者，投资的关键在于安全边际。

进取型投资者的核心特征是愿意花大量时间和精力，选择比一般证券更加稳健可靠，而且潜在回报更有吸引力的证券。这意味着进取型投资者与防御型投资者在很多方面都有不同。

①付出更多时间和精力。

②学习很多分析技能。

③最终的目标是赚到高于市场平均业绩的钱。

这三个区别之中，前两个是要求，是进取型投资者必须做到的事情，后一个仅仅是可能的结果。

很多时候，即便付出了努力，也不一定能获得高于市场平均水平的结果。

格雷厄姆在书中用大量篇幅讨论了进取型投资者的三种投资策略。

第一种是购买相对不受市场追捧的大公司的股票。也就是用合理的价格，买入优秀的公司。就像巴菲特所说：我们始终在寻找那些业务清晰易懂、业绩持续优异、由能力非凡并且为股东着想的管理层来经营的大公司。

第二种是买进被严重低估的便宜股票。也就是用特别便宜的价格，买入质量一般的公司。

第三种是特殊情况下，或者企业破产、并购、重组中的股票套利的机会。不过这样的机会可遇不可求，需要耐心等待，只能作为辅助手段。

在格雷厄姆的时代，他自己的投资手段以第二种策略买便宜股票为主，特殊情况套利为辅。而巴菲特早期投资生涯完全模仿格雷厄姆，也是采取所谓的"捡烟蒂"的策略。但是后来被低估的便宜股票越来越少，于是转向了第一种策略。

需要强调的是，格雷厄姆认为这两者之间并没有灰色地带，要么是防御型投资者，要么是进取型投资者，不存在70%保守，30%进取的组合，更不能做着防御型投资者做的事情，却期望获得进取型投资者可能的潜在收益。自身定位的混乱，本身就是一种不聪明的表现。

4. 安全边际

不管采取什么样的策略，投资的基本原则都是要有安全边际。安全边际也是价值投资的核心理念，贯穿整本书。

那么什么是安全边际呢？用巴菲特的话说，就是用4毛钱的价格去购买价值1块钱的股票。有了足够的安全边际，就不用预测未来是涨是跌了。因为价格围绕价值上下波动，或者说均值回归，总有一天会涨回来。

格雷厄姆认为：只要安全边际足够大，就足以让投资者假定公司未来盈利不会远远低于过去的平均水平，面对投资世界的沧海桑田，变幻无常，感觉盈利相当有保证了，心里就踏实多了。

其实价值投资就是逆向投资，在股市过于低估时买入，在股市过于高估、安全边际太小甚至消失时卖出。

我们经常说"高风险高收益、低风险低收益"，但事情不是绝对的。比如价值1元的股票，用6毛钱买比用4毛钱买风险要高，但低风险的4毛钱预期收益率却更高。

这就是安全边际的魅力，用较低的风险获得较高的收益。

至于究竟怎么才算是安全边际，格雷厄姆晚年接受采访的时候，给出了较为详细的答案，也就是价值五法和安全五法，合计十条法则。后续会展开详细的讨论，这里不再赘述。

5. 聪明投资者的含义

格雷厄姆说，《聪明的投资者》之写作目的，"主要是指引读者，不要陷入可能的严重错误，并建立一套能放心的投资策略"，为此"我们将以大量篇幅讨论投资者的心理，因为投资者最大的问题，甚至最大的敌人，很可能就是他们自己。"

《聪明的投资者》声名远播，但很少有人细究"聪明的投资者"到底是什么意思？

一种常见理解，是在智力和知识上，认为聪明的投资者就是掌握了正确信息、方法和理论的人；另一种理解，是以结果论聪明，凡是赚到钱的就叫聪明的投资者，亏钱的就叫愚蠢的投资者。

但这两种理解都非作者本意。

根据《聪明的投资者》评释作者贾森·兹威格的说法，格雷厄姆在该书第1版时曾给出关于书名的讨论，"聪明的投资者"这个词，其实与智商或能力考试的成绩毫不相干。

聪明的投资者——"它只意味着要有耐性、纪律，并渴望学习的态度，还必须能够掌控自己的情绪，并且懂得自我反省。"格雷厄姆解释说，这种"聪明"是指性格方面的特质，而不是指智力。

就此而言，有繁体译本将 *The Intelligent Investor* 译为《智慧型股票投资人》，把 intelligent 译为"智慧"而非"聪明"，似乎也不无道理——五项素质都具备的人，不知道智力高不高，但智慧肯定不低。

在某种程度上，这个定义可视为格雷厄姆心目中的理想投资者画像，也是一张投资者的自我审视清单，诸位不妨问问自己，是否能做到。

（1）有耐性。

（2）有纪律。

（3）渴望学习。

（4）掌控自己的情绪。

（5）懂得自我反省。

同时，这个定义也映照出《聪明的投资者》的一个隐含基调，即始终相信：投资成败主要取决于投资者自己。因而，不论外在环境如何变化，价值投资的功课都在投资者自己身上。

格雷厄姆试图说服读者，尽管未来不可知，股价也无法预测，但只要我们做好自己的功课，采用正确的态度、科学的方法，理性地思考，以及做好情绪管理，就可以无惧未知的明天，不用害怕喜怒无常的市场暴君。

尤其是情绪管理，格雷厄姆说："那些在投资操作过程中做好情绪管理的'普通人'，比那些没有做好情绪管理的人更有机会赚大钱，也更能够保留住钱财——虽然那些没有做好情绪管理的人，可能拥有比较多的金融、会计和股票市场知识，但终究比不上情绪管理来得重要。"

所以，就如他反复劝诫的那样："亲爱的投资者，问题不在于我们的命运，也与我们的股票无关，而是在于我们自己。"

6. 定量分析

格雷厄姆重视对财务报表的定量分析，他认为企业的价值主要是基于有形资产等具体的形式，而不是基于未来的前景和承诺。

格雷厄姆指出，我们称当期价格反映了已知事实和未来预期，是为了强调市场估价的双重基础。与两类价值因素相对应的，是证券分析的两种基本方法。的确，每一位有能力的分析师，都会关注未来，而不会关注过去；而且，他能意识到自己工作的好与坏，取决于将要发生的结果，而不是已经发生的结果。然而，未来本身可以通过两种不同的方法来实现：预测法（定性法）和保护法（定量法）。

重视预测的那些人，会努力去准确预测未来几年公司会有多大的成就，尤其是利润是否会出现显著和持续的增长，这些结论来自行业供求等因素（交易额、价格和成本）的研究；也可以根据过去的业务增长来简单地推测未来。如果这些权威们相信，长期前景非常有利，他们几乎总是会建议人们购买该股票，而不太去关注股票的售价。

重视保护的那些人，总是重点关注研究时的股票价格。他们的努力主要在于，确保自己获得的现值足够大于市场价格——这一差额可以吸纳未来不利因素造成的影响。因此，一般而言，他们不必热心关注公司的长期前景，而只需要有理由相信，企业将会持续经营下去。

就我们自身的态度和本职工作而言，我们始终致力于定量法。从一开始，我们就要确保投资能够以具体而可靠的形式获得丰厚的价值。我们不愿意以未来的前景和承诺，来补偿眼下价值的不足。

总的来说，格雷厄姆认为未来的预测虚无缥缈，很容易预测错误，甚至会被人欺骗或者误导。而账面数据，只要财务没有造假，那么就是实实在在的，相对比较可靠。当然，如果在一个财务造假无处不在的市场，那就不能过分依赖财务数字了。坦白地讲，如果财务造假无处不在，就没有任何东西值得信赖了，只能通过技术手段短期博弈追涨杀跌，价值投资甚至成长投资都是笑话。

绝大多数的市场，早期都是充斥着各种造假和欺诈，所以博弈性的技术派是主流。随着市场法规的完善，财务数据逐渐正规，价值派施展的空间就会不断扩大。

7. 分散投资

投资者即使有一定的安全边际，个别证券还是有可能出现不好的结果。因为安全边际只能保证盈利的机会大于亏损的机会，并不能保证不会出现亏损。但是，当能购买的具有安全边际的证券种类越来越多时，总体利润超过总体亏损的可能性就越来越大。这个其实就是概率的思想。

严格来说，投资的风险是无法完全规避的，无论使用什么方法。因此，严格执行分散投资，是投资中的一条铁律，必须严格遵守。但是到底分散到什么程度，这个是可以讨论的。总的原则是：对投资标的越了解，可以相对重仓一些；对投资标的的了解程度不够，最好的选择就是降低仓位，高度分散。

（二）选股标准

格雷厄姆的经典价值投资法主要是著名的"十大准则"，包含了价值五法和安全五法。价值五法寻求具备投资价值的股票；安全五法寻求价格与价值的关系，只有当价格和价值相比具有安全边际时，才做交易。

整个十条准则中包含了对估值、股息率、成长性、偿债能力、股价泡沫等多个维度的衡量。一方面，十条准则要求股票具备合理估值和较好的成长性；另一方面，通过偿债能力、有形资产等衡量，要求企业具备健康的财务状况，并有应对危机的能力，大幅降低了踩雷、泡沫破灭等大风险事件。

不论是价值五法还是安全五法，格雷厄姆提出的考察指标都有明确的数据，可以通过财报的资产负债表、利润表和现金流量表这三张表来获得。

具体到个股选择上，主要看以下几点。

1. 价值五法

（1）股票的盈利回报率（市盈率倒数）应大于美国AAA级债券收益的2倍。

（2）股票的市盈率应小于其过去五年最高市盈率的40%。

（3）股票派息率应大于美国AAA级债券收益率的2/3。

（4）股价要低于每股有形资产净值的2/3。

（5）股价要低于每股净流动资产（流动资产 – 所有负债）的2/3。

2. 安全五法

（1）总负债要小于有形资产净值。

（2）流动比率（流动资产/流动负债）要大于2。

（3）总负债要小于净流动资产的2倍。

（4）过去10年的平均年化盈利增长率要大于7%。

（5）过去10年中不能超过2次的盈利增长率小于 –5%。

3. 特别说明

（1）十条准则非常清晰明确，均为可直接量化实现的准则。每条准则具有明确的量化描述和判断条件，不存在需主观判断而不能量化的准则。

（2）格雷厄姆在1976年接受采访时指出，可以完全满足这十项准则的公司越来越少了，因此只要有股票能同时符合价值五法及安全五法中的任一项，即可视为具备投资价值。

仔细研究这十条法则，就会发现，这里有几个很有意思的问题值得思考。

从安全边际的角度，格雷厄姆给出了三个层级：最为严苛的是净流动资产，其次是净资产，最后是低市盈率。

对于一家优秀的、持续盈利的公司，很难想象，它的价格能够跌到净资产甚至净流动资产。通常这样的公司能够跌到比较低的市盈率已经很难得了，如果非要用净资产或者净流动资产的标准要求可口可乐，可能一辈子也不会找到买入的机会。

尽管跌到净流动资产是很安全的机会，但是有的股票是根本不可能跌到这个价格的；而能够跌到这个价格的股票，通常都有各种各样的问题。这其实就是价值投资里一个很重要的悖论：每个人都希望越安全越好，但是如果一味地追求安全，导致根本没有机会怎么办？或者终于等到了安全的机会，但是发现股票有各种各样的问题，甚至面临退市或者破产，那么还安全吗？

格雷厄姆的门徒们，显然也并非铁板一块，而是走出了不同的道路。

格雷厄姆的大弟子，号称最纯粹的价值投资者沃尔特·施洛斯，是格雷厄姆早期价值投资模式的坚定追随者，甚至比格雷厄姆本人更加纯粹。他早年就是按照净流动资产的模式选股，同时持有大约100只股票，不断循环操作，实现了47年内年化收益率20.1%的业绩。施洛斯接受采访时说过，最早他是选择股价低于净流动资产2/3的股票，后来选不到股票了，就换成股价低于净资产2/3的股票，再后来，就变成股价达到净资产的。他甚至抱怨过，巴菲特说的太多，使得价值投资广为传播，导致选到合格的股票越来越难。

曾经担任格雷厄姆助手长达27年之久的欧文·卡恩，也是净流动资产价值法的严格实践者。

而约翰·聂夫采用的则是低市盈率的方法。

三人均取得了巨大的成功。后面章节会有关于他们的介绍，这里就不再展开详细讨论了。

（三）现有版本

《聪明的投资者》各版本之间大约每 10 年修订一次，1949 年为第 1 版，1954 年为第 2 版，1965 年为第 3 版，1973 年为第 4 版，巴菲特为第 4 版的《聪明的投资者》写了序言。巴菲特最推荐的是第 4 版。

2003 年华尔街日报专栏作家，也是福布斯杂志原资深记者贾森·兹威格推出修订版，根据近 40 年尤其是世纪之交全球股市的大动荡现实，给原文提供了大量注释，每章原文之后结合原书出版后 30 年来证券市场的发展，相应写出一章进行深入点评，进一步检验和佐证格雷厄姆的价值投资理论。

三、其他著作

除了上述两本传世巨著，格雷厄姆还写了几本书，但名气不如上述两本大，很多人都没怎么听说过。这里做一个简单的介绍。

关于财报解读，格雷厄姆写过一本小册子《上市公司财务报表解读》(*The Interpretation of Financial Statements*)。

关于投资，格雷厄姆还有一本非常小众的书《格雷厄姆投资：价值投资之父永恒的教训》(*Benjamin Grahamon Investing:Enduring Lessons from the Father of ValueInvesting*)，讲的是 1917—1927 年他经历的永恒的教训。

大萧条引发了商品价格的波动，并且对整个资本市场和经济都有影响，对于这些问题的思考，格雷厄姆写了两本书：《世界商品与世界货币》(*World Commodities and World Currencies*)、《储备与稳定》(*Storage and Stability*)。

《储备与稳定》讲的是伴随大萧条而来的大范围通货紧缩，书中提出了稳定美国经济的一种方法是，将衡量美元价格的金银替换为小麦、棉花和钢铁之类的不易腐烂的一篮子商品。政府可以用美元采购这些商品，再将这些商品储存起来，以满足消费者的长期需求并以此换回美元。

《世界商品与世界货币》和《储备与稳定》的原理一样，只不过应用对象不再是美国，而是全球背景。一篮子储备原则在新环境下同样适用。

除此之外，格雷厄姆还写过一本自传《华尔街教父格雷厄姆传》(*Benjamin Graham: The Memoirs of the Dean of Wall Street*)。

第 9 章

沃尔特·施洛斯

2006年《纽约时报》评出全球十大顶尖基金经理人。

（1）沃伦·巴菲特（Warren Buffett）——股神。

（2）彼得·林奇（Peter Lynch）——投资界的超级巨星。

（3）约翰·邓普顿（John Templeton）——全球投资之父。

（4）本杰明·格雷厄姆（Benjamin Graham）和戴维·多德（David Dodd）——价值投资之父。

（5）乔治·索罗斯（George Soros）——金融天才。

（6）约翰·聂夫（John Neff）——市盈率鼻祖、价值发现者、卓越的低市盈率基金经理人。

（7）约翰·博格（John Bogle）——指数基金教父。

（8）麦克尔·普莱斯（Michael Price）——价值型基金传奇人物。

（9）朱利安·罗伯逊（Julian Robertson）——避险基金界的教父级人物。

（10）马克·莫比乌斯（Mark Mobius）——新兴市场投资教父。

格雷厄姆排名第四，他的弟子巴菲特排名第一，他的信徒聂夫排名第六。由此可见格雷厄姆的影响力。

当然，除了榜上的这些超级明星之外，还有不少格雷厄姆的信徒，也堪称投资大师，其中沃尔特·施洛斯和欧文·卡恩是格雷厄姆的亲传弟子，也是巴菲特的师兄。

在这个言必称巴菲特的投资时代，其实还有几位世界级的投资大师，只是他们被巴菲特的光芒所掩盖。其中最被世人低估的一位大师就是以"烟蒂股"见长的沃尔特·施洛斯，一生俯首"捡垃圾"，取得了47年内年化

20.1%的惊人收益率。

我们先来对比一下巴菲特和施洛斯的投资业绩。

巴菲特旗下的伯克希尔哈撒韦公司从1965年至2021年，共计57年，年化收益率高达20.1%，远高于同期标普500指数的年化收益率10.5%，无论是投资业绩达到的高度还是投资年限的长度，都配得上"股神"的称号。

施洛斯从1956年开始自立门户，到2002年主动清盘基金，总计投资47年，年化收益率也高达20.1%，远超同期标普500指数的年化收益率9.8%。

难能可贵的是，施洛斯在47年的投资生涯里只有7年产生了亏损，且只有一年亏损在10%以上，表现非常稳健。

从上述数据不难看出，无论收益率还是投资年限，施洛斯完全可以比肩巴菲特。若考虑到巴菲特动用了一部分杠杆，施洛斯的收益率还要略高于巴菲特。值得称道的是，施洛斯和巴菲特都师承格雷厄姆，施洛斯还是巴菲特的二师兄，两人私交甚好，卡恩是大师兄。

一、一生低调的大佬

沃尔特·施洛斯在1916年出生于纽约的一个犹太移民家庭，幼时家庭遭遇变故，高中毕业后没有继续读大学，成为华尔街经纪公司"波尼快递"中的一员，在街上跑来跑去传递信息。

据施洛斯回忆，起初他就职的证券公司统计部门负责人向他推荐了彼时刚刚出版的格雷厄姆的《证券分析》，随后他参加了纽约证券交易机构赞助的由格雷厄姆执教的课程，从此步入投资界。

二战期间，施洛斯入伍服役，但仍然一直与格雷厄姆保持联系，并于1946年退役后开始为这位传奇投资人工作。巴菲特加入格雷厄姆公司则是在8年后的1954年，当时和施洛斯在同一间办公室，是公司的两名"研究员"。

1955年，施洛斯离开格雷厄姆的公司，与其他19位投资者以10万美元起步创建了自己管理的基金。

在担任基金独立管理人期间，施洛斯不收取任何管理费，但要求在盈利的条件下收取25%的利润。据悉，他在管理基金的过程中没有聘请任何研究助手，甚至没有秘书。他和儿子埃德温在一间房间里工作，集中精力阅读《价值线》杂志和各种财务报表。

在2006年致伯克希尔股东的信中，巴菲特曾特别提到施洛斯，称他是华尔街优秀人物之一。在巴菲特看来，施洛斯的投资原则之一是不会冒真正的风险，也就是永久资本损失。

施洛斯本人在总结自己投资经验时还提到了不少细节，比如他乐于关注股价一直创新低的最差股票，之后利用价值标准进行分析；乐于寻找公司高层持有大量股份的股票，回避负债高的公司；乐于多元化投资组合，任何股票在其持仓组合中的占比都不会超过20%。

一个经典的案例是对铜生产商美国阿萨科公司的投资。1999年，施洛斯在该公司股价跌至13美元历史低点时大举购入该公司股票，不久墨西哥最大矿产公司墨西哥铜业集团便以22.5亿美元的报价收购了阿萨科公司，合每股支付30美元。施洛斯的投资转眼就翻了一番。

在出售时机的选择上，施洛斯也一直强调保持冷静，不要着急出手。如果股价已经到了投资者认为合理的价格，可以卖掉。但如果只是因为股价涨了50%，想要锁定利润，他认为还是不要急着出手，至少卖之前要重新评估一下公司，要考虑当时市场的情绪是否对股价构成影响。

2012年2月19日，施洛斯病逝，享年95岁。在听闻这一消息后，巴菲特发表声明称施洛斯是与自己相交61年的朋友，"他的投资记录辉煌，但更重要的是，他树立了正直的投资管理典范。他信仰的道德标准与他的投资技巧同样出色。"

在近50年的投资生涯中，施洛斯为所有股东赢得了20%的年复合回报率。在1955—2002年期间，他管理的基金在扣除费用后的年复合回报率达到15.3%，远高于标普500指数10%的表现。其间累计回报率更高达698.47倍，大幅跑赢同期标普500指数80倍回报率的水平。

回顾施洛斯的一生，他出身普通，没上过大学，也没有过人的投资天赋，不善言谈，也没什么钱，但就是在这样手握一副烂牌的情况下，一生遵循老师格雷厄姆的教诲，数十年如一日，将低估值投资策略演绎到了极致，创造了比肩股神的骄人战绩。

虽然施洛斯不是价值投资理念的缔造者，却是狭义价值投资（低估值投资）最忠实的追随者和最坚定的践行者，其理念的纯正程度甚至超过格雷厄姆本人。

二、施洛斯的投资理念

如果用一句话来概括施洛斯的投资方法，那就是：寻找廉价股中的投资机会，也就是"捡烟蒂"。作为格雷厄姆的忠实信徒，施洛斯的基本投资思路如下。

1. 承认自己的不足，到人少的鱼塘钓鱼

施洛斯为人极为低调，也深知自己的长处和不足，他说自己没有巴菲特的商业眼光，只能从资产负债表出发去选股。他也没法和专业投资机构较量，他的投研力量就只有父子二人，所以只能去那些不受关注的领域寻找投资标的。

施洛斯只买股票，不买衍生品、指数或者商品，不做空股票。

施洛斯不预测宏观经济和牛熊市，不追涨、不追热点，也不关注大宗商品走势。

他一直坚持老派的格雷厄姆投资法，一坚持就是近50年。

施洛斯的名气不大，很多人都没怎么听说过，但他是全世界范围内仅有的几个投资时间超过40年，复合投资回报超过20%（利润分配前的复合收益，因为施洛斯不收取任何管理费，但要求在盈利的条件下收取25%的利润）的投资大师，尽管他的资金量并不算很大。

2. 逆向投资

施洛斯最喜欢创出新低的股票，尤其是最近两年新低的股票。这些股票或许是因为近期发生的事件，如公布的业绩报告不及预期；或许是因为股价持续表现不佳，投资者开始感到失望，最终导致即使最有耐心的投资者也抛售了这些股票。

施洛斯关注的是那些处于非快速变化行业的公司，施洛斯父子致力于寻找那些具有复兴潜力的股票，他们购买的股票变廉价是有原因的，他们的成功在于他们有能力对市场是否反应过度做出足够精确的判断。

施洛斯喜欢买制造业公司，如生产鞋、汽车的公司，不喜欢电视广播公司。只要公司制造的产品没太大问题就愿意买。和服务业相比，他更喜欢制造业。

施洛斯说：我不为有经济特权的企业给予过高报价，巴菲特喜欢有经济特权的企业，喜欢好生意，我们也喜欢，不过我们不愿意花那么多钱买，所以我们就不买，我们买的是难做的生意，他喜欢搭顺风车，我们愿意逆水行舟。

他也不为未来价值出资。现在的情况是所有人都追求有经济特权的企业。在他看来，成功投资的关键是比较价值和当前的价格。许多投资人不用现在的价值，而是用将来的价值和当前的价格比较。他说：我没这个能力，别人如何做我不管，我还是按我们的老一套来。

他的投资方法是比较股票的市场价格和估值，他认为自己在预测方面不是很在行，所以买股票不预测将来会如何。要预测公司的未来，需要对公司了解得非常透彻，需要调研竞争对手、供应商，他不想这么做，因此只研究数字。

最重要的是价格，就算公司是好公司，如果价格高得离谱，也不值得买。

3. 运用分散策略来对冲风险

施洛斯喜欢分散投资，持有差不多100家公司的股票。这个数量我第一次听到的时候很吃惊，因为国内投资者接受的认知基本都是巴菲特的集中持股，持有十几二十只都算是多的了，施洛斯则持有100多只。

他说：我喜欢拥有多只股票，巴菲特喜欢拥有几只股票，他是巴菲特，这么做没有错。但如果你不是，你必须选择适合自己的方式，就我而言，我喜欢晚上睡得安稳。分散是对不确定性的保护。

行业同样分散。不会在投资组合中只投资一两个行业，但在发现冷门行业中有很多便宜的股票时，会加大对这些股票的投资力度。

他的平均换手率为每年25%，也就是持股时间一般为3～4年。

4. 不深入研究企业生意

施洛斯几乎从不调研，很少和管理层交流，他说自己不擅长看人，管理层总是想展示好的一面，情绪容易被左右。他也不和分析师交流，不使用互联网，几乎只关注上市公司必须披露的公开财务报告。

施洛斯说：我不深入研究公司的生意好不好，是因为我觉得做不来，我们买股票的这种风格，因为有资产保护，不必对生意很精通。

但他也并不是无脑买入，除了资产负债表，还必须对一家公司有整体的感觉，它的历史、背景、股东、过去的行为、生意、分红、未来的盈利状况等。

他的持仓极为分散，靠的是概率取胜，而不是某一只股票的质量。持股越集中，就越需要对股票有深入的研究。持股越分散，就越没有很大的必要深入研究企业，精力上也不允许，因为实现盈利的关键在于概率，这一点非常重要。相当多的投资者都是言必称巴菲特，言必称护城河，实际上持股分散到一定程度的时候，单只股票对总体业绩的影响并不大，相反，某些偶然事件，比如突然的收购重组之类，反而会带来巨大收益。

5. 以净资产作为买入的主要依据

施洛斯说：我们以净资产作为衡量标准，可以回避下跌风险，不至于遭受太大的损失。我们过去寻找股价为净资产一半的公司，要是没有，就找股价是净资产三分之二的公司。现在我们找的是股价等于净资产的公司。不过除非是特殊情况或者有经济特权，我们几乎不会以高于净资产的价格买入股票。

不管什么股票，都不会以两倍市净率买入，这是他的原则，而且绝对不会违反。

换手率不超过20%。有些股票一个月的换手率是20%，他对交易量大、波动性强的股票避而远之。

不买小市值公司。不能买入大量小市值的股票。从他的经验来看，最好不买太多有价无市的股票，因为可能套在里面，行情不好的时候根本卖不出去。

不买通过收购扩张的大公司。他不愿意玩收购游戏，所以一般不买大公司，进行收购的一般都是大公司。

公司至少要有20年以上的历史，即使公司和多年以前有所不同。年报中他会看业绩历史，如果公司成立没多久，可能不会买入，因为不好评估。如果公司经营了二三十年，就可以了解它的长期业绩，然后再看资产负债表。

6. 买入策略

便宜货难找的时候他也会降低选股标准，看相对价值，但如果一点折扣也不打，宁可不买。所以，必须买得便宜，分批买入，分批卖出。

施洛斯认为，自己不如巴菲特擅长估值，他买入的原则就是价格低于公司价值。看好一只股票可以先买点作为观察仓，他说：了解一只股票最好的做法就是先买入，之前总是以旁观者的角度观察，一旦买入之后总会发现之前没有发现的优势或劣势。

他认为，发现值得买入的股票时，首先要明白投资者并不知道股价会跌到多少。如果真是非常看好的机会，第一次买入时最少要投入这只股票计划仓位的50%，有时候甚至是70%。谁都不知道下面会怎么样，股票可能一下子就涨起来。有时候，即使觉得股票不是太便宜，也会先买一点，先进到里面去，可能只买计划仓位的10%。

对于真看好的股票，会投入投资组合10%～15%的最高单股仓位。

他说，以自己几十年的经验来看，每次买入第一笔之后，股价大多情况下还会继续下跌，因为他买入的股票就是下跌中的股票，俗称接飞刀，分批买入可以摊低成本。

人们常犯的错误是开始的时候太激进，一开始买得太多，股价跌到更低时，要投入大量资金才能把成本摊下来。有时候，开始买的实在太多了，股价跌到更低时，再加仓就会导致过于集中。

7. 卖出策略

施洛斯说：卖出的时候不要太急。如果股票达到你认为合理的价格，可以卖出，但是许多时候只是因为股票涨了50%，人们就说卖掉锁定利润。卖出之前，重新评估公司，比较价格与净资产价值。要注意股市的估值水平是不是股息率较低、市盈率较高？股市是否处于历史高位？人们是否非常乐观？

如果买入价格是20元，过去这只股票曾涨到40元、50元，当它回到40元、50元时，就觉得它回到了历史价格，投资者经常卖早了。如果投资者认为仍然是低估的，就继续拿着。卖出东西的时候，总得让别人有利可图，这样别人才会买。要是非等到股价高估了，就有风险了，这时候可能因为没有人愿意买入而再次下跌。

施洛斯说：一只股票最好能赚 50% 的利润，一只股票 30 元买入的，涨到了 50 元，如果是长期收益，我可能会卖出。后来这只股票可能会涨到 200 元，我也遇到过这种情况，对这种错误不要太在乎。

施洛斯说：我不知道什么时候卖出最好。我基本上一只股票 50 元买入的，涨到 100 元，我可能会卖出。因为已经翻倍了，我不想操心。不过，我会分批卖出，不在一个价位全部卖出。我可能会在 85 元就卖出一部分，具体要看持有了多长时间。我一般持股在三四年左右，不频繁买卖。

三、施洛斯的投资方法

（1）施洛斯最喜欢的就是那些超跌的股票，尤其是创出最近两年新低的股票。因为只有超跌的股票，才会有较大的安全边际。但他也不是无脑买入超跌股，超跌只是进入股票池的第一步，他会在后续进行下一步的研究和筛选。

（2）施洛斯只关注所有上市公司每个季度公布一次的财务报告。他首先会研究资产负债表，研究是否能以低于剔除所有债务后的资产价值的价格购买这家公司。如果答案是肯定的，这家公司就会进入他们投资组合的候选名单。他们开始详细研究一家新公司时，会从头至尾阅读公司的年度报告。财务报表附注中的信息同样不可忽视。

（3）遇到合适的股票，施洛斯会先买入一部分仓位，持有少量股票有利于更用心地了解企业。只有买入以后才能全面了解一只股票。买入之前是以旁观者的身份看股票，不会太上心。买入之后就不一样了，原来没有发现的缺点都看得很清楚。当然了，持有一段时间，也会发现开始没有看出来的机会。

（4）在少量买入之后，他也会横向比较行业中的其他公司，这些公司也便宜吗？便宜的原因一样吗？他可能找到一家比开始买入公司更便宜、质量更好、利润率更高或负债率更低的公司。只要仍能从行业的低迷中获利，他们会换成更好的。

（5）持续跟踪，择机卖出。当廉价股开始上涨并超出价值区间时，他会选择卖出。当资产或者盈利能力的恶化超出预期时，他会抛售这只股票。这时这只股票可能仍然是廉价的，但其复苏的可能性渺茫。

施洛斯对巴菲特的评价是："他超乎寻常的聪明、专注、理性等诸多优秀的品质，大多数人都不具备。他不但善于分析股票，而且善于判断企业，他买入一家公司的话，公司的管理层会卖命地为他工作。我觉得他什么都不用干了。沃伦看人看得很准，看企业看得也很准。沃伦的风格很好，但我们的风格和他不一样。他可以找到五家能看懂的公司，而且几乎全是金融公司，他游刃有余。我们真的做不来，人要知道自己什么行、什么不行。"

"从投资的模式来看，巴菲特早期的烟蒂投资策略大多是依靠控制公司来实现的，即买成大股东，推动公司做决策，比如分红、剥离资产甚至更换管理层。后期的浮存金模式则提供了源源不断的子弹。最重要也是最难的在于，他看人很准，他会选择优秀的管理层，即便公司遇到问题，他也总能找到帮他解决问题的人。"

施洛斯认为自己模仿不了巴菲特，而且他还说了一个有点搞笑但又很真实的理由："埃德温（施洛斯儿子）和我都喜欢有点事可做。从逻辑上来说，这可能不太对，但是从情绪上来说有好处。如果我们今后10年就持有同样的5家公司，因为我们相信它们是好生意，我们只能干坐在这里，大眼瞪小眼，太没意思了。那样投资可能会赚很多钱，但无论做什么都要有些乐趣。"说到这里，相信很多人都会产生共鸣。买了几只股票，持有数年，什么也不干，不是每个人都能受得了这样的生活。本质上，有点事儿做，会让自己充满干劲和活力，所以我很理解施洛斯。

他甚至坦言："我们喜欢买股票，非常刺激。"

"我认为每个人的投资方法必须是适合自己的。"施洛斯用47年的时间证明了，不需要团队，不需要拜访管理层，不需要调研，不需要内幕消息，只需要分析公司公布的报告，只买便宜的股票并长期坚持，依靠雷打不动的铁律，也可以封神。

四、超额收益的原因

施洛斯一般会在价格评估（早期是净流动资产，后期是净资产）的6～7折左右买入，等股价涨50%卖出一部分，然后等股价翻倍后全部卖出。从平均4年的持股周期来看，施洛斯买入的很多股票不是一买就会涨，价值发现或者估值修复需要3～4年，所以要有足够的耐心。

施洛斯的持股周期一般为4年左右，每年的换手率在25%左右，即每年卖出25%的股票，然后买入新的25%的股票，4年周转一次。这种卖出策略也是施洛斯长期能取得超额收益的重要原因之一。

让我们来分析一下背后的原因。假设有A、B两只股票，净资产收益率都是6%（烟蒂股通常成长性比较弱，指标不会太好看），那么持有这两只股票从理论上来说，每年只会给投资者带来6%的净资产增长。但是，如果投资者把其中一只股票以1倍市净率卖掉，同时以0.6倍市净率买入另一只股票，他所持仓股票的净资产瞬间就增加了67%，而67%的净资产增加，要通过9年时间的6%的净资产收益率的复利累积才可以达到。

如果投资者每年能把自己仓位的25%进行如此高低替换，就可以让持仓股票的总体净资产增加17%（0.67×25%）。再加上原有企业6%的净资产收益率所带来的内生增长，他的投资组合的净资产增长率就可以达到24%（1.17×1.06-1）。这就是施洛斯能长期取得年化20%的优异收益率，远高于投资组合平均净资产收益率的原因之一。

这听起来有点像接力换股，背后的逻辑却不尽然，施洛斯在一次记者提问是否会因为发现更便宜的股票而卖出手里的股票时这样回答：我们不换股。从理论上说，这么做是最聪明的，发现有更便宜的股票时，卖出A来买入B。从逻辑上来讲，要是有更便宜的公司，我们应该换股。要判断不同行业的公司的相对价值非常难，很难得出一个具体数字来。另外，我们买的很多股票都要几年时间才能达到预期，不是一买就会涨。一只股票一步步渐入佳境，你也慢慢熟悉这只股票。要是因为相对价值换股，在新买入的股票上还要再熬三年，这些东西都有一个生命周期。所以说，我们不愿意用A换B。我们想卖出A就卖出A，想买入B就买入B，不会卖出A来买入B。

此外这种"只赚上半场的钱"的卖出策略也可以有效控制回撤和降低亏损的可能性，在整整 47 年时间里，在保持满仓的情况下，施洛斯的投资组合有 7 年是亏损的，而标普指数有 11 年是亏损的。施洛斯的平均亏损是 7.6%，而标普指数的平均亏损是 10.6%。

当然，这种卖出策略的缺点也很明显，那就是经常会卖飞大牛股，这在施洛斯的投资生涯中屡见不鲜。对此施洛斯也比较淡然，他觉得投资首先是不要亏损，至于涨多少就随意了。

施洛斯可以说是最坚定的格氏门徒，某种程度上，甚至比格雷厄姆本人都要纯粹。格雷厄姆晚年的思想其实已经发生变化。巴菲特也在认识芒格后，逐渐接受了费雪的成长股理念，开始集中持仓优质股，只有施洛斯，自始至终严格按照最纯粹的低估值投资法，持续了 47 年。

施洛斯的投资经历对我触动很大。坦白地讲，以前我对施洛斯并不熟悉，甚至没怎么听说过他，而且对格雷厄姆的"烟蒂法"投资有些轻视，觉得这种方法有点不合时宜了。现在看来，这种想法显然草率了。

有一个问题，不知道大家思考过没有：为什么都在赞美巴菲特，模仿巴菲特，却很少有人，甚至可以说根本没有第二个巴菲特呢？而格雷厄姆的低估值投资法，看上去并不"高大上"，甚至有点朴实无华，却涌现出了如此多的投资大师？这个问题值得深思。

第10章

欧文·卡恩

在投资界有个有趣的现象，很多价值投资大师都很长寿。价值投资之父格雷厄姆享年82岁，成长股之父费雪活到了97岁。巴菲特1930年出生，至今已有94岁，他的合伙人查理·芒格享年99岁。

欧文·卡恩享年109岁。卡恩在投资世界闯荡了89年，他波澜起伏的投资生涯，简直可以写成一部关于投资历史的教科书。卡恩一生历经了20世纪30年代的美国"大萧条"、二战、冷战、2000年的网络泡沫，直到去世前仍担任卡恩兄弟公司董事长，可谓"活到老、投到老"的典范。

卡恩与巴菲特、施洛斯一样，是直接受教于格雷厄姆的投资大师之一。他曾经担任格雷厄姆的助手长达27年之久。

他是格雷厄姆提出的"净流动资产价值法"的严格实践者。他将自己的成功归因于格雷厄姆。他认为自己从格雷厄姆身上学到的最重要的东西是抵御赚取快钱诱惑的能力。

一、最长寿的投资家

1905年，欧文·卡恩出生于美国纽约一个东欧犹太移民家庭。他的父亲是一名灯具销售员，母亲则经营着自己的衬衫生意。

1923年，卡恩从德威特克林顿高中毕业后进入纽约城市学院学习。

1928年，23岁的卡恩在纽约证券交易所的交易大厅开始了自己的职业生涯，为一家小公司当跑单员。然而在交易大厅只干了一周，卡恩就觉得自己身边都是一群"疯子"，于是央求调往研究部门。那时候，卡恩非常勤快，一个人打三份工，晚上和周末还在其他大型券商公司兼职。

　　工作之余，卡恩喜欢在曼哈顿的写字楼里来回闲逛，去研究各个公司，好奇地敲开那些灯火通明的办公室大门。有一次，一个公司的一位审计员开门接待了卡恩。当时那个审计员正在整理公司主要的损益分类账目，于是好学的卡恩请求看一下这些账目。随意翻开几页之后，卡恩便被其中一组账目吸引了。那是一连串几乎从来没有亏损过的投资交易，都记录在本杰明·格雷厄姆共同账户的名下。卡恩对如此谨慎而收益丰厚的交易记录感到十分惊讶，于是开始拜访格雷厄姆。

　　不久之后，卡恩毛遂自荐成为格雷厄姆的助理，并拜格雷厄姆为师。白天，他在格雷厄姆位于棉花交易所的办公室上班，下午他又和格雷厄姆一起乘地铁到哥伦比亚大学，为其在商学院授课提供协助。

　　在格雷厄姆的教导下，卡恩不仅完成了哥伦比亚大学商学院的硕士课程，并协助格雷厄姆和多德出版了价值投资的经典之作《证券分析》。当然，卡恩还在格雷厄姆的课程上遇到了后来与他相伴一生的妻子露丝以及师弟巴菲特。

　　卡恩从不贪功，他总是将自己的成就归因于格雷厄姆，甚至还以格雷厄姆的名字给自己的儿子取名为托马斯·格雷厄姆·卡恩。

　　卡恩曾这样评价格雷厄姆：他上课讲的都是当天的信息，因此很受欢迎。很多人说的都是去年怎么样，他讲的是今天市场是好是坏，学生们很爱听。他对人很坦诚，知无不言，言无不尽。他过生日的时候，还会送礼物给参加他生日聚会的人，因为他觉得快乐的人是他。

　　他说，他希望每天都能"做一点傻事、有创造性的事和慷慨的事"，他真是每天都做着慷慨的事。他就是希望对别人更好，而不在乎别人对自己怎么样。

　　卡恩认为自己从格雷厄姆身上学到的最重要的东西是抵御赚取快钱诱惑的能力——在大多数时候，格雷厄姆对这种快进快出的赚钱方式都不为所动。除非他认为这笔投资的赚钱概率要大大高于亏损概率。

　　1956年，格雷厄姆正式退休，卡恩也结束了自己长达27年的助理工作。

　　1978年，已经年过古稀的卡恩与自己的两个儿子一同创建了卡恩兄弟集团。

"我无法再找到一个人或一种职业,能像投资那样对我产生如此大的吸引力。"卡恩一生对工作充满了热情,108岁时依然每天去上班,当时他的儿子们早已在家"颐养天年"了。在接受媒体采访时,卡恩的儿子表示:对于一个100多岁的老家伙而言,这真是非常难得。每当我觉得疲劳时,就想想这件事。

值得一提的是,卡恩的生活习惯也特别好,他坚持早睡早起,锻炼身体,不抽烟不喝酒,走路上下班。此外,卡恩仍然延续着大萧条时期华尔街人士节俭的生活习惯,步行回家吃午饭,从不打高尔夫球。虽然听力和视觉都已经衰退,但晚年时卡恩依然保持着对市场的好奇心,每天坚持大量阅读。他曾骄傲地表示:我的家中有数不清的藏书,但没有一本是小说,大部分时候我对边缘性课题更感兴趣,例如太阳能、月球车。我知道有人集邮,有人养猫,但他们只是在做一件事情,我需要保持多样的兴趣。

卡恩的心态非常好,每天都乐此不疲地工作,十分阳光明朗。除了妻子去世给他的精神带来巨大的打击之外,他一生中从未有过威胁到生命的疾病。当然,卡恩的兄弟姐妹也全部年过百岁,其中大姐海伦曾是纽约寿命最长的女人,2011年去世时是110岁。

晚年时,包括遗传专家等很多人都在好奇,卡恩为什么能活得如此健康长寿?他说"长寿没有秘诀,这是老天爷给的。每年都有数百万人死于一种本可以避免的毛病,这个毛病就是不够理智,缺乏控制自己冲动的能力。我不担心死亡,比死亡更可怕的是智力的下降。"

自20世纪20年代以来,投资老将欧文·卡恩经受住了多次金融危机的考验。卡恩兄弟集团目前管理着将近10亿美元的资产。

二、一战成名

卡恩的华尔街职业生涯始于1929年金融危机前,后来的几十年里,他经历了大萧条、第二次世界大战、冷战和金融危机,还有无数次轻度的萧条期。

"在我早期投资时,技术派的投机客是股票市场的主导力量,"卡恩说,

投资大道之价值为锚

"真正的投资只是在少数的大机构中,这些机构坚持投资债券市场和发展已相对完善的公司股票。"

经历过1929年夏天狂热的炒作,股价已上升到"极不合理的水平"。于是,他断定赚钱的方式就是"卖空"。

他回忆道:"我清晰地记得我的第一次做空交易,是一家矿业公司,马格马铜业。我从亲戚家借来了钱,但他告诫说只有傻瓜才会和牛市对着干。"但到秋天华尔街崩盘时,卡恩抓住了机会,他的投资几乎翻了一倍。他说:"当市场情绪沉溺于一家公司或某个行业,通常是非常危险的,这就是个很好的例子。"

卡恩说,华尔街崩盘的影响和最近的金融危机有很大的不同。"1929年崩盘之前,房地产出现了严重的泡沫,和最近的一次相似,但也有许多不同之处,许多人利用借来的钱投资,结果投资组合被洗劫一空。"

"由于当时还没有证券法,所以也没有法律保护。通过最近一次金融危机,大家都知道危机前金融系统确实存在缺陷,但至少有适当的保护措施。而在20世纪20年代,什么都没有。当大萧条来袭时,中央公园到处都是等待分配救济品的长队,以及无家可归的人。"

巴菲特出生于1930年,那时大萧条已经进入第二个年头,美国1929年大萧条的后续影响正在不断显现。大萧条对生在中产之家的巴菲特并没有多大的直接影响,毕竟那时他年纪太小,但他的两位老师格雷厄姆和费雪就不一样了。

之前格雷厄姆在股市获益颇丰。之后,他持有的股票一度大跌,导致他差一点倾家荡产。事后的反思复盘,为他之后的著作提供了许多宝贵的素材和灵感来源。

费雪那时还年轻。前一年刚从斯坦福大学商学院毕业,进入一家银行做证券统计员。1929年10月美国股市暴跌时,他的投资生涯才开始一年多。在股价仍然上涨的日子里,他自己投入了几千美元到3只股票中。随后的几年里,他持有的这3只股票也损失惨重。

在之前,他们都看到了大跌的前兆。1929年8月,费雪甚至向银行高级主管提交过一份报告,指出严重的大空头市场将要展开。然而,懂得道理是一回事，能不能抵御上涨的诱惑进而拒绝赌一把是另一回事。在大萧条中，比上涨的诱惑更不能抵挡的，是抄底的诱惑。

只不过，与面对诱惑时幻想大赚一笔不同，现实往往是格雷厄姆所说的那样：所谓的底部一再被跌破，那次大危机的唯一特点是一个噩耗接着一个噩耗。

相比于这几位损失惨重的投资大师，也有人在股市大败局中获益，卡恩就是其中的幸运儿之一。

在1929年7月，认为股市早已疯狂的卡恩开启了自己的第一笔交易——做空马格马铜业公司的股票。当年10月，美国股市崩溃，疯狂下跌，跳楼者不计其数，而卡恩却靠着这波做空狠赚一笔，在华尔街一战成名。

虽然他卖空股票赚了钱，但是从此以后，他的投资策略发生了转变，跟巴菲特一样，他采取了价值投资策略，就是寻找值得投资的股票，然后长期持有。

卡恩总结道：自己从格雷厄姆身上学到的最重要的东西是抵御赚取快钱诱惑的能力。20世纪30年代，格雷厄姆等人研究出安全边际和价值投资概念，这随即成为我人生的重心。价值投资是分析投资的蓝图，与投机相对。

1939年，在无数人闻风丧胆的"大萧条"中，34岁的卡恩第一次赚到了足够的钱，带着妻子和两个孩子，从曼哈顿下东区的公共住房，搬到了郊区的别墅。

三、净流动资产价值法

净流动资产指的是公司流动资产（现金、应收账款和库存）扣除优先于公司普通股的所有负债和债权（流动负债、长期债务、优先股、无准备金的养老金负债）的剩余资产，也就是意味着公司可以用流动资产覆盖所有的负债还有剩余。

所谓净流动资产价值法，指的是选择股票的价格要比其每股净流动资产的66%更低，这是格雷厄姆价值投资的核心操作方法之一。

举个例子，如果一家公司的流动资产为每股200美元，流动负债、长期债务、优先股和无准备金的养老金负债之和为每股 150 美元，那么净流动资产就是每股 50 美元，那么当这只股票价格跌到 33 美元时就可以买入。这是一种极为严苛的选股方法，通常在熊市中比较容易找到符合条件的股票，而在牛市中很难。

格雷厄姆一直使用净流动资产价值法买卖股票，在 30 年的投资周期里，使用净流动资产价值法的股票投资组合的年化收益率约为 20%。

这一方法并不复杂，卡恩所做的就是按照这个方法，研究资产负债表，选出符合条件的股票。

卡恩身上集中体现了格雷厄姆 1949 年经典著作《聪明的投资者》中阐述的投资美德："投资成功不需要天才般的智商、非比寻常的经济眼光，或是内幕消息，所需要的只是在做出投资决策时的正确思维模式，以及有能力避免情绪破坏理性的思考。"

作为一名保守的投资者，卡恩每一笔投资年限至少是 3 年，有的甚至长达 15 年，直到股票的价值回归。此外，卡恩在投资过程中从不借钱投资，因为"如果手头现金充足，即使在某笔投资上犯了错误，也不用太担心"。

严于律己是卡恩获得成功的另一个关键因素。除去突然要见医生或是患上重感冒，在卡恩 107 年的漫长记忆中，他没有翘过一天班。只不过，随着年龄的增长，他每天的工作时间在缩短。

随着时代的变迁，卡恩的投资方式出现了一些改变，因为他发现现在的市场中，符合格雷厄姆净流动资产价值法标准的公司越来越少。不过，卡恩相信："对耐心的投资者来说，如今的市场环境要好得多。因为 20 世纪 20 年代及 30 年代初，当时的企业财务披露制度还具有较大的随意性，拥有证券的那些家伙知道的企业内情比你多得多。"

卡恩指出，投资就是"以正确的理由做正确的事"，只要避免"进入自己不了解的领域"，个人投资者依然有很大机会可以击败专业投资者，尤其是专注于投资小市值股票的话。

四、卡恩的投资建议

1. 对某一公司的狂热，是巨大风险来临的信号

卡恩进入股票市场时，美国股票市场正处在 1929 年暴跌时期。卡恩没有沉溺于市场情绪，跟风执着在某一家公司或某一个行业，他一直在寻找值得投资的股票，直到找到一家股价过高的铜矿公司，并卖空那家股票。后来美国股市暴跌，但卡恩的投资几乎翻倍。这里，卡恩得出一个结论，对某一公司和行业的狂热，往往是巨大投资风险来临的信号。不过，卡恩在早期冒险做空成功后，改变了投资策略。他开始转向寻求股市中被低估的好公司，然后坚决持有。

2. 安全投资保障

卡恩是格雷厄姆提出的净流动资产价值法的严格实践者。他每天分析上市公司的财务报表，根据公司的财务状况，计算公司股票的价值。如果一家公司的股票价值远高于股票价格，那么就购买这家公司的股票，否则就跳过。

根据卡恩的经验，在美国大萧条时期和后来的股票下跌时期，许多公司的股票价格远低于其实际价值，相当于打折出售。

如果这种打折超过 50%，即值一块钱的股票以五毛钱出售，那么就可以买进，卡恩称这种打折叫安全投资保障。根据卡恩的投资经验，这种投资途径是投资风险管理的最佳保障。

3. 学会等待，长期持股

卡恩的投资原则是，如果值得投资的股票找不到，那么价值投资者就要学会去等待，但只要找到值得投资的公司，便会长期持有。卡恩的每一笔投资年限至少是 3 年，有的甚至长达 15 年，直到股票的价值回归，并且卡恩家族都是极具耐心的价值投资者。

4. 坚持原则，严于律己

成功的投资纪律很多地方都是违背人的本性的。如果投资者过于散漫，跟随大众冲动，不能坚持自己的投资原则，就很难成为一个成功的投资者。这也是卡恩成功的另一个重要因素。

卡恩认为，涉及市场时，人类的本能恰恰是错误的。只要能够认识到这一点，就可以抵制住股价上涨时买入和股价下跌时抛售的冲动。

5. 保守投资，尽量避免杠杆，谦虚的生活方式总没坏处

投资者一定不要借钱投资，负债投资很危险。借钱投资很难保持一个良好的投资心态，发生亏损的概率往往更大。相反，如果手头现金充足，即使在某笔投资上犯了错误，也不用太担心，如卡恩所说："太阳会为你办妥一切。"

关于卡恩，带给我最大的触动就是他的长寿。其实不只是卡恩，价值投资派的大师普遍长寿；相反，看看技术分析派，长寿的不太多。这实在让人唏嘘。其实这一点我感同身受。技术派尤其是做短线的，长时间处于巨大的心理波动中，对于健康而言实在是有百害而无一利。不说别的，高血压肯定跑不了，更怕突然的大跌有可能导致中风或者脑出血。这绝不是危言耸听。从这个角度看，职业投资人，最终恐怕不得不转向价值投资、中长期投资，这是每个投资者不得不面对的现实。年轻的时候能做短线，能扛得住巨大的心理波动和账户波动，但中年以后，恐怕就有点力不从心了，看看卡恩、施洛斯、巴菲特、芒格，不服也不行啊！

第11章

约翰·聂夫

有一个有趣的问题：那些基金经理们，如果必须把自己的钱交给另外一个人打理，他们会选谁呢？几次媒体调查的结果显示，这个基金经理中的基金经理，专家中的专家，就是约翰·聂夫。

约翰·聂夫为人低调，他所管理的温莎基金享誉全球，但金融圈外的人对作为基金经理的约翰·聂夫所知甚少。他住在一座离市中心不远的住宅，家里只有一个网球场看上去还不错，其他再没有什么跟豪宅和奢侈扯上一点关系的东西了。他穿着非常普通，几乎从不购买名牌衣服，甚至经常去折扣店；他的办公室非常普通，摇摇晃晃的旧椅子和随处堆放的杂乱档案，根本看不出是一个超级投资明星。这一点约翰·聂夫跟巴菲特很像，都是对外在的东西并不关心，投资占据了他绝大多数的心思。

对于不太熟悉美国资本市场历史的人来说，他的业绩听起来也很普通，温莎基金的业绩"仅仅"平均每年跑赢市场3%。但是，这3%是在1964—1995年的31年中，经历了无数次市场波动以及著名的1987年股灾后取得的。这样持续领跑市场的能力，在华尔街仅有巴菲特等极少数几人能与之匹敌。

聂夫的投资理论传承自格雷厄姆，因为他大学的老师是格雷厄姆的学生，从一开始他就接受了传统的价值投资理论。但是他又不是简单地复制格雷厄姆的理论，他有自己的思考和理解。

聂夫的投资以低市盈率为显著标志，和彼得·林奇的成长股投资PEG（市盈率相对盈利增长比率）指标，各有千秋。聂夫注重投资低市盈率、高股息、增长率7%～25%的稳健公司，都是极为传统的价值投资。

美国《纽约时报》曾评出全球十大顶尖基金经理人，约翰·聂夫排名第六，约翰·聂夫与彼得·林奇、比尔·米勒一起，被美国投资界并称为"共同基金三剑客"。

一、大师生平

1931年，约翰·聂夫出生于美国的俄亥俄州。巴菲特出生于1930年，所以他跟巴菲特基本是同代人。聂夫从小就喜欢刨根问底，对很多事充满好奇心。

1934年，父母离婚，之后母亲改嫁，全家一直在密歇根漂泊，最终定居于得克萨斯州。

他读小学五年级时，当时男孩们流行收集球星卡。聂夫发现，虽然都是卡片，但有的比较稀缺，所以叫价就贵，要拿其他几张卡片才能换一张。于是，聂夫留心观察哪些卡片比较稀缺，然后提前买入，在其他小朋友哄抢时高价卖出。这跟投资股票是同样的原理，可以说这就是聂夫小时候受到的投资启蒙教育。

聂夫跟巴菲特一样，很小的时候就开始自己赚钱。1944年，聂夫才13岁，白天做球童，晚上送报纸，每周能赚40美元，差不多相当于流水线上一个成年职工的收入。

聂夫读高中的时候就开始在外打工，对学习毫无兴趣，学业没有任何长进，跟同学关系不是很融洽。高中毕业后在多家工厂工作，他的亲生父亲从事汽车和工业设备供应行业，他劝说聂夫参与他的生意管理。他的父亲经常教导他，特别注意他所支付的价格，挂在嘴边的话是："买得好才能卖得好。"

这段经历使聂夫终生受用，也对他后来的投资理念产生了深远影响。可以说，父亲是他的第一位投资导师，因为他对价格和价值的敏感性就是从这时候培养起来的。本质上，价值投资就是很朴素的商业理念：买在无人问津处，卖在人声鼎沸时。所以，买点是至关重要的。关于这一点，可以从很多价值投资大师身上看到。好的买点非常重要，可以说有好的买点就成功了一半。而且对买点的把握越精确，就越可以规避买入后即大幅套牢的窘境。

高中毕业后聂夫加入了海军，在军中学会了航海电子技术。在海军服完两年兵役后，考入美国托莱多大学。在这里，聂夫遇上了一位名师——教金融投资的西德尼·罗宾斯教授。

罗宾斯是金融和投资教授，在托莱多大学担任金融系主管，他是格雷厄姆与多德的追随者，后来还参与了格雷厄姆著作《证券分析》的修订，并写了很多投资方面的书。

罗宾斯教授对价值投资的推崇对聂夫产生了深远影响。正是在罗宾斯教授的投资课堂上，他学会了什么是投资的基本面分析：销售额、每股收益、营业利润、现金流量等，只要是能列举出来的，罗宾斯教授都会一并讲授。最初聂夫只学习了投资理论，后来又参加夜校学习，获得了金融硕士学位。

聂夫毕业后，找的第一份工作是位于克利夫兰的美国国家城市银行，他被安排到信贷投资部门做投资分析师。由于这家银行只有六名分析师，所以就简单粗暴地把公司的研究领域分成了六个板块。聂夫负责其中一个板块六个行业的分析，包括化工行业、制药工业、汽车和汽车部件制造行业、橡胶行业、银行及金融业。

聂夫初出茅庐，对很多行业不懂，他决定从自己最感兴趣的汽车行业入手。后来有件事对聂夫触动很大，他陪一位资深汽车分析师一同去福特汽车公司调研，结果发现那位分析师开了一辆破破烂烂的车，瞬间让他觉得做分析师很没有前途，心里暗暗萌芽了转行做投资经理的种子。

他的上司亚特·伯纳斯认为投资成功的秘诀就是要比其他人看得远。伯纳斯教给了聂夫逆向投资的原则：一旦你下定决心，就坚持下去，要有耐心。

这种投资风格后来慢慢变成聂夫自己的风格。他相信，最好的投资对象就是那些当时不被看好的股票，这个投资理念为他在温莎基金的辉煌打下坚实的基础。

然而，他的这种投资理念常常与美国国家城市银行信托部的委员们产生分歧。当时的委员们都喜欢那些大公司的股票，因为购买这类股票可以让客户安心，虽然它们并不一定盈利。于是在1963年，聂夫离开了该银行。

从1955年到1963年，聂夫在美国国家城市银行工作了8年，这段时间作为行业分析师的角色，也为聂夫日后的投资奠定了坚实基础。1963年，聂夫跳槽到威灵顿基金工作，这也是他和温莎基金结缘的开始。

这里简单介绍一下温莎基金的背景。温莎基金原本叫作威灵顿股票型基金，1962年业绩表现非常糟糕，下跌了25%，而同期标普500指数仅仅下跌了8.7%，大量投资者从这只7500万美元规模的基金夺路而逃。更为严重的后果是，这只基金对威灵顿公司的旗舰基金——威灵顿基金也产生了负面影响。

威灵顿基金由沃尔特·摩根创立于1928年，是当时极少数能够从1929年大萧条中死里逃生的基金，因此享有赫赫威名。到1963年的时候，威灵顿基金管理着20亿美元的基金规模，它当然不会允许威灵顿股票型基金拖累它的名气。所以在这种情况下，威灵顿股票型基金才更名为温莎基金。

可以说，聂夫刚到温莎基金时，这只基金的表现非常不景气。经过一段时间的熟悉，聂夫发现了温莎基金在选股上的问题：生物技术热时就买生物科技股，石油股红时就买石油股，网络股能吸引投资者注意时就买网络股，也就是说，温莎基金买的都是投资者竞相追逐的热门股。这种方法无异于去追赶已经打出去的球，而正确的方法应该是奔向球将要去的地方。

由于温莎基金买的都是热门股，股价当然都不便宜，所以导致的一个普遍现象是：温莎基金的持股，市盈率大多高于市场平均水平。也就是说，每股收益增长时，由于投资者预期变得乐观，市盈率通常也会扩张，推动股价上涨，这就是我们常说的"戴维斯双击"，反之就是"戴维斯双杀"。由于温莎基金买的都是此前高增长、高市盈率的股票，一旦高增长不可维持，导致投资者预期变得悲观，市盈率会快速收缩，导致股价暴跌，这也是温莎基金亏钱的主要原因。

1964年，聂夫开始担任温莎基金的投资经理。他开始对温莎基金进行改造，把投资对象划分为两个基本单元：成长股和基本产业股。所谓成长股，就是指那些成长清晰可辨，盈利和分红高于市场平均水平的股票。所谓基本产业股，是指构成美国经济发展长期动力的那些公司的股票。

在聂夫的努力下，温莎基金的业绩得到大幅改善，1964年即以29.1%的收益率跑赢标普500指数17个百分点，基金净资产快速回升到接近1亿美元的水平。直到1995年，聂夫卸任基金经理人选择退休。31年间，温莎基金总投资报酬率达55.46倍，而且累积31年平均年复利报酬达13.7%，年平均收益率超过市场平均收益率3%以上,在当时的基金史上尚无人能与其匹敌。由于操作绩效突出,至1988年底,温莎基金资产总额达59亿美元,成为当时全美大型的股票型基金之一,并停止招揽新客户。至1995年,约翰·聂夫卸下基金经理人之时,该基金管理资产达110亿美元。

实际上,选择在1964年这个年份进入资产管理行业,并不是一个好的选择,因为接下来的17年,道指仅从1964年底的874点上涨了一个点,1981年年底道指也才只有875点。但是在这个大部分股票投资者都亏钱的时期,聂夫却和他的基金一起取得了空前的成功。

聂夫总会在股价低迷时买进,在过分超出正常价格时卖出,他是一个典型的逆向投资者。

1980年,宾夕法尼亚大学请到聂夫为该校管理捐赠基金,因为该基金当时的状况已经变成全美所有高校基金中表现最差的一个。当聂夫接手后,用他一贯的方式重新组建了该基金的投资组合,接下来的10年,他成功地把宾夕法尼亚大学捐赠基金带入美国顶尖捐赠基金前5%的行列。此举甚至让宾夕法尼亚大学感动得把沃顿商学院的一个金融教席以约翰·聂夫命名。

二、选股方法

约翰·聂夫的选股方法包括7条基本原则。

(1)低市盈率。

(2)基本增长率超过7%。

(3)注重分红。

(4)总回报率除以市盈率的比值(乘以100)大于2。

(5)除非从低市盈率得到补偿,否则不买周期性股票。

(6)成长行业中的稳健公司。

(7)基本面良好。

为了更好地理解聂夫的投资理念,我们对这7条投资原则展开详细的分析和解读。

1. 低市盈率

聂夫从事投资生涯以来，身上被贴上了众多标签，诸如"价值投资者""逆向投资者"等，但聂夫自认为最中肯的一个评价是"低市盈率投资者"，这也是他最显著的投资风格。前面也提到了，此前温莎基金陷入亏损的主要原因，就是买入了大量高市盈率的股票。终其一生，聂夫都是在稳健成长低市盈率的道路上狂奔。

聂夫在选股时从来不介入当下的热门股票，而是从备受冷落的股票中寻找投资机会。聂夫认为，市场有着惊人的误判能力，因此无论在多么火热的市场环境中，总可以找到冷门股的投资机会。一定要避免的一个投资误区是：在市场火热的时候，认为优质白马股是稀缺的，从而不计成本地买入。事实一再证明，即使再优秀的股票，高估了一样会下跌。

投资低市盈率股票的优势在于，无须极高的增长率，就可以获得比较令人满意的回报。举个例子：如果一家公司市盈率为10，增长率为7%，那么在市盈率不变的情况下，投资者可获得7%的增值潜力；如果市盈率为5，增长率为7%，那么市盈率只需要提高到7，投资者就可获得较高的增值潜力。具体计算如下：

假设开始时每股收益为1，则5倍市盈率对应的股价为5。增长率为7%，所以每股收益一年后变为1.07。市盈率从5变为7，则股价变为1.07×7=7.49。股票增值收益为7.49/5-1=50%。

简而言之，选择低市盈率股票，进可攻，退可守。如果行情不好，可以获得基本的盈利增长；如果行情好，还可以获得估值提升的意外之喜。从这个角度来说，这也完全符合"安全边际"的价值投资准则。

2. 基本增长率超过7%

并非所有的低市盈率股票都值得投资，因为低市盈率股票其实是分两种情况的：一种是公司基本面良好但是被低估；另一种则是我们常说的"价值陷阱"——只是看起来便宜，实际上可能已经停止了增长，甚至处于衰退期，价值不断趋近于零。有鉴于此，聂夫重点关注的是，拥有7%以上增长率的公司。

平心而论，7%的增长率目标并不高，聂夫认为这是一种非常稳健的投资方法。高市盈率股票的估值，有赖于对未来收益的较高预期。一旦预期发生反转，股价飞流直下的情况将有可能随时发生。聂夫将自己的目光聚焦在增长率7%～25%之间的公司，因为过低的增长率意味着企业成长空间有限，过高的增长率则通常不可持续。

1987年，《巴菲特致股东的信》里提到一个数据：1977—1986年，美国1000家公司中，年均净资产收益率超过20%且每年都不低于15%的公司，只有寥寥25家，所占的比重是2.5%。这从一个侧面说明，长期维持高增长率或者高收益率，是非常困难的一件事。前面也提到了，一旦高增长率达不到预期，可能会出现"戴维斯双杀"的局面，所以聂夫挑选的股票增长率通常在7%～25%之间。

3. 注重分红

聂夫重视股息率，他援引格雷厄姆和多德的话说，分红回报是公司成长最可靠的部分。聂夫管理温莎基金期间，年化回报率超过标普500大约3.15%，其中就包含2%的股息率。

低市盈率和高股息率是一对孪生兄弟。同样2美元的每股收益，同样0.5美元的分红，当市盈率为10的时候，股价20元，股息率为2.5%；当市盈率为25的时候，股价50元，股息率为1%。可见，利润和分红相同的两家公司，高市盈率往往意味着低股息率。

聂夫认为，分红是零成本的收入。很多投资者靠着对高分红率公司的投资，早就收回了成本，持仓成本成为负数。但聂夫也并非时时刻刻都强调分红，比如英特尔公司从不分红，但并不影响它成为一家可以创造奇迹的高成长性公司。

这里补充一下，巴菲特的伯克希尔也几乎从来不分红，唯一的一次分红发生在1967年，分红额是10.17万美元。关于是否应当分红的标准，巴菲特提出了"一美元原则"——每一美元的留存收益，是否能创造高于一美元的市值。如果可以，则应当留存；如果不行，则应当分红，让股东自行选择更有效率的资金配置方式。

4. 总回报率除以市盈率的比值（乘以100）大于2

聂夫给总回报率的定义是：

$$总回报率 = 收益增长率 + 股息率$$

例如，某公司收益增长率为10%，股息率为3%，总回报率为13%，市盈率为6，则总回报率/市盈率×100=2.17，属于理想的投资对象。

不妨拿另一个选股指标——彼得·林奇常用的市盈增长比率（PEG）来做个对比。PEG是指一家公司的市盈率与盈利增长率的比值，这个比值越小，说明越被低估。通常PEG小于1，可以视为买点。也就是说，按照PEG的选股标准，只要盈利增长率大于市盈率就行。而约翰·聂夫是要求盈利增长率加上股息率要超过市盈率的2倍，由于股息率通常小于盈利增长率，所以聂夫的标准实际上比PEG选股更加苛刻，更加保守。

这里需要注意一下，总回报率、盈利增长率都是百分数，要乘以100之后再和市盈率计算比值。

5. 除非从低市盈率得到补偿，否则不买周期性股票

聂夫在温莎基金上建立了大约1/3的周期性股票仓位。周期性股票业绩波动较大，投资者的情绪忽而狂热，忽而冷淡。由于股价波动较大，因此提供了较多的投资机会。

聂夫一般是在确认公司业绩增长6～9个月后开始介入，低买高卖，反复操作。聂夫管理温莎基金期间，曾先后六次买卖石油巨擘大西洋富田公司的股票。

聂夫告诫投资者，投资周期性股票，一定不要选在行业景气度的高点。因为周期性股票不像一般的成长股，随着盈利水平的走高，市盈率可以无限推高，周期性股票的盈利到达高点之后，往往会快速回落，业绩和市盈率会呈现出反向波动。

也就是说，往往市盈率高点对应的是业绩低点，市盈率低点对应的是业绩高点。业绩高点买入，有可能碰到企业刚好处于下行周期的起点，投资者必须对此多加留意。

所以，投资周期性股票的前提，是必须对相关行业的运行机制有充分的

理解，能够大致预测出行业及公司的景气高点和低点。聂夫就是在房地产景气度的低点买入了房地产公司，获得了超过3倍的投资回报。

6. 成长行业中的稳健公司

任何公司都有可能在某些阶段表现不佳，进而导致投资者信心受损，股价萎靡，这恰恰为聂夫大肆买进提供了绝好的机会。只要公司业务根基未发生动摇，能够抵御短期困境，聂夫就会果断出手。

聂夫自述，在他管理温莎基金期间，买遍了几乎全美所有行业所有等级的股票，因为任何一只股票都有可能在某个时间段落入低市盈率状态。我很认同这个观点，假设以10年作为维度，任何一只优质股票几乎都可以找到很好的买点。

比如哈利伯顿公司，这是一家油田服务供应商，在油气井配套服务领域占据第一的市场份额。1982年，这家公司的盈利增长率达到16%，股息率达到5%，但是市盈率不到5倍。大家可以算一下，总回报率大约是市盈率的4倍多，符合聂夫选股的第四条标准。聂夫买入哈利伯顿公司的第二年，也就是1983年，这家公司的收益率就在投资组合里名列榜首。

7. 基本面良好

聂夫投资一家公司，市盈率低和基本面好都是必备条件。如果基本面差，那么市盈率低可能就是市场合理的反应。而聂夫寻找的，是被市场错杀的股票。聂夫看重的指标主要包括如下几项。

第一，利润和收入。利润是推动股价上涨最重要的因素，公司派发的红利也来源于此。而盈利的增长有赖于营业收入的增长，假设营业收入不增长而利润增长，说明公司的利润率得到了提高，但利润率总是会有天花板的，这也是重视营业收入的原因。

第二，现金流。聂夫认为，现金流由留存收益和折旧组成。良好的现金流有利于为增加分红、股票回购、收购或者再投资提供更多资金。

第三，净资产收益率。衡量一家公司的净资产能产生多少效益，净资产收益率是最好的指标。

第四，利润率。利润与营业收入的比值关系，即是利润率。按照不同的计算口径，利润包括营业利润、毛利润、净利润、利润总额等。

聂夫提出的基本面指标并无独到之处，其实就是我们经常会关注到的那些指标。不过话说回来，投资并不太需要哗众取宠的观点，而是历久弥新的常识。

三、交易策略

（一）买入策略

聂夫是如何找到低市盈率公司的呢？

1. 跟踪每日创出新低的股票

聂夫每天都会浏览股票行情表，从中寻找创出最近52周最低价或者接近的股票，这是一片沃土，很多未来的大牛股都隐藏于此。这些股票看起来单调乏味，但在未来的某个日子，有可能发出耀眼的光芒。聂夫正如伯乐，不断地从中寻找属于自己的千里马。

2. 关注负面新闻和行业困境

阅读新闻时，聂夫会对那些正处于困境中的公司或行业多留一个心眼儿。一旦有幸遇到一家，首要任务是确定它的经营业务是否在本质上还安然无恙，投资人是否杞人忧天。甚至有可能股价愈跌，将来的反弹就会更加猛烈。

行业困境或者经济萧条会导致出售股票的压力增大，同样，上市公司的某些重大举措也能触发抛盘大量涌出。但聂夫捕捉的恰恰就是这样的机会。

1986年，欧文斯科宁为了防御被恶意收购的威胁而大量举债，并从股东手中回购股票。重组进度在资产负债表上有清晰的体现，从中可以看到股东净资产从正值变成了负值。这只不过是一个会计问题，真正代表股东所持股份价值的还是市值，然而负净资产还是吓到了大部分投资者。

由于投资者对这样的重组过程焦虑不安，导致股票的滚动市盈率只有5.5倍。聂夫预测公司主营业务增长率在8%～10%的区间内，随着公司逐步还清巨额负债，不必继续支付的利息也将带来大量相对收入。

聂夫对欧文斯科宁的投资始于1991年第一季度，1993年抛出该股，获利超过两倍。

3. 寻找被错误归类的公司

1990年末，拜耳公司被纳入温莎基金，它是当时的德国综合化学三巨头之一。公司有大约1/3的利润来自药品生产和其他健康保健产品，8%来自农用化学品，另有13%则来自照相试剂和其他专用化学品。换句话说，拜耳公司足有一半收益不受经济波动的制约。

话虽如此，但受经济周期影响，股价已经下跌了35%，跟那些暴露于行业周期之下的化学股毫无两样。

1993年后半年，聂夫开始收获远高于市场平均的利润。

4. 逛商店中的投资机会

一个寻找投资灵感的好去处是购物中心。逛逛本地的零售商店，听听十几岁的孩子们讲讲现在什么东西很火，这从来都没有什么不好，说不定从中就突然冒出"一匹大黑马"。

但有句老话儿要牢记在心：不要仅仅为了一个本地零售商店拥挤的客流量，或者有一个新的小玩意儿正在出售，就给你的经纪人打电话。

想想你吃东西的地方，还有你购买办公用具的商店，或者停在车库里的汽车。投资者每天都会和上市公司碰面，低市盈率股的猎寻就可以从那里开始。

聂夫不止一次从诸如麦当劳、庞德罗莎牛排馆等餐饮公司获得高额的回报。这跟彼得·林奇类似，他也喜欢通过观察身边的小事件挖掘投资机会。

（二）调仓策略

温莎基金如何去配置股票资产呢？聂夫提出了"衡量式参与"的策略，就是拿自己参与股票的风险和回报，与市场上其他股票的风险和回报不断进行比较衡量，然后始终选择性价比最高的股票。

一言以蔽之，投资是相对选择的训练。在你认知范围内，始终持有收益率更高的资产，获得超过市场平均收益的回报，以期在未来获得更强的购买力，这就是投资的意义所在。

（三）卖出策略

与巴菲特长期持有的理念不同，聂夫旗帜鲜明地提出了自己的观点：温莎基金的每一只股票，都是为了卖出才持有。如果买进的热情不能适时化作卖出的热情，那么要么特别幸运，要么等着"末日来临"。

聂夫卖出股票的理由主要包括两条：基本面变坏或是价格达到预定值。这和巴菲特提出的卖出原则几乎没有区别，无非就是不再符合好公司或者好价格的条件的时候，就应该卖出。

聂夫把卖出策略看得跟买入同等重要，这可能是因为他是一名基金经理，跟巴菲特作为企业家的投资方式还是不太一样。聂夫奉行"逢低买进，逢高卖出"的原则，不试图逃顶，而是赚到合理的利润就行。

聂夫认为卖股票不能等股价涨到顶点，他说要给其他投资留有赚钱的余地。因此，聂夫从不把一只股票的预期升值潜力发挥到极致。通过这种策略，他的温莎基金能够锁定收益区间，在股价虚高时往往可以及时抽身，当然有时也会卖得过早。"这种事有时在所难免。"聂夫说，"你已经尽了全力，但事情的发展不随你的个人意志而转移。不过，我绝不会为此事而睡不着觉，因为我尽力了，还能怎么样呢？"

举个例子，1970年，聂夫关注到一家快餐专营公司——吉诺公司。这家公司此前连续4年的增长率都超过了45%，并且聂夫判断，未来它的销售额仍将以超过25%的速度增长。但是，聂夫买入一个月以后，察觉到这家公司的增长速度可能会放缓，于是他果断以20%的收益获利了结。

卖出股票后，聂夫通常会选择其他合适的投资对象，不过当市场总体高估时，聂夫也不介意持有现金。温莎基金持有现金的比例，最高的时候能达到20%。有时候，聂夫也会考虑美国政府债券。总之，聂夫永远在寻找性价比更高的投资机会。

（四）仓位管理

聂夫的温莎基金投资非常分散，一笔股票投资仅仅占到总资产的1%（也有报道称如果股票极其具有吸引力，他会把仓位提高到5%）。其实，这种理解有误，聂夫同样会在他看好的市场下重注。比如，他看好财产险和意外险行业，也许每家公司聂夫只投入 1% 的资金，但是他会买入该行业内的 20 家不同公司，而这种结果实际上是他在看好的行业上投入了 20% 以上的资金。

四、返璞归真

聂夫认为，温莎基金的成功其实没有任何秘密可言，只不过是不懈地坚持低市盈率选股策略。聂夫从不追逐热门股，他喜欢从创下 52 周股价新低的名单里挑选股票。虽然都是很朴素的道理，但真正能做到"知行合一"的又有几人呢？

从本质上讲，聂夫首先是一位价值投资者，他的投资理念具备两个核心特征：一是盈利本质上源自标的本身而非交易对手，二是尽可能地追求持股成本的安全。

其次，他是一位风格保守的投资者。他最常被贴上的标签是"低市盈率投资者"，这也是他自己所认可的标签。对市盈率水平的严格约束是贯穿其投资生涯的一条金科玉律。低市盈率策略的好处是双重的，向下有效防范了风险，保证了投资的安全性，向上则保留了一旦经营改善业绩提升之后的弹性。

同时，他也是一位逆向投资者。他擅长寻找那些当时处于水深火热之中但是未来拥有潜力的股票。这往往使得温莎在牛市里落后市场，而在市场降温之后开始发力，大幅跑赢。

在聂夫看来，投资是一个没有保证的行业，我们能做的只是尽量让风险与回报的天平向回报一侧倾斜。

聂夫有一段话讲得非常精彩，在这里分享给大家：

如果市场波澜不惊，步履沉稳，我们则通常大步流星，一骑绝尘；
如果市场兴奋过度，桀骜不驯，我们反而会退守一隅，表现欠佳。
然而市场出现拐点之后，我们仔细挑选的冷门股总让我们获利丰厚。

第 12 章

塞斯·卡拉曼

赛斯·卡拉曼是鲍普斯特基金的联合创始人。卡拉曼至今仍为其投资经理，在管资产约 300 亿美元。他在有业绩记录的 40 年里（从 1982 年开始），只有 5 年回报为负，年化收益率超过 15%。

卡拉曼也是格雷厄姆价值投资的践行者，曾给格雷厄姆和多德的经典著作《证券分析》第 7 版作序。1991 年，年仅 34 岁的他写就的《安全边际》一书，在业内得到了高度认可，让巴菲特也赞不绝口。

1982 年从哈佛商学院毕业后，卡拉曼开始了他的投资生涯。卡拉曼一直专注于寻找具有增长空间的廉价冷门股票和债券。卡拉曼执掌的鲍普斯特基金有着和他一样的基因，不追求在牛市获得很高的收益，更强调熊市不要亏损太多。

正如他所说："投资者或者机构一定首先在一件事情上做出抉择：究竟是要保证在牛市中赚大钱，然后时不时在有些年份亏钱；还是保证在暴跌时不承受巨大损失，而牛市时不过分贪婪呢？"鲍普斯特显然选择了后者。

因同样坚守价值投资，卡拉曼也被称为"小巴菲特"。

一、天之骄子

卡拉曼 1957 年出生于巴尔的摩一个犹太家庭，书香门第，父亲是霍普金斯大学的经济学教授，母亲是一位中学英语老师。

卡拉曼小时候就很有经商头脑，懂得做些"小生意"赚零花钱，比如负责家里打扫落叶和修剪草坪的工作。9 岁时还摆过一个甜筒摊位，在卖热狗

第12章　塞斯·卡拉曼

时与巴尔的摩卫生局发生了一些冲突。因为没营业执照，于是甜筒摊位也没有了。

卡拉曼还在院子里为孩子们举办小型嘉年华，院子里还有一个迷你高尔夫球场。他还从事过硬币生意，那时的小男孩们经常买卖硬币。

卡拉曼对股票市场最感兴趣。因为他对数字很敏感，喜欢看棒球统计数据。《巴尔的摩太阳报》的体育版会刊登美国联盟中所有击球手、投手的数据，他一直在学习如何统计这些数据。直到有一次，他注意到棒球版面后面几页布满了一大堆数字，于是问父亲这是什么，父亲说这是证券交易所的股票名单。

就这样，卡拉曼开启了另一段旅程，他想要将兴趣和股票市场联系起来，弄清市场到底发生了什么，又是怎么回事。卡拉曼读了很多关于股票市场的图书，比如路易斯·恩格尔的《如何购买股票》，书中的内容涉及股票的方方面面。

卡拉曼买的第一只股票是强生。当时他大概十岁，资金来自生日收到的一笔零花钱。几天后，手中的股票就从一股拆分成了三股，所以他就持有三股强生公司的股票了。

为什么会买强生公司的股票呢？原因在于卡拉曼知道它是做什么的。一个人通常会从自己知道的领域开始。他的妈妈在巴尔的摩给他找了一位非常好的股票经纪人，叫麦克斯·西尔弗曼，他很乐意接一笔自己压根儿赚不到钱的订单。他当了卡拉曼的股票经纪人很多年，但交易规模一直很小。

卡拉曼在康奈尔大学就读并获得经济学学位，后来又在哈佛商学院获得MBA学位。

卡拉曼的舅舅保罗住在纽约，他是一名税务律师，也是海因证券创始人麦克斯·海因的老朋友。读大三时，舅舅把他引荐给海因，从那时起，他开始在共同股份基金实习。这家公司有两个投资界鼎鼎大名的人物：麦克斯·海因和迈克尔·普莱斯。1979年1月，在卡拉曼大学毕业的时候，他接到了全职的工作邀请。

麦克斯·海因是华尔街的传奇人物，迈克尔·普莱斯则是海因的徒弟和接班人。《纽约时报》在2006年评出了全球十大顶尖基金经理人，迈克尔·普莱斯排名第八，可见其地位很高。

卡拉曼说他从两位价值投资大师那里学习到的商业知识，比书本或者教室中传授的知识都要好。卡拉曼认为，普莱斯在抽丝剥茧方面有着惊人的能力。普莱斯会注意到一些东西，然后会感到好奇，并提出问题，由这件事引申到另外一些事，如此便能做到举一反三。卡拉曼清楚地记得，普莱斯曾经画了一张图，图上显示了矿产之间复杂的所有权关系。卡拉曼认为，这就是举一反三的例子，如果能够持之以恒，就有可能找到更多的线索。这就给了卡拉曼一个很大的启发——永远也不要感到满足，应该一直保持好奇心。因此，卡拉曼把他的成功归于这两位前辈。

1982年，卡拉曼从4个家庭那里筹集到2700万美元，成立了鲍普斯特基金。他效仿格雷厄姆和巴菲特，专注于购买低估的股票或者出现财务危机的企业股票，并且通常不会使用杠杆和做空。鲍普斯特基金实际上是一支对冲基金，卡拉曼入行时是1982年，当时利率很高，股市已经低迷了18年。然而他的基金从建立起到2009年12月的27年间，年化收益率为19%，而同期的标准普尔500指数收益率仅为10.7%。尤其在被称为失去的十年的1998年到2008年，鲍普斯特基金的年化收益率为15.9%，而同期的标准普尔500指数收益率为1.4%。

对于鲍普斯特稳定而强劲增长的业绩，卡拉曼将其比作赛车，"很多人都希望每一圈都领先，但最重要的是，冲过终点时，你还在赛道上。"事实上，卡拉曼最为持之以恒的就是强调投资风险。在卡拉曼的投资组合中从不使用杠杆，因为杠杆是一个巨大的风险因素，那些失败的对冲基金几乎都使用了过量的杠杆。

鲍普斯特一贯以高现金比例而闻名，卡拉曼在年报中屡次提及，"我们认为资产配置比例不应该是自上而下决定，而应该是根据自下而上研究决定。"比如，2006年鲍普斯特平均收益率为21.4%，同期标准普尔500涨幅15.8%，但这段时间鲍普斯特现金比例为48%。在2008年年报中，卡拉曼也提到鲍普斯特2008年初现金比例为35%，他认为这并不是因为自上而下看得准，而是按照他的安全边际确实找不到投资品种。

由于常年持有大量现金，也为危难时机找到投资机会提供了支持。2008

年金融危机期间,他掌舵的基金是少数拥有大规模现金,可以接下困境卖家资产的公司之一。他的一句名言是"拥有买下焦急卖家所有资产的能力非常有利"。

2008年,在雷曼兄弟公司倒台前后,他大量买入福特、克莱斯勒和通用汽车的消费金融债券。最开始买入的债券年化收益率为15%,最高达到50%。在这次危机期间,他在上述债券上投入18亿美元,盈利12亿美元,回报率达到67%。

他说,投资前他曾发现,虽然遭遇危机,但是人们依然会偿还汽车贷款,真实的违约率非常低。他曾这样对同事说:"我们以低价买入这些债券,倒霉的不是我们,因为我们的买入价比起初的购买者低,出售这些债券的人才是倒霉蛋。"

他曾表示:"我们寻求令人震惊的价格错位,这一般是由紧急时间、人们惊慌失措或者盲目抛售引起的。"

卡拉曼真的可以称得上投资界的天之骄子,很少有做投资的像他这样顺风顺水的。家境优渥,父亲是大学教授,他读书时是学霸,刚工作就有大师指导,工作没几年创业就能拿到2700万美元,30岁出头就出书,一出书就成为价值投资的经典之作。看看其他投资大师,绝大多数过得极为坎坷,甚至破产,颠沛流离。当然很多人最后也取得了辉煌的成就,但所经历的时间和难度都远超卡拉曼。

二、核心理念

卡拉曼的投资理念有三大支柱。

1. 追求绝对收益

他追求绝对收益,不去理会相对表现,找到自己的优势,将其最大限度地发挥出来。

绝大部分机构投资者和许多个人投资者采用的都是相对回报导向。他们投资的目标要么是表现比市场好,要么是比其他投资者好,却显然不关心他们的绝对回报是正的还是负的。通常，较好的相对回报，特别是短期的相对回报，可以通过模仿别人或尝试看透别人将要采取的行动来获得。相反地，价值投资者一定是以绝对回报为导向。他们只关心回报是否达到了自己的投资目标，而不是去和整体市场或者其他投资者比。好的绝对回报要靠买入被低估的股票，然后在其真实价值被更多人认可时卖掉。

对于大多数投资者来说，绝对收益才是真正要紧的。绝对收益导向的投资者通常看问题的角度会比相对收益导向的投资者更长远。一个相对收益导向的投资者是无法忍受表现长时间弱于大盘的，所以他们就会去买时下流行的股票。因为不这么做会影响他们的短期投资表现。

事实上，相对收益导向的投资者有可能避开那些长期绝对收益很好，但有可能会让他们面临近期表现弱于大盘的投资机会。相反，绝对收益导向的投资者更喜欢那些不那么被大众喜欢的股票，这些股票需要更多的时间才有回报，但亏钱风险也更小。

2. 推崇自下而上选股

价值投资中自下而上的策略就是，通过基本面分析找投资机会，每次找一个。价投者会一个一个找有没有划算的股票，就公司自身分析其每一种情况。这个策略可以被简单描述为："买个划算的股票，然后等。"投资者一定要学习给企业估值，这样在看到机会的时候才能抓住。

因为自上而下的难度太大，任何人不可能每次都踏准宏观经济的节奏。所以卡拉曼一直采取自下而上的选股方法，侧重于每家公司的业务基本面，对每家公司做各种情况下的敏感性分析或者"压力测试"。

3. 先关注风险，然后才是回报

当别的投资者都在全神贯注地计算他们能赚多少时，全然不关心他们可能会亏多少。但价投者既关心回报，也关心风险。风险就是每个投资者分析的某个投资行为会亏钱的可能性。勘探一个油井时发现它是一口枯井，这就叫风险。债券违约，股价跳水，这都是风险。但是，当油井喷涌，债券按时履约，股价强势反弹时，我们投资时就可以说毫无风险吗？当然不是。

事实是，在大多数情况下，就算是在事后试图总结一项投资的风险，也没法比做决定时了解得更多。投资者想要抵消风险，能做的其实很少：足够多样化自己的持有；在适当的时候套期保值；投资时寻找一定的安全边际。正因为我们没法得知投资可能出现的所有风险，才需要努力保证自己用折扣价买股票。追求划算的买卖，可以在出问题的时候提供缓冲保护。

风险不等同于贝塔系数，贝塔系数是学术问题，对投资没有实际意义，市场波动也不意味着什么，有时反而意味着投资机会。

卡拉曼的一句名言：没有什么比让投资者晚上安然入睡更重要的事了。

三、主要观点

1. 价值投资并不简单

价值投资需要投入大量精力和努力，非一般严格的纪律，还有长期投资的视野。只有少数人投入了做价值投资者所需的时间和精力，但能建立起正确的投资观并取得成功的人就更少了。一些投资者只是简单地记了几个公式，或者背诵了某个投资大师的几句名言，就觉得自己天下无敌了，其实他们并不知道自己在干什么。想要在金融市场和经济周期中获得长期的成功，单纯靠观察、总结出几条规则显然不够。

投资的世界里太多事情变得太快，所以要明白规则背后的基本原理，这样才能知道为什么有些事情会发生，有些事情不会。价值投资不是靠长时间的学习和实践就能掌握的，这种投资理念，要么你一下子就能学会，要么你一辈子都无法真正得其精髓。

理解价值投资很简单，实操却很难。价值投资者并不是精于分析超复杂数据的人，他们也不会编写出复杂的电脑模型去发现潜在价值，寻找优质的投资机会。最难的部分是自律、耐心，还有判断。价值投资者需要强大的自律能力去拒绝那些不那么优质的投资诱惑，需要足够的耐心去等待真正优秀的机会，并且可以准确判断最佳时机，该出手时就出手。

自律，直到找到划算的投资机会再出手，这使得价值投资者看起来很像风险厌恶者。自律对于他们来说是必需的，他们面临的最大挑战就是如何保持这份自律。价值投资者意味着总是远离人群，挑战常规，甚至顶着盛行的投资风向逆行,这条路不可谓不孤独。

在市场估值偏高的时间段里,价投者的表现有时和其他投资者或者整个市场比起来都不尽如人意,甚至"可怕"。但长期来看,价值投资非常成功,所以会发现很少有价投者会放弃这种投资理念。

如果有投资者可以成功预测市场未来的走向,他们肯定永远都不会去当价值投资者。诚然,当证券价格稳步上升时,价值投资本身就是一个缺陷;不受欢迎的证券涨得没有公众喜欢的幅度大。

价投者的最佳时机是市场下行时。那些原先只关注上行因素的投资者们正在吞下盲目乐观的苦果,这个时候任何导致下行的风险因素都会被看得很重,而价投者因为用了一定的安全边际来投资,所以能够保护他们免受市场下行的巨大损失。

能够预测市场未来的投资者应该全副投入,用借来的钱在市场上行之时进入,再在它下跌之前出来。不幸的是,许多投资者虽然声称自己有这样的能力,但实际上并没有。对于那些明白自己做不到预测市场的人,我非常推荐价值投资,这在所有的投资环境里都是一个安全的策略。

2. 投资的首要目标是避免亏钱

巴菲特常说,投资的第一条原则:永远不要亏钱。第二条原则:永远不要忘记第一条原则。

卡拉曼认同巴菲特的观点,避免亏钱应是每个投资者的首要目标,但这绝不意味着投资者不应承受一丁点儿亏钱的风险。"不要亏钱"更多的是指在一段较长的投资周期里,不要形成实质性资本损失。绝大多数人都有强烈的投机冲动,当别人都在贪婪地追逐利益,我们也很难静下心来思考亏钱风险。但价值投资者总是先立于不败之地而后谋动。

3. 正视股票价格的波动

投资一只股票有可能会给我们造成永久性的损失,也有可能其股价会出现临时性的波动,这种波动和公司背后的潜在价值并无关系。很多投资者把股价的波动看作巨大的风险:只要股价下跌,不管这家公司根基如何,都会觉得它岌岌可危,但价格的临时波动真的有风险吗?确实有,但这和那些会造成永久损失的投资不一样。

当然，要去分辨短期的供求关系带来的价格波动和企业根基受损带来的价值变化，是很难的。事实上只有在真正发生了之后才会变得明显。显然，投资者可以避免买入之后公司价值就迅速退化，但不可能不面对股价的短期波动。实际上，投资者应该理解价格波动一定会存在，如果一丁点儿的波动都接受不了，那还是别炒股了。

如果真的以折扣价买到了一只有价值的股票，短期的价格波动有影响吗？长期来看，没有太大的影响，一个公司的价值最后总会在其股价上真实反映出来。

市场有时候会通过股价波动来创造非常诱人的买卖机会。如果投资者手上有现金，就可以在此类机会中获益。但如果市场下行的时候投资者把所有的资金都已经投了进去，投资组合价值很可能会下降，因为失去了用较低价格买入优质股票的获益机会。这就是机会成本，就是说投资者不得不放弃未来可能出现的好机会。如果手上的股票流动性很差，那这个机会成本就更高。买入流动性不足的股票会使投资者错失更好的投资机会。

4. 关于复利

复利对于价值投资是极其重要的。一个必然结果就是，只要损失惨重一次，就很难恢复。这能一下子毁掉一个人哪怕多年都非常成功的投资成果。换句话说，对于一个投资者而言，在有限风险的情况下获取持续良好的回报比在风险相对较大的情况下获得不稳定且有时"波澜壮阔"的回报可能要更好一些。比如，一个在过去十年保持年化收益率为16%的投资者和一个前九年每年都赚20%然后最后一年损失掉15%的投资者相比，前者最后赚的钱可能要更多。

复利的精髓在于稳定增值，不能大起大落。不明白这一点，是无法真正做好投资的。

5. 关于估值

许多投资者坚持在投资过程中做到精确估值，在一个充满不确定性的世界里精益求精，但问题是，一个公司是不可能被精确估值的。公布出来的账面价值、收益和现金流，说到底都只是根据一套相对严格的标准做出来的合理的会计猜测，它更多地追求一致性，而不是为了反映公司的经济价值。

预测出来的数据也不会那么精确，几万美元的房子都很难准确估价，更何况是给所处环境极其复杂的公司估值？我们无法给公司正确估值，而且公司价值也总是在变，它会随着宏观、微观以及市场相关因素不停地波动。

在任意一个静止的时间节点，投资者都无法精确估出公司的价值，更何况还要随着时间变化结合所有可能影响估价的因素来不断调整。所以想要精确给一个公司估值，只会得出非常不准确的数字。而问题是，大家总会把"可以精确估值"和"可以准确估值"搞混。

任何人，只要有计算器，就可以计算净现值（NPV）和内部收益率（IRR）。电子制表工具的出现让人们以为自己能够做出深度精确的分析，殊不知这种计算过程是非常随意的，从而进一步恶化了这个问题。大家都觉得产出很重要，却经常忽略在生产过程中，"垃圾进，垃圾出"才是常态。

在《证券分析》中，格雷厄姆和多德就讨论过价值区间的概念："证券分析最关键的一点是不要痴迷于计算一个证券精确的内在价值。你只需要确信其价值足够，比如说，去保护其债券价格或者股票价格相对其价值来说不要太高或太低，就好了。目标是这个的话，对内在价值有一个模糊大概的估算就够了。"

的确，格雷厄姆经常会去计算每股净运营资金的指标，用来大概估算一个公司的流动价值。他频繁使用这个粗略估算的指标，恰恰就是在无声地向大家承认，他也没有办法给一个公司进行更精确的估值了。

6. 关于成长投资

太多的投资者只根据自己对一个公司未来成长性的预测就决定投资这家公司。说到底，一个公司赚钱更快，它的现值就更高。但是成长性导向的投资者会面临几个难题。

首先，这些投资者对自己预测未来的能力都太过自信；第二，那些快速成长的公司，投资者对它们年增长率的细微差别都会在给公司估值的时候带来巨大的不同。还有，当很多人都想要买成长性好的股票时，这个一致性的行为就会把公司股价抬到一个超出其根基的水平上。

投资者经常在评估未来时过于乐观。一个很好的例子就是大家看到公司冲销行为时的反应。这个会计行为使公司可以完全自行进行内部账目的清理，可以马上摆脱自己账面上的不良资产、收不回来的应收账款、坏账，以及任何公司在进行冲销时随之而来重新调整的支出。这种行为是典型的受华尔街分析师和投资者一致欢迎的行为。

坏账冲销过的公司可以交出一份更好的成绩单，回报更好，利润增长幅度更高。然后，这个"粉饰"过的结果就会被算入对未来的预测中，进一步推高其股票价格。然而，投资者不应该轻易把这个公司的坏账历史也随之一笔勾销。

7. 关于反向思维

从本质上来说，价投者就是"唱反调"的人。不被大家喜欢的股票才有可能被低估，流行的股票则几乎从来不会出现这种情况。由于大家对它们的预计都很乐观，这些股票的价格已经被抬得很高了，不大可能有还没被发现的价值。

如果大家都买的股票是没有价值的，那哪里有？在他们卖掉的、没有发现的或者被忽视的股票里。当人们都在卖一个股票时，它的股价就会暴跌到不合理的程度。而那些被忽视的、没有名气的或者新上市的股票，也有可能因为同样的原因而被低估。投资者会觉得很难成为一个"唱反调"的人，因为他们从来不知道自己到底是不是对的，以及何时才会被证明是对的。

由于和大家背道而驰，他们在开始阶段几乎都会被看作错的一方，还会承受损失。相反，跟着潮流走的人在相当一段时间里则表现得似乎是正确的一方。相比起其他人，唱反调的人不仅在最初，甚至在随后的一段时间里都会看起来做错了，因为潮流可以无视公司的真实价值而持续很久。

8. 要做多少研究和分析

有些投资者在做某项投资之前巴不得自己完美掌握了相关的所有知识，他们研究这些公司，直到他们已经对公司了如指掌。他们去研究行业和竞争情况，去联系公司的前雇员、行业资讯和分析师，去熟悉顶尖的经营管理知识。

他们分析公司过去十年，甚至更久之前的财务报表和股价走势。

这份勤奋令人佩服，但有两个缺点。

第一，不管做了多少研究，有一些信息就是找不到，所以投资者要学会接受不足的信息，而不是企图得知所有。

第二，就算一个投资者可以获知一个公司的所有信息，其投资也不一定会因此获利。当然，这不是说基本面分析就没用了，肯定是有用的。大部分投资者力求确定性和精确性，避免难以获得信息的情况，殊不知都在做无用功。低价总会伴随极高的不确定性。

当不确定性被解决的时候，价格也会水涨船高。不要等知道所有信息了才投资。他们承受的不确定性的风险，最后也能为他们带来丰厚的回报。当其他投资者还在苦苦钻研公司之前一个还没应答的细节问题时，他们很可能就错失了用极低价买入一个有安全边际的股票的机会了。

9. 等待最佳的击球机会

巴菲特曾经用棒球类比价投者的自律。一个长期导向型的投资者就好比击球手，比赛中没有出现好球，也没有出现坏球的时候，击球手可以对几十个，甚至几百个击球机会无动于衷，其中不乏别人看到很可能就会挥棒的机会。价投者就是比赛的学习者，不论击中与否，他们都从每一次挥棒中学习经验。

他们不会受别人的表现影响，只关注自己的成绩如何。他们有无尽的耐心，愿意等，直到一次绝佳的击球机会出现在他们面前——一个被低估了的投资机会。价投者不会投资自己没有十分把握的或者那些风险奇大的公司。和价投者不同，绝大多数的机构投资者有一直满仓的强烈欲望。

他们表现得好像裁判一直在让他们挥棒似的，因此他们迫切地感到自己应该每球必挥，为了挥棒的频率牺牲了选择挥棒的效率。许多个人投资者就像业余玩家，单纯地无法分辨哪一个才是好的击球机会。缺乏鉴别力的个人投资者和受限的机构投资者，当得知许多市场参与者也和他们一样，感觉自己应该频繁挥棒的时候，也能从中获得安慰。对于价投者来说，击球不只应在击打区域内，还应该在他的"甜蜜点"里。

当投资者没有被迫在时机成熟前投资的时候，表现才最好。有时候机会来了,但他们可能依然不挥棒,因为在一个普遍估值偏高的市场里,最便宜的那个股票也依然是被高估的。一个安全的投资机会如果有 10% 的回报率和一个同样安全但是回报率有 15% 的投资机会,我们肯定想要选择后者。

有时,许多好机会接踵而至。比如在一个普遍恐慌的市场里,被低估的股票数量就会上升,被低估的程度也会上升。相对的,在一个普遍看涨的市场里,被低估的股票数量和程度都会下降。当好机会充足时,价投者就可以从中认真筛选出他们觉得最具吸引力的机会。但是,当好机会稀缺时,价投者一定要表现出强大的自律性,这样才能保证估值的过程没有错误,不会多花钱。就是说,投资者应该永远避免打坏球。

10. 如何理解安全边际

价值投资需要投资者时时自律,如此才能以非常划算的价格买到实际价值远高于价格的股票,并且能一直抓着不卖,直到其价值被更多人认可。划算是整个过程的关键。由于投资既是科学也是艺术,所以投资者需要安全边际。

考虑到在这个复杂、无法预测又变换迅速的世界里,人人都有可能犯错、运气不好,还可能遭遇激烈的市场波动等因素,当我们能够以远低于一只股票真实价值的价格买下时,就算是有了安全边际了。

格雷厄姆说过:"安全边际的大小取决于你付的钱。任何一个股票,假设某一个价位时安全边际很大,再高一点的时候就变小了,再高一点,就没有安全边际了。"价投者需要安全边际,这样才有空间承受长时间累计下来估值不准、运气不好或者分析错误所带来的损失。

那么究竟需要多大的安全边际?答案因人而异。你觉得自己的运气会有多坏?能承受多坏的运气?你能接受的商业价值波动幅度是多少?你能忍受多严重的错误?归根结底就是,你有多少可输?绝大多数投资者买股票的时候不会考虑安全边际。

那些把股票看作一张张能拿来交易的纸的机构投资者和总是满仓的投资者,是无法获得安全边际的。总是盲从市场趋势和潮流的贪婪的个人投资者亦是如此。

那么投资者如何确保获得安全边际？

（1）永远要以超级划算的价格买入实际价值高得多的股票，比起无形资产，应更偏好有形资产。

（2）当出现了更划算的股票时，替换掉现在手中的。

（3）当某个股票的真实价值开始反映到股价上来时，卖掉换成钱，如有必要，一直抓着，直到你发现新的好的投资机会。投资者需要搞明白的，不仅是自己手上的股票是否被低估，还有为什么被低估。当你再没有理由继续持有某个股票时，你就要明白当初为什么买，现在为什么卖。

（4）找那些会有催化剂的股票，而且是能够直接加速企业真实价值体现的催化剂。优先看那些管理层优秀，并且管理层自己也持有公司股票的公司。

（5）最后，当情况允许，前景不错时，差异化你的持股，套期保值。

第13章

乔尔·格林布拉特

乔尔·格林布拉特在华尔街可以说声名显赫。他是特殊事件投资的标志性人物。特殊事件投资指的是投资那些因为企业拆分、并购、资产重组、破产清算等特殊事项而被低估的股票或者债券。

1985年,"垃圾债券大王"迈克尔·米尔肯给了格林布拉特700万美元的启动资金,格林布拉特创建了自己的对冲基金,即哥谭资本。格林布拉特管理的基金自1985年成立至2005年的20年间,资产规模从700万美元增加到8.3亿美元,年均回报率高达40%,其中前十年(1985—1994年)扣除费用后的年度复合增长率更是高达50%,堪称投资神迹。

格林布拉特在2005年出版了《股市稳赚》(*That Still Beats the Market*)一书,将自己的投资经验浓缩为一个简单易懂的"神奇公式":从资产收益率高和市盈率低的综合排名中,选择前20~30只股票,形成一个组合,分别买入并持有一年后卖出。这个公式完全符合价值投资的本质:用便宜的价格买入好企业。

一、人生经历

格林布拉特1957年出生于美国纽约的一个犹太家庭,家里从事制鞋业。他从小就对如何做生意很有兴趣,家庭晚餐讨论的话题也经常是如何做生意。他的父母希望他能当律师,这是许多美国犹太家庭为子女首选的职业方向之一。

1980年,格林布拉特在宾夕法尼亚大学沃顿商学院获得MBA学位,之后格林布拉特选择去斯坦福大学学习法律。

当时的沃顿属于有效市场理论学派，课堂上讲的都是有效市场理论。该理论认为，在法律健全、功能良好、透明度高、竞争充分的股票市场，一切有价值的信息已经及时、准确、充分地反映在股价走势当中，其中包括企业当前和未来的价值，除非存在市场操纵，否则投资者不可能通过分析以往价格获得高于市场平均水平的超额利润。但格林布拉特对这套理论无法认同。学校里所学的知识根本无法解释每天在报纸上看到的各种证券市场新闻。这些实时新闻让格林布拉特认识到，股票价格大多时候是很狂野的，建立在完全理性基础上的有效市场理论，存在很大的问题。

大三那年，他偶然读到了一篇格雷厄姆的文章。从此他的投资理念发生了彻底的改变，投资就是要弄清楚一个东西值多少钱，然后花很低的价格买下来，留足安全边际。

格雷厄姆的文章，如同平静的天空中划过的一道闪电，点亮了格林布拉特心中的灯。他完全认可格雷厄姆的理念，由于人的情绪化，经常能在市场上买到便宜货，投资者可以不断地以低价买入。于是，他开始如饥似渴地阅读各类有关格雷厄姆投资理论的内容，也因此了解了巴菲特。

他开始和一些志同道合的朋友用格雷厄姆的方法来筛选股票。当时仍是计算机发展的早期时代，格林布拉特和朋友们一起开发了一套用计算机来运行格雷厄姆公式的程序，找到了一批低于清算价值的股票。靠着这套程序，格林布拉特从父亲的朋友那里融到了25万美元，开始管理资金。这是他第一次资产管理的经历。在斯坦福修习法律的第一年里，格林布拉特继续运营这个小基金，用"捡烟蒂"的方法赚了不少钱。

这期间他更加确定了自己的志向并不在法律，于是他放弃了法学院，转投华尔街，在贝尔斯登找到了一份期权交易员的实习工作。虽然期权交易很有趣，但格林布拉特并没有打算将此作为终身的职业。

不久他加入了一家刚成立的对冲基金，主要做风险套利。然而，风险套利的原理，在本质上与格林布拉特骨子里认同的格雷厄姆理念完全不同。价值投资倡导的是在投资时，如果失败，不要损失太多钱，但是如果成功了，则可以赚很多钱。而风险套利则是，如果失败了，可能损失15美元，成功了却只赚 1 美元或 75 美分。当然风险套利赚这点利润所花的时间很短，所以年化收益率仍然很高。

这种赚钱方式在失败时所承受的代价与格林布拉特的理念不符。很快，他转向其他一些当时看来有点古怪的交易。这些交易因为古怪、复杂，少有人关注，却令他着迷，也为他带来了丰厚的回报。

1985 年，格林布拉特以 700 万美元的启动资金创建了自己的对冲基金，取名为哥谭资本。这只基金的启动资金大部分来自"垃圾债券大王"迈克尔·米尔肯。

初出茅庐的格林布拉特从起步就展现出天才般的投资能力。人们非常好奇格林布拉特 10 年费前年化 50% 的收益率是怎么做到的，在一次采访中他给出了自己的秘诀。

首先，要保持小规模，在运行 5 年后，由于规模增长太快，他返还投资者 50% 的资金。

其次，要集中。当时他的组合中 6～8 个投资占了 80%。市场中回报风险比很高的机会是异常稀少的。大约 10 个初选机会里只有 1 个才能提供超乎寻常的风险回报比。格林布拉特不希望因为自己承担了风险而获得收益，而是希望赚钱的原因是自己比别人做更多的功课而找到了那些不受关注的机会。也正是这样的原因，这些机会并不多。

最后，他谦虚地承认了运气在自己业绩中的重要作用。

关于如何分配组合里各个投资的权重，格林布拉特的秘诀是向下看，而不是向上看。

通常情况下，组合的最大仓位不是所选出的最好公司，也不是那些他认为能赚最多钱的投资。权重分配需要衡量的是在这个投资上会亏多少钱。如果这个投资不会亏损很多，那就可以放比较大的仓位。如何定义亏损呢？格林布拉特的方法是在不加杠杆的情况下，等待一到两年的时间，会亏损的程度。简言之，他在权衡仓位时看重的是让自己的资产承担了多少风险。所以，对格林布拉特来说，最理想的能放很大仓位的投资是一门能不断产生现金的好生意，外加一点向上的利好，而不是那些看起来能够产生 10 倍收益的公司。

格林布拉特早期的投资生涯并非一帆风顺，也曾遇到至暗时刻。1986 年，他参与了几个并购融资交易。看起来投资的公司并不一样，但是他最后发现赌的都是同一件事情，也就是并购融资最终能否达成。而他所投资的并购融资都未能最终达成。这些交易让他损失了不少钱。幸运的是，原本当年格林布拉特获得了 80% 的收益，由于这些并购交易的损失，最终当年仍获得了 30% 的收益。这是一个痛苦的过程，让格林布拉特学会了保守。在随后的 1987 年，当他感觉到市场不佳时，迅速出清了大量持仓。这也是他职业生涯中唯一一次做对的大方向择时。在 1987 年的股灾后，他当年仍然获得了 30% 的收益。而同期曾经与他一样策略的基金都遭受了很大损失。这让格林布拉特学会了在投资决策时想一想，如果世界末日来临了，是否还会想要持有这样的投资组合？

在经营这个知名基金 10 年后，格林布拉特获得了费前年化 50% 左右的收益率，但他毅然选择退回了所有外部投资者的资金。这不是因为投资不佳或是投资者责难，而是因为基金短期的业绩波动给格林布拉特内心造成的压力。在基金运营后的两年里，格林布拉特让亲戚朋友们都投资了自己的基金，但是在他们投资后的 6 个月遭遇了 17% 的下跌。这让他难过到简直要杀了自己。他说，他是如此热爱投资这件事情，希望享受这个事业的每一个过程，不愿意因为管理别人的资金而带来巨大的压力。

在投资的进化中，格林布拉特也像很多价值投资者那样经历了从格雷厄姆向巴菲特的进化。早期，他也是像格雷厄姆那样强调绝对的安全边际，而巴菲特让他看到了好公司对于安全边际的增强作用。如果买到的是好公司，买入后的安全边际是不断增强的，如果买到的是差公司，它的安全边际则将逐渐下降，这样的话，哪怕当时是非常安全的安全边际，一段时间后，也会变得不那么安全。所以价值投资的本质，是在优质的基础上尽量低价，而不是一味地寻找低价。

二、畅销作家

提到格林布拉特，不得不提他的书《股市天才：发现股市利润的秘密隐藏之地》（You Can be a Stock Market Genius）。很多人是从这本小册子开始认识他。投资以外，他也热衷写作。他自己从格雷厄姆的著作中获益良多，也希望通过写作将他自己的投资心得分享给更多人。特别是在 1996 年他开始在哥伦比亚大学教书后，这种写作的欲望更加强烈。在这本书中，他忠实地记录了自己投资活动中的故事以及当时的所思所想，他把它们称为"战争故事"，可见这些故事的惊险程度。例如，他写过一个佛罗里达主题公园并购投资案例，这是他最早的投资之一。买入后，主题公司出了诸如池塘里发现了鳄鱼之类的种种问题。他回想起这些故事时，希望人们是当听故事一样了解这件事，而不是作为投资人来亲历。

虽然《股市天才》一书大获成功，但是格林布拉特发现读懂这本书需要一定的专业知识，普通人很难看懂。为了让普通人也能从他的投资理念中受益，他紧接着写了第二本书《股市稳赚：战胜市场的小册子》（*The Little Book That Beats the Market*），让普通人能够理解投资选股的基本概念和方法。在这本书里，他向人们介绍了自己开发的选股"神奇公式"。

格林布拉特的另一本书是《价值投资的秘密：小投资者战胜基金经理的长线方法》（*The Big Secret for the Small Investor: A New Route to Long-Term Investment Success*），希望能进一步教会普通人投资。格林布拉特认为，与大机构相比，个人投资者的优势是耐心。背后的根源是代理人问题。即使对于最长期的投资者，例如大学捐赠基金之类的投资者，在投资时要经过层层的代理人，才到最后的基金管理人。代理人常常被要求打败某一个基准，导致他们不能长期坚持某个策略，而个人投资者可以非常了解自己所要投资的标的，不去关注短期的涨跌或自己的业绩，更长期地去看待投资。所以，个人投资者其实具有更长期的视野。

三、神奇公式

格林布拉特在 2005 年出版了《股市稳赚》一书，将自己的投资经验浓缩为一个简单易懂的"神奇公式"。

（1）格林布拉特选择的第一个指标是收益率。

$$收益率 = 息税前收益 /（市值 + 净有息负债）$$

"市值+净有息负债"代表买下这个企业的总付出（EV），即总市值加上买下企业后需要承担的原有债务。这个百分比说明这个生意目前买下来，能够带来什么样的回报率。为什么不用市盈率呢？因为市盈率中的分母每股收益不如息税前收益（EBIT）更能说明企业的总体盈利能力。

（2）格林布拉特选择的第二个指标是资本回报率。

$$资本回报率 = 息税前收益 / 净有形资本$$

$$净有形资本 = 净营运资本 + 净固定资本$$

为什么用资本回报率（ROIC）而不是平常运用较广的净资产回报率（ROE）？因为如果一个企业大量举债，即使毛利率和净利率都较低，也有可能获得高ROE，但是不平衡的负债结构会让企业长期盈利的难度较大。而ROIC衡量的是所有投入企业的各种资本，能够创造的收益。所以，ROIC更能说明企业生意的好坏。

（3）格林布拉特将股票分别按照ROIC和收益率进行排序，分别可以得到两类排名，再将某股票的两个排名序号相加，得到总排名。然后将资金平均分配到一定数量的综合排名在前列的股票上。

假设某股票的ROIC排在第15名，收益率排名为第28名，这样这只股票的综合得分为15+28=43。

把所有股票的综合得分按照从低到高的顺序进行排列，就是"神奇公式"。

（4）格林布拉特建议，普通的非职业投资者可以选择综合排名前30的股票，每只购买1/30的资金，可以获得平均收益，并且风险较小。而职业投资者可以根据自己的实际情况，在排序靠前的名单中斟酌选择。

虽然格林布拉格在20多年的实践中，运用"神奇公式"获得了年均40%的收益率，但"神奇公式"也不是万能的。以下是格林布拉特针对"神奇公式"进行的一系列测试统计。

根据"神奇公式"进行的一年期投资组合的收益率表现：在每12个月中，会有5个月低于市场平均水平，每4年就会有一年低于市场平均水平，每6年至少会有两年连续表现不佳，在整个17年中，"神奇公式"甚至有连续3年低于市场平均水平，但这并不影响格林布拉特取得令市场瞩目的复合收益率。

根据"神奇公式"进行的两年期投资组合的收益率表现：所选择的投资组合在每 6 年中会有一次表现低于市场平均水平，听起来不是太坏，但是连续两年表现不佳，确实让投资人难以接受。

根据"神奇公式"进行的三年期投资组合的收益率表现：如果投资人完全遵循"神奇公式"，就没有出现亏损的情况。在 17 年中，总计 169 次的三年期测试中，"神奇公式"最差的收益率是 11%，而市场在最差的三年中，平均收益水平为亏损 46%，跑赢市场 57 个百分点。

综上所述，正如格林布拉特所说，"神奇公式"只有从长期看才会有效，但大多数投资者往往很难坚持一个连续几年都不见效的投资策略。要想"神奇公式"产生作用，必须保持一个长期的投资眼光，要对神奇公式有信念感。

当然，"神奇公式"也并非是万能的。在 2008 年的金融危机中，通过该公式选出的股票在 2008 年下跌的幅度几乎和整体市场一样多。格林布拉特也承认，2008 年是困难的一年，"神奇公式"选出的公司在短期内不会有比市场更好的防御波动的能力。而且通过"神奇公式"选出的股票，一般都是短期内前景不明朗或最近一直被市场认为比较悲观的股票，它们正是被市场抛弃的股票。

但是观察更长时间的表现，通过"神奇公式"选出来的股票在 2009 年的反弹远比标准普尔 500 指数的反弹强得多。用格林布拉特的话说，在持股期间，市场可能会出现千变万化的情况，但在较长的时期里，"神奇公式"的效果是显著的，应该可以带来两倍或三倍于市场的回报率。

"如果你采取这一策略，就必须决心继续这样做三到五年，只有这样'神奇公式'才会发挥功效。"另外，格林布拉特还建议投资者每隔 2～3 个月就根据"神奇公式"的最新结果调整持仓组合。

四、投资策略

格林布拉特非常崇拜巴菲特，他曾深入研究巴菲特的投资理念，尤其注重考察巴菲特投资案例中对公司估值水平的测算。但他并没有照搬巴菲特的投资操作，因为他发现了另外的投资策略。

投资大道之价值为锚

1. 投资于特殊事件

企业在常规活动中可能创造出很多投资机会：拆分、合并、重组、破产、认股权配售、资产出售和分配等。在这些活动中，一些证券被创造出来，而被迫接受的投资者会因各种原因在上市不久就立即抛售，从而导致供需极其不平衡，使证券价值短期内被严重低估。

比如维亚康姆兼并派拉蒙通讯案例中，维亚康姆的支付分两部分，一半是现金，一半是各种各样的证券，而其中几个证券要花几个通宵的时间才有可能搞清楚价值。再加上这些证券占整个支付金额的比重极低，而有些机构投资者还无法拥有，因此这些证券自上市开始就被一个劲儿地卖出，造成严重低估。所以这个兼并案虽然被广为报道，但绝大多数投资者还是错失了最大的获利机会。

2. 把握估值的核心

格林布拉特在哥伦比亚大学常年开设一门专讲价值投资的课程，主要内容就是讲解如何对公司进行准确估值。他反复叮嘱学生：正确地评估公司的价值，然后等股价落入安全边际后买入，耐心地等待股价回归合理价值。他的投资方法就是把握估值的核心，到处寻找这类投资机会。

2000年，美国股市出现互联网泡沫，价值投资理念被广泛质疑，当时格林布拉特在《华尔街日报》呼吁：价值投资没有死，它在价值投资者俱乐部网站活得好好的。他不是说大话，不久后互联网泡沫破灭，大盘暴跌，很多投资人损失惨重，而格林布拉特的股票市值在2001年翻了番。

3. 在人少的地方找机会

2015年，资本大鳄霍华德邀请格林布拉特去沃顿商学院做演讲，在谈话中，格林布拉特讲到了这个投资策略，声称他要找的是那种赚可以赚1块钱，但亏就只亏1毛钱的机会。可以说，是在人少的地方找机会，抓住那些容易被人忽视的投资机会。

这个策略在其著作《股市天才》中有详细说明，格林布拉特在书中举了自己岳父岳母的例子：他们一年里有几个月住在康州，主要是淘古玩，经常参加各种拍卖会，物色便宜的古董。他们在一场拍卖会上看到了一幅画，在其他拍卖会上，他们看过相似作品、相似尺寸、相似题材的画作，但成交价是现在这幅画的两三倍。他们就会出手买下来，不会研究这幅画能不能成为下一个毕加索作品，因为要找下一个毕加索太难了。

4. 买便宜的好公司

格林布拉特在投资生涯的前十年意识到：好公司的"好"中包含长期成长性。所以他越来越倾向于巴菲特的投资方法，买那些又好又便宜，而且具有长期发展前景的公司。他在沃顿商学院读研时和同学一起研究过买廉价股的策略，研究表明，只要买得够便宜，赚钱不是问题。

他对价值投资的定义是弄清楚值多少钱，然后在很低的价格买入，与低市净率和低市销率无关。他认为价值和成长的界限并不像罗素或晨星等机构划分的那样泾渭分明，或许价值股成长性较低，成长股成长性较高。总之，他就是找便宜的好公司。格雷厄姆也说过，研究明白值多少钱，在很低的价格买下来，在二者之间留足安全边际，价格和价值要相差足够大。

五、价值俱乐部

格林布拉特另一件令人广为称道的事情则是创立了纽约价值俱乐部。早在1999年互联网还是新兴事物时，格林布拉特想到了在互联网上创立价值俱乐部的想法，让互不相识的网友们在网上讨论投资想法。在此之前，投资者们热衷上的是雅虎讨论室里的股票板块。然而，在格林布拉特看来，雅虎上的内容参差不齐。但是，雅虎的股票板块确实让格林布拉特产生了建立价值俱乐部网站的想法。他曾经感到很孤独，认为自己是华尔街上唯一看到某些机会的人。但是，他在雅虎的股票板块中找到了同样看到并深入研究这些机会的人，有一种惺惺相惜的感觉。于是，价值俱乐部网站应运而生。

在网站上，人们可以发表自己的投资想法。格林布拉特会将那些有着优秀想法的朋友邀请进俱乐部。他也邀请了自己课上优秀的学生加入俱乐部。这是一个极难加入的组织，比起哈佛的低录取率有过之而无不及。目前它有500多名成员，录取率为2%～3%。

虽然并不是每个人都能加入俱乐部，但是在价值俱乐部上发表投资想法后，可以得到许多同样聪明的投资者的各种反馈，从而让自己的投资想法更加成熟。

另一个预料外的成果是，价值俱乐部成了对冲基金界的摇篮。格林布拉特从中发现了一些具有潜质的基金经理，并为他们提供早期投资。早期，格林布拉特会参与孵化这些基金，并获得它们的一些股权。然而现在他更倾向于仅仅是投资这些基金，而不占股权，因为孵化基金所占的精力太多了。格林布拉特尤其偏好接近于他早期风格的基金经理，也就是集中买入6～10只股票的风格。

六、"神奇公式"的延伸思考

有位投资者在格林布拉特"神奇公式"的基础上，进行了自己的思考。

巴菲特从收购喜诗糖果开始，便开始从烟蒂型投资者蜕变为企业投资者，"用合理价格买入优秀企业"也成了股神的座右铭。这位投资者仔细分析了巴菲特投资喜诗糖果的案例，发现了一个有趣的现象，当时买入喜诗糖果的净资产收益率（ROE）是25%，巴菲特的买入市盈率（PE）是12.5倍。如果不考虑 ROE 是个百分数的话，那么买入 PE 刚好就是 ROE 的"一半"。也就是说：PE/ROE=0.5。不过巴菲特从未给出过喜诗糖果的"内在价值"，所以，这个"一半"也只是猜测。

巴菲特在买入喜诗糖果后尝到了甜头，又在1987年股灾之后的两年时间里，陆续买入了可口可乐。1988年，可口可乐的 ROE 是31%，巴菲特的买入 PE 是14.7倍。1989年，可口可乐的 ROE 是46%，巴菲特的买入 PE 是15倍。这位投资者再次用 PE/ROE 试了试，1988年的计算结果是0.474，1989年的计算结果是0.326。两年的计算结果平均下来，差不多是0.4。非常巧合的是，从那时起，用"40美分买入1美元"就成了巴菲特的口头禅。所以，PE/ROE 有很大可能就是巴菲特计算内在价值的工具，但他从未公开过这一点，所以这只是一种猜测。

受此启发，这位投资者发明了一个叫作"市赚率（PR）"的估值参数，公式为 PR=PE/（ROE×100）。当市赚率等于 1 为合理估值，大于 1 为高估，小于 1 则为低估。

他继续研究巴菲特后续的投资案例，发现巴菲特绝大多数的投资案例都符合市赚率低估标准，并且几乎都是在 4～6 折这样的折扣区间买入的。

后来巴菲特把苹果公司股票买成了第一重仓股。2016 年，买入 PE 是 13.19，当年 ROE 为 36.90%，市赚率为 0.357。2017 年，买入 PE 是 14.54，当年 ROE 为 36.89%，市赚率为 0.394。两年平均下来，约等于 0.375，基本符合巴菲特的买股习惯。

同样的，2023 年第一季度，巴菲特买入帝亚吉欧，买入 PE 是 25，当年 ROE 为 44.22%，市赚率为 0.57。2023 年第二季度，巴菲特买入霍顿房屋，买入 PE 是 10.5，当年 ROE 为 22.55%，市赚率为 0.47，全部符合巴菲特 4～6 折的买股习惯。

2023 年第三、四季度买入安达保险。为了保密，巴菲特获得美国证监会的特别批准，直到 2024 年第一季报发布之后，人们才知道巴菲特把安达保险偷偷买成了第九重仓股。根据股票软件显示，安达保险 2023 年第三、四季度的平均价格约为 210 美元，每股利润则为 21.97 美元，巴菲特的买入 PE 约为 9.56，当年的 ROE 为 16.41%，市赚率为 0.58，仍然符合 4～6 折的买入标准。

我非常敬佩这位投资者的分析，也认可其观点：这有可能就是巴菲特秘而不宣的买股秘诀。股神一直在使用，但从未公开示人，其实可以理解，任何人都不想把自己赚钱的方法公布于天下，除非退休后。

简单抄作业是很难做好投资的，所有名垂青史的大师，基本都是经过自己独立深刻的思考，最终找到了适合自己的路。

任何独立思考的投资者都是值得尊敬的，这里向这位投资者致敬。

第 14 章

菲利普·费雪

菲利普·费雪，一个在投资界留下永恒印记的名字，以其鲜明的投资理念和非凡的投资成就，被誉为成长股投资之父。费雪的投资哲学影响深远，不仅在他的时代产生了革命性的影响，就算至今全世界也依然遍布他的拥趸。

1987 年，费雪以 79 岁的高龄破例接受了《福布斯》的采访，总结了他一生的投资思想，他说："我不想说我的方法就是投资成功的唯一法则，但是我想，说这话可能有点自负，'成长投资'这个词在我开始投资事业之前还没人知道呢。"

巴菲特曾表示：我的血管里 85% 流着格雷厄姆的血，15% 流着费雪的血。实际上，巴菲特的投资生涯越到后期，其投资理念越接近费雪。

一、精彩绝伦的一生

1907 年 9 月 8 日，菲利普·费雪出生于美国加利福尼亚州三藩市。

费雪很小的时候就知道了股票市场的存在以及股价变动带来的机会。费雪上小学时，有一天下课后去看望祖母，伯父正与祖母谈论未来工商业的景气，以及股票可能受到的影响。

费雪说："一个全新的世界展开在我眼前。"两人虽然只讨论了 10 分钟，但费雪听得津津有味。不久，费雪就开始用自己的零花钱买卖股票。

20 世纪 20 年代是美股狂热的年代，费雪也赚到了一点钱。然而他父亲对于他买卖股票的事情很不高兴，认为这根本就是赌博。

1928 年费雪毕业于斯坦福大学商学院。1928 年 5 月三藩市国安盎格国

第14章 菲利普·费雪

民银行到商学院招聘一名主修投资的学生,费雪争取到了这个机会,受聘于该银行当一名证券统计员,正式开始了他的投资生涯。

1929年美股仍然涨个不停,但费雪评估美国基本产业的前景时,见到许多产业出现供需问题,前景相当不稳。

1929年8月,他向银行高级主管提交一份名为"25年来最严重的大空头市场将展开"的报告,这可以说是一个年轻人非常令人赞叹的股市预测,只可惜费雪自己却看空做多。他说:"我免不了被股市的魅力所惑。于是我到处寻找一些还算便宜的股票,以及值得投资的对象,因为它们还没涨到位。"

他投入几千美元到3只股票中。这3只股票均是低市盈率股,分别是火车头公司、广告看板公司和出租汽车公司。不幸的是,美股最终崩溃。尽管费雪预测股市将暴跌,但是他持有的3只股票也好不到哪里,损失惨重。

1930年1月,费雪当上部门主管。不久,一家经纪公司高薪来挖费雪。这家经纪公司给予他相当大的自由,他可以自由选取股票进行分析,然后将报告分发给公司的营业员参考,以帮助他们推广业务。干了8个月公司就倒闭了,股市崩溃给金融行业带来的冲击是巨大的。

费雪又干了一段时间的文书作业员,他觉得没什么意思,之后再也按捺不住,要开创自己的事业了。费雪所向往的事业是当投资顾问,管理客户的投资事务,向客户收取费用。

1931年3月1日,费雪终于开始了投资顾问的生涯,他创立费雪投资咨询公司。最初办公室很小,没有窗户,只能容下一张桌子和两张椅子。到1935年,费雪已经拥有一批忠诚的客户,其事业亦获利可观。其后费雪的事业进展顺利。

珍珠港事件之后太平洋战争爆发,美国被卷入第二次世界大战。费雪于1942—1946年服役3年半。他在陆军航空兵团当地勤官,处理各种商业相关工作。服役期间,费雪思考着如何壮大自己的事业。战前,费雪投资咨询公司服务大众,不管资金大小;战后,他打算只服务于一小群大客户,以便集中精力选取高成长的股票。

从军队退役后费雪的投资顾问事业重新开张。1947年春,他向客户推荐道氏化工,这是他花了三个月调研的结果。

1954—1969 年是费雪最为高光的 15 年。他所投资的股票升幅远远超越指数。费雪最为经典的投资案例是投资德州仪器和摩托罗拉。持有德州仪器 15 年，股价翻了 30 倍，持有摩托罗拉 21 年，股价上涨了 19 倍。

1961 和 1963 年，费雪受聘于斯坦福大学商学院，教授高级投资课程。

1999 年，费雪接近 92 岁才退休。

2004 年 3 月，一代投资大师与世长辞，享年 96 岁。

根据费雪的儿子肯尼斯·费雪的回忆，费雪不是很合群，朋友也不多。费雪到了晚年因为担心不工作会早死，所以坚持工作，但是晚年的成绩比较糟糕，后来还患上了老年痴呆。不过他活到了 96 岁，算得上非常长寿了。

费雪的投资成就主要体现在他对成长股的深刻洞察和长期投资的卓越眼光上。他的投资策略帮助客户实现了可观的回报，也使他的投资咨询公司声名远扬。

尽管具体的数字没有公开，但据报道，费雪的投资顾问公司取得了平均年化收益率 20% 的业绩记录。在他的投资生涯中，费雪重仓投资的股票只有 14 只，其中收益最少的也有 7 倍。他个人最主要的持股是德州仪器和摩托罗拉。

费雪是长期持有成长股投资理念的倡导者。同样属于价值投资者，但费雪更偏重于研究企业的成长性，被誉为"成长股投资之父"。他的投资精髓可以概括为：以不太贵的价格购买能持续快速增长的公司，长期持有，享受公司年复一年盈利增长带来的超额收益。

二、经典投资案例

1. 德州仪器投资案例

1955 年，费雪买入德州仪器时，正是后来持续了 15 年的"电子类股票第一个黄金时代"的开端。那时除了国际商业机器公司（IBM 公司）之外，科技领域的大公司寥寥无几。但费雪意识到这个汇集了人类顶尖智慧的半导体行业，前途无量。

在 1955 年下半年，他以 14 美元左右的价格，用了比较重的仓位买入市盈率 20 倍的德州仪器。

1958 年，德州仪器研制出世界上第一款集成电路芯片，股价一路长红。费雪看的是长期成长、真正能长大的优秀公司，他买入德州仪器，也是作为一个长期的投资来对待。

当德州仪器涨到 28 美元时，客户曾给他压力，让他卖掉一些。而当德州仪器股价上涨到 35 美元时，客户继续施压，说卖一些吧，可以在下跌的时候买回来。费雪最终说服了客户继续持有一部分，卖出其余的部分。尽管几年后该股票出现了一次大幅度的下跌，价格从最高点下跌了 80%，但这个新的最低点仍然比"卖点"高出至少 40%。费雪说，除非有更好的投资机会，否则不会换股。

到了 1962 年，德州仪器的股价相比 1955 年已经上涨了 14 倍。

1967 年，德州仪器发明了手持计算器，股价在随后几年再次创出新高，比 1962 年的高点高出一倍以上。换言之，费雪在德州仪器上获得了超过 30 倍的投资收益。如今德州仪器在经历与当年仙童半导体等强劲对手的激烈厮杀后，最终成长为全球闻名的半导体公司之一。

费雪说自己很喜欢也很尊重德州仪器公司的人员，认为公司具有与通用电气、美国无线电公司、西屋等巨头竞争和分庭抗礼的实力。而且仔细研究了德州仪器之后，他认为非常符合他的十五条选股原则。

2. *摩托罗拉投资案例*

摩托罗拉是一个曾经响当当的名字。这家传奇公司的起点是在 1928 年，摩托罗拉的前身是加尔文制造公司。

在创办的第三年，创始人之一的保罗·加尔文推出了第一款在商业上大获成功的车载收音机，并把这款收音机命名为"摩托罗拉"，它成了公司的新名字。

之后，摩托罗拉在通信业一路开挂。

1940 年，摩托罗拉研发的手提无线对讲机 SCR536 成了二战时的前沿阵地标志。

1941年，摩托罗拉推出首个商用车载对讲系统。

1947年，第一台Golden View电视机面世，它是美国国内第一台售价低于200美元的电视机，一年内销量超过10万台。

1955年，成为全球第一个使用商用大功率晶体管的公司。

1969年7月，阿波罗11号飞船安装了摩托罗拉的无线应答器，用于传递地球与月球间的语音通信和电视信号。

1955年下半年，费雪开始大量买进摩托罗拉的股票。

当时正值二战之后，美国经济持续高涨，整个20世纪60年代被称为"繁荣的十年"，小汽车激增到9000万辆、黑白电视机6300万台、彩色电视机2700万台。

摩托罗拉就是这一片长长雪道上，滚得最快的那一颗"雪球"。

1955年可视为前后约15年的"电子类股票的第一个黄金时代"的开端之年。这个观点出自费雪。正是有了对大环境这样的判断，费雪才全力地在电子类股票中挖掘成长股。

费雪认为，"那时候，摩托罗拉在半导体业内的地位微不足道。根本没什么因素促使我去买这些股票。我只是对摩托罗拉公司的人，以及这家公司在移动通信事业上居于主宰地位，有深刻的印象。通信事业看起来潜力雄厚，可是金融圈视它为一家电视机和收音机制造商。这完全忽视了摩托罗拉的一个非常重要的部门，就是当时已经占了其半壁江山的通信部门。"

很明显，费雪看懂了摩托罗拉的未来，以及它不一样的价值。

这就是费雪投资理念的精髓之一：逆向投资。关于摩托罗拉这笔交易，费雪还贯彻了他的另一个理念：长期持有。

费雪持有摩托罗拉的股票长达20多年，在此期间，美国经历过经济滞涨、石油危机、美苏争霸、越南战争，等等。

他一直持有，坚定看多，其间股价上涨了19倍，每年平均增长率为15.5%。

三、主要著作

费雪主要写了 4 本书，分别是：①《普通股票和非凡利润》（*Common Stocks and Uncommon Profits*）（1958 年）；②《股市投资致富之道》（*Paths to Wealth through Common Stocks*）（1960 年）；③《保守型投资者高枕无忧》（*Conservative Investors Sleep Well*）（1975 年）；④《发展投资哲学》（*Developing an Investment Philosophy*）（1980 年）。

1958 年，费雪的第一本著作《普通股票和非凡利润》出版。这本书出版不久，便迅速登上《纽约时报》畅销书排行榜，成为有史以来第一部取得如此成就的投资著作。这种选择成长股的成长型投资也逐渐成为全球股市的主流投资理念之一。性格偏执的费雪，似乎强化了他处女座特性中的完美主义和从一而终，他总是精选那种特别完美的公司，然后"死了都不卖"。就像他参军时在阿肯色州的小石城遇到妻子，几星期后就求婚，两人一直相伴到老。

《普通股票和非凡利润》是当年费雪为客户而写的，好让他们理解自己的投资理念，减少对他投资的干扰，没想到成就了一本佳作。这本书详细讲解了"闲聊法"、买进优质成长股的十五条法则等，是研究成长股投资不可绕过的大门。

现在国内流行的费雪著作是《怎样选择成长股》，其英文名其实是 *Common Stocks and Uncommon Profits and Other Writings*。这其实不是一本书，而是三本书，是上述①③④的合集（翻看目录也会发现这一点）。

费雪的第二本著作叫《股市投资致富之道》。费雪这本书总体而言不如第一本精彩，主要是作为第一本书的补充。这本书有两个特点。

（1）对费雪第一本书的理论补充与拓展。

（2）有一些受限于时代的内容，比如他很详细地讨论化学行业、电子行业的特征机会——那是当时最重要的成长行业。

相较之下，费雪的第一本书更能够穿越历史周期，成为传世经典，与格雷厄姆的著作齐名。

费雪的第三本著作《保守型投资者高枕无忧》出版于 1975 年。这本书可以称作《普通股票和非凡利润》的姊妹篇，两本书的主要内容在很多方面浑然一体、紧密相连，阐述了费雪经过多年投资实践总结得出的，如何选出正确的公司进行投资的经验。

四、投资座右铭

费雪的投资座右铭是英国诗人约瑟夫·鲁德亚德·吉卜林（Joseph Rudyard Kipling，1865—1936年）的著名诗歌《如果》。

本章的最后，就让我们以这首诗作为结尾，一起感悟费雪的投资世界。

如果

吉卜林（英）

如果在众人六神无主之时，
你镇定自若而不是人云亦云；
如果被众人猜忌怀疑之日，
你能自信如常而不去妄加辩论；
如果你有梦想，又能不迷失自我，
如果你有神思，又不致走火入魔；
如果你在成功之中能不忘形于色，
而在灾难之后也勇于咀嚼苦果；
如果听到自己说出的奥妙，
被无赖歪曲成面目全非的魔术而不生怨艾；
如果看到自己追求的美好，
受天灾破灭为一摊零碎的瓦砾而不说放弃；
如果你辛苦劳作，已是功成名就，
还是冒险一搏，哪怕功名成乌有，
即使遭受失败，也仍要从头开始；
如果你跟村夫交谈而不离谦恭之态，
和王侯散步而不露诡媚之颜；
如果他人的爱情左右不了你的正气，

如果你与任何人为伍都能卓然独立；
如果昏惑的骚扰动摇不了你的意志，
你能等自己平心静气，再做答对；
那么，你的修养就会如天地般博大，
而你，就是个真正的男子汉了，
我的儿子！

第 15 章

菲利普·费雪成长投资策略

费雪评价自己和格雷厄姆投资方法的不同时,说道:

"投资有两种基本的方法。一种就是格雷厄姆所倡导的,它的本质是找到极其便宜的股票,这种方法基本上可以避免遭遇大跌。他会用财务安全来保证这一点,也许会出现下跌,但是不会深跌,而且迟早价值会使其回归。

"我的方法则是找到真正的好公司——价格也不太贵,而且它的未来会有非常大的成长。这种方法的优点是我的大部分股票在相对短一些的时间内就会有所表现。如果一只股票真的很不寻常,它在短时间内也有可能大幅上涨。"

"价值投资之父"格雷厄姆是"低风险"的数量分析家,他侧重固定资产、当前利润以及红利分析。他的兴趣在于形成容易被普通投资者接受的安全投资获利的方法。为了减少风险,他建议投资者多元化组合,并购买低价股票。

而"成长投资之父"费雪则是"高风险"的质量分析家,他和格雷厄姆恰恰相反,他侧重公司内在价值的分析、发展前景和管理能力。他建议投资者购买有成长价值期望的股票。他建议投资者在投资前做深入的研究、访问。他建议投资者投资组合集中化,这也是因为真正优秀的股票很少,并不像便宜股那么多。

费雪的投资管理顾问公司平均每年报酬率在20%以上,1958出版的《普通股票和非凡利润》一书,至今仍是所有美国投资管理研究所的指定教科书。终其一生,费雪把所有热情投入了成长型股票中,他时时关心并寻找能在几年内增值数倍的股票,或是能在更长周期涨幅更高的股票。

费雪执着于成长性投资,重视公司经营层面的质化特征,此乃现代投管理理论的重要基础。他强调到处闲聊以挖掘可投资标的的"葡萄藤理论"，后来也深受金融投资人及许多基金经理人推崇，并付诸实践。

一、投资理念

1. 拒绝择时，看重内在成长

费雪认为，通过择时，即预测企业的景气周期、市场的萧条和繁荣周期的方法，在 20 世纪 50 年代的美国已经很难再奏效。最正确的赚钱方式，是找到"真正优秀的公司"，在其发展的早期买入，然后坚定持有。长期看，这种方法赚钱远比"择时"赚波动的钱要多得多。

"随意浏览美国股票市场的历史就能发现，人们曾经使用两种截然不同的方法赚取了大量的财富。19 世纪和 20 世纪 50 年代之前，很多人靠着预测企业景气周期而赚到了或多或少的财富。当时的银行体系不甚稳定，导致经济繁荣和萧条交替出现。如果在萧条时买进股票，在繁荣时卖出，则投资获得回报的可能性很高，而那些在金融领域具有良好人脉关系的人尤善此道，因为他们可以事先获得银行体系什么时候会出现紧张状态的消息。

"但我们需要了解一个重要的事实，那就是或许在 1913 年联邦储备系统建立之后，运用这种方法在股市获利的时代已经结束，并在罗斯福总统任内初期通过证券交易管理法之后彻底成为了历史。而使用另一种方法的人，赚了远比以往更多的钱，同时承担的风险也大大低于从前。在早期，如果能找到真正优秀的公司，坚定持有它们的股票，即使是在震荡波动的市场也不为所动，事实表明，运用这种方法赚到钱的人远比用买低卖高法赚钱的人更多，而且赚到的收益也会更高。"

2. 以"闲聊"为核心的实地调研

费雪认为，必须重视"闲聊"，与公司管理层、行业专家和其他相关人员接触和交流，不断了解目标公司是否接近"十五条法则"，才能挑选出真正有成长潜力的公司。

"认识一家公司的管理层有点儿像婚姻：你要真正了解一个女孩，就必须和她生活到一起。在某种程度上，你要真正了解一家公司的管理，也需要和它生活在一起。

"一些人对以上做法（花费大量时间"闲聊"、调查研究）颇有微词，因为曾经有很多次听到他们的观点（认为这种研究方法太耗费时间与精力），所以我也了解他们反对的理由：我们怎么可以为了找到两家值得投资的公司而花费如此惊人的时间呢？我向投资界的专业人士询问一下买什么股票，难道不能得到准确的答案吗？有这些想法的朋友，我想请他们了解一下这个最真实的世界：想一想，有哪种投资，你投1万美元，然后在10年后变成4～15万美元？（这段时间，只偶尔看看公司管理层是不是依然保持优秀）

"只有成功地挑选出高价值的成长股才会有这样的获利。一个人，如果每周只需花一个晚上的时间，躺在舒适的座椅里，浏览一些来自券商的那些只提供只言片语、碎片化信息的免费报告，你觉得可能吗？一个人，如果只是找了一位投资经纪人，一番咨询之后，然后支付135美元的投资顾问费，就能获得这样的利润，你认为可能性大吗？（135美元是在纽约证券交易所以每股20美元的价格买入500股股票所需支付的手续费）就我所知，没有哪个行业赚钱是容易的，股票市场里也同样不简单。"

3. 精选股票，集中投资，长期持有

"我有4只核心的股票，这些是我真正想要的，它们代表了我的投资组合。另外，我还会用少量的钱去买一些有潜力进入核心股票池的股票，通常是5只。目前，我不太确定，如果要我现在买，我会只买其中的2只股票，而放弃另外3只。

"从30年代到现在，我总共只发现了14只核心股票。数量非常少。但是，过去这些年它们为我赚取了惊人的财富，其中最少的一只赚了7倍，最多的一只达到几千倍。

"这14只股票，我持有的时间都非常长。最短一只是八九年，最长的一只有30年。我不喜欢把时间浪费在赚小钱上（买质量不高但短期有机会的股票），我需要的是巨大的回报，为此我愿意恒久地等待。"

费雪认为，小公司抗风险能力弱，很难穿越行业周期。而财力雄厚的成长型大公司，在经济萧条的时候，即便股价下跌，也是暂时的。

"如果投资者拿着一笔对自己和家人来说是非常重要的钱去冒险，很明显应该遵守这样的原则：大部分资金所投的公司，即使不是陶氏化学、杜邦、IBM 这样的大公司，至少也应该是接近这种类型的公司，而不应该是小规模的初创型公司。

"持有财务状况不佳或收支刚刚平衡的小公司的股票，来自经济周期的威胁无论是现在还是过去都很严重。但对财力雄厚或有贷款能力以渡过一两年艰苦时期的成长型大公司而言，在当今的经济环境下即使发生萧条，也只是会导致大公司股价的暂时性下跌。"

4. 拒绝热门股，精选冷门股

费雪认为，当整个市场都在关注一只股票，并趋之若鹜买入时，往往并不是最佳的投资时机。

"当我与客户激烈地争论某项投资时，比如他们不情愿地说好吧，既然你这样说了，那我们就做吧，这种时候的投资应该是恰到好处。如果我说让我们买 1 万股，而他们说为什么不买 5 万股呢，这种时候其实是在告诉你已经买迟了。

"我也不会买市场偏好的股票。假如我去参加某只科技股的会议，会场里面挤满了人，只有站着的地方，那么通常这是个很明显的信号：现在不是买入这只股票的时候。"

5. 专注能力圈

费雪认为，很多投资人的缺陷就是想赚所有的钱，但一个都不精通。

"我的兴趣主要是在制造业（我不喜欢用'科技公司'这个词）的公司，因为他们总能通过对运用自然科学的发现来拓展市场。

"其他领域，比如零售和金融，它们都是极好的机会，但是我并不擅长。我觉得，很多人投资的缺陷就在于他们希望什么交易都涉及，但是一个都不精通。"

6. 关于市盈率

费雪认为，影响个股涨跌的，并不是公司实际发生或者正在发生的事，而是金融界人士对于实际发生或者正在发生的事的看法，这个看法往往与事实并不相同，甚至相差甚远。

问题的核心是理解变幻无常的市盈率。评价是一件很主观的事，它和现实世界中所发生的事情没有必然的关系。相反，这要看做评价的人认为正在发生什么事情，而不管他的判断和事实有多大的出入。

费雪认为，真正优质的公司，即使市盈率高于其基本面应有的水平，也值得持有。而实际上，真正优质的公司，往往市盈率都会较高，总是试图以极低的价格买到真正优质的公司，其实是小概率事件，这样的机会通常不会出现。

"按照我的看法，虽然这些股票的价格看起来很高，但它们通常应该继续持有，一个很重要的理由：如果公司基本面真的很不错，这些公司的利润迟早会上升到一个不仅足以支撑目前的价格，而且还能支撑价格涨得更高的水平。

"真正吸引人的公司凤毛麟角，我们非常难找到价值真正被严重低估的股票。对一般投资者来说，卖出这类股票转而买进那些看起来有些符合前面所说的三个要素，但其实并非如此的股票，其实际风险远高于坚守质地绝对优良，目前价值高估的股票所产生的暂时性风险。因为真正的价值迟早会涨得与目前的价格相匹配。这些价值暂时高估的股票价格偶尔会发生大幅下跌，同意我上述观点的投资者，应做好忍受这种下跌的心理准备。根据我的观察，那些意图卖出这种股票后，希望等到适当的时机再将其买回的人，很少能够达到他们的目的，他们所期待的跌幅，通常不会出现。结果是几年之后，这些基本面很强的股票所到达的价格，远高于当初他们卖出时的价格，他们错失了后来出现的全部涨幅，而且可能转而买入了基本面差很多的股票。"

投资人必须注意，公司的市盈率在一定程度上也受行业的市盈率和整个市场市盈率的影响，投资人在评价的时候需将三个因素结合在一起，才能判断出一只股票在某个时点是便宜还是昂贵。

任何个股在某一特定时间的价格，均由当时金融界对该公司、该公司所处行业的评价以及在某种程度上的股价水平所决定。要确定某只股票在特定时间的价格是否具备吸引力、吸引力大小，主要是看金融界的评价偏离现实的程度。但是，由于整体股票价格水平在某种程度上也会对此产生一定影响，所以我们也必须对一些纯粹金融因素即将发生的变化做出准确预判。在这些纯粹金融因素里，利率最为重要。

7. 对财务数据分析的看法

费雪不赞成通过财务数据分析去寻找廉价股票（与格雷厄姆相反）。

一方面，费雪认为历史财务信息不能反映公司未来的前景；另一方面，即使找到真正廉价的股票，如果成长性不高，未来盈利程度也有限。

"普通投资者往往都认为财务和数据统计是成功投资的核心技能，如果在这些方面投入了足够多的精力，就会找到一些价格非常低廉的股票。其中某些可能真的很适合投资，但其他一些股票所代表的公司可能在未来的经营上陷入困境，而这些未来经营上的问题仅通过统计数字是看不出来的，因此这些股票不但不能算便宜，而且与几年后的价格比起来，目前的价格其实是很高的。

"不仅如此，即使是真正便宜的股票，便宜的程度毕竟是有限的，股价通常需要很长的时间才能回归到反映公司真实价值的程度。就我目前的观察而言，在一段足以做出公平对比的期限内，比如说 5 年之内，那些最擅长运用统计数据发掘低估值股票的投资者最后所获得的利润，同运用一般的智慧，买进管理优秀的成长型公司股票的投资者所获得的利润相比，要少很多。当然，这一研究结果考虑到了成长型股票投资者所买股票未能获得预期中的利润，并且发生亏损的情况，以及寻求低估值股票者买上了并不便宜的股票时产生的损失。"

8. 关于股利

费雪认为，相较于高股利公司，不发放或少发放股利的公司将利润用于再投资，可以给股东带来更大的回报，并且随着公司的成长，股利回报也往往会跟随增长。

"不过，对于希望几年后获得较高收入，而不求马上获得最高回报的大额投资者和中小投资者，他们最好记住在过去的 35 年里，各种金融机构通过无数研究得出的结论——购买提供高股利公司的普通股远不及购买低股利，但注重增长和资产再投资公司股票的收益。据我所知，所有这些研究都表明了相同的趋势：在未来的 5～10 年内，成长型股票的资本增值幅度要高得多。

"更令人吃惊是，同一时间段内，成长型股票通常会提高股利，虽然这些股票的股价已经有所上涨，股利跟上涨后的股价比起来，回报仍然偏低，但和当初仅仅根据收益率所挑选出的股票相比，这时它们的原始投资股利回报已经是比较高的了。换句话说，成长股不仅在资本增值方面体现出优势，而且在一定时间段内，随着公司的不断成长，股利回报同样也有着优异的表现。"

二、选股策略

费雪提出了选择成长股的十五条法则。鉴于这部分内容极为重要，下面将详细分析，以加深大家的理解。

1. 公司产品是否具备市场竞争力使得未来几年业绩能大幅成长

即使是最出色的成长型公司，也不能指望它每年的销售额都能比前一年有所增长。所以说，不应该以年为单位来衡量销售额的成长情况，而应该以几年为一个单位来考虑。

那些数十年来始终保持着惊人的成长速度的公司大体可以分为两类，其中一类属于"幸运而且能干"，另一类属于"因为能干所以幸运"。对于这两类公司而言，其管理层的非凡能力都是必需的。没有一家公司仅仅是因为运气不错就能保持长期的高增长，它必须拥有，而且是持续地拥有杰出的经营管理才能，否则将没办法掌控它的好运气，也没法保持自己的优势地位不受竞争对手的威胁。

不管公司属于哪一类型，投资者都必须留意审视管理层是不是在目前以及未来一直都很能干，如果不是，公司销售额将无法继续增长。对于投资者而言，正确判断一家公司的长期销售额曲线是极为重要的，肤浅的判断会导致错误结论。当我们在分析一家公司未来的销售额增长曲线时，有一个因素应该时刻牢记于心：如果一家公司的管理层非常优秀，而且整个行业将会在技术上发生重大的变革，公司的技术研发也在稳步进行，那么精明的投资者

第15章 菲利普·费雪成长投资策略

就应该提高警惕,留意公司的管理层有没有能力妥善地把握这些机会,为公司创造出理想中的销售额增长曲线。

2. 公司业务空间是否足够大,如果增长潜力有限,是否有其他利润增长点

有些公司因为目前的产品线有新需求,未来几年的成长展望很好,但依公司的政策和经营计划,产品线不再进一步开发,则优异的盈利能力可能仅是昙花一现,它们不可能在10年或25年内,源源不断地带来利润。

公司的工艺或研究,如能在相当大的程度内投入和公司目前营运有若干关系的产品,则投资人的收获通常最大。

一家公司的研究如能围绕每一个事业部,有如很多树木各从自己的树干长出树枝,成果通常比一家公司从事许多不相干的新产品好得多。后者的新产品研制成功后,公司势将踏入与现有事业无关的新行业。

3. 公司的研发能力是否和当前规模和未来增长相适配

新产品和新工艺的迅猛增长不再是只靠某一位天才就能完成,而是必须让受过合格训练的工作团队里的每一个人各展其长,每个人的技能只是所产生的优秀结果的一个组成部分。

团队里当然也需要一位领导者,在不同背景、不同能力类型的研究者中发挥协调作用,使得他们为共同的目标努力。因此,即便是一家公司研究人员的数量很多并且声望卓越,如果缺乏好的研发领导者,那么团队运作所获得的效果和别的优秀公司比起来,可能会相形见绌。

4. 公司的产品是否供不应求

任何生意中,最基本的业务行为就是销售,离开了销售,企业不可能生存。公司基于顾客满意度而获得重复性的业务收入,是公司经营成功与否的第一个判断标准。优秀的产品与服务、销售、研究或可称为企业成功的三大支柱。那些经营成功的公司,应该会非常重视不断提升销售人员的素质。

5. 公司的毛利率水平是否高

从投资者的角度出发,销售额只有在能够导致利润增加的情况下才有价值。世界上的任何投资,如果多年来利润都没有出现相应的增加,则销售额再怎么成长也不算是一笔正确的投资。投资者不应该只关注于一年的利润率，应该着眼于连续几年的利润率。

那些历史悠久且规模较大且真正能让投资者通过持股赚到高额回报的公司，通常有着在所处行业内最高的利润率。

6. 公司有哪些措施能维持或提高公司未来的利润率

购买股票要赚钱，不是看购买当时这家公司有哪些事情普遍为人所知。相反的，能不能赚钱，要看买进股票之后需要知道的事情。因此，对投资者来说，重要的不是过去的利润率，而是将来的利润率。

有些公司似乎站到幸运的位置，只要提高价格，就能维持利润率。它们所处的行业，产品需求通常很强，或者因为竞争性产品的售价涨幅高于它们的产品。不过，以这种方式维持或改善利润率，通常只能保持相当短暂的时间。

这是因为竞争性产品很快会被制造出来，这些新产品足以抵消增加的利润，随着时间的流逝，成本增幅不再能够转嫁到价格涨幅上，接着利润率开始下滑。

7. 公司是否具备良好的人事关系

大部分投资者可能没有充分认识到良好的劳资关系能带来利润，但没有人不知道恶劣的劳资关系造成的冲击。任何人只要稍微浏览一下财务报表，经常性、久悬不决的罢工对生产造成的影响，便跃然纸上。

训练新进员工需要相当高的成本，因此，员工流动率过高的公司，必须负担这方面不必要的成本，而管理良好的企业不必为这种事烦恼。另外，如果公司管理层没有让一般员工觉得有尊严，通常这样的公司也不是最理想的投资对象。

8. 公司高级管理者之间的关系如何

和低级员工关系良好很重要，在高级人员之间创造良好的气氛也很紧要。这些人的判断力、创造力和群策群力，能够成事，也能败事。

由于他们举足轻重，工作压力往往很大，所以有些时候，高级主管人才因为摩擦或彼此怀恨而挂冠离去，或者并未尽全力做事。

高级主管间气氛良好的公司，能提供最佳的投资机会。这样的公司中，高级主管对总裁和董事长有信心。这表示，从最低阶层往上，每位员工都感受到公司的升迁是以能力为依归，不是靠结党成群。

拥有控制权的家族成员，不会升迁到更有能力的人才上面。

只要和公司不同阶层的高级主管稍微闲聊，直接问几个问题，投资者通常就会知道高级主管间的关系是不是融洽，企业偏离这些标准越远，越不可能成为绝佳的投资对象。

9. 公司管理是否很有层次

如果其他因素都配合到位，小公司也能在一位很有才干的领导者的管理下表现出色，使得这家公司在多年内都有可能是很好的投资目标。

真正值得投资的公司是那些能够持续成长的公司。一家公司或早或晚会遇到某种规模瓶颈，此时除非它在某种程度上培养出高级管理人才，否则将没有能力实现进一步的发展。

无论一位高管处理具体事务的能力有多强，一旦公司达到一定的规模，他都会在两方面碰到问题。

第一，有太多的琐碎事情需要处理，令他无暇一一处理。

第二，有能力的人得不到锻炼，公司也就无法实现增长。

高级管理者应该乐于倾听并能够虚心接受、考虑员工提出的建议，即使这些建议有时会很尖锐地批判目前的管理现状。

10. 公司财务记录和业绩披露是否清晰明了

如果一家公司不能准确和详尽地列出业务运营中每个细节的成本状况，则这家公司一定无法在长时间内取得经营上的成功。

如果管理层无法明确知晓每一种产品相对于其他产品的实际成本情况，那么公司就会处于极其不利的形势之中。虽然企业的财务控制在选择投资目标的时候十分重要，但对于小心谨慎的投资者而言，很少有机会能看到他想投资公司的全貌，以及知晓其财务控制与成本分析及相关活动的真实情况。在公司高管认识到专门的财务控制和成本分析的重要性下，只要这家公司经营能力的大多数方面都高于行业平均水平，那么它在财务控制和成本分析方面的表现也可能高于平均水平。

11. 相对于同行而言，公司业务竞争力是否具备显著优势

在专业技术知识普及的年代，大公司受专利权保护的领域，绝大部分情况下，只限于公司一小部分的营运活动。专利权通常只能阻止少数竞争对手获得同样的成果，但无法阻止所有的竞争对手。

基于这个原因，许多大公司根本不想应用专利权将竞争对手关在门外，反而收取相当低廉的费用，授权竞争对手使用他们的专利，并希望别人也以同样的态度对待他们，允许他们使用别人的专利。

大公司维持利润率的主要手段如果是靠专利保护，通常是投资弱势而非强势的表征。专利权没办法无限期提供保护。当专利保护不再存在时，公司的获利可能会大打折扣。

保持竞争地位最有效也是最根本的方式，就是在产品的研发设计方面保持领先地位，而非仅依靠专利权。

12. 公司对利润有没有短期或者长期展望

有些公司的经营方式是追求眼前最大的利润，有些则刻意抑制近利，以建立良好的信誉，从而获得较高的长期利润。

这方面常见的例子，是对待客户和供应商的态度。一家公司可能总是以最严苛的态度对待供应商；另一家则可能为确保可靠的原材料来源，或在市况转变、供给十分紧俏时，获得高品质的零部件，以致同意向供货商支付比合约高的价格。

对待客户的差异也同样显著，有些公司愿意在老客户碰到困难时提供帮助，这可能在某笔交易上没有利润，但长期来看有望得到远高于以往的利润。

"闲聊法"通常可以相当清楚地反映这些政策上的差异。投资者如果想获得最高的利润，应该选择在利润方面眼光长远的公司。

13. 在可预见的将来，公司的业务扩张是否需要向市场增发股份融资

如果买进普通股之后几年内，公司将发行股票筹措资金，而且如果发行新股之后，普通股持有人的每股盈余只会小幅增加，则我们只能有一个结论：管理层的财务判断能力相当差，因此该公司的普通股不值得投资。

除非这种现象很严重，否则投资者不应单因财务因素上的考量而却步，因为一家公司如果仍在其他十四个要点上获得很高的评价,将来仍然可能会有杰出的表现。

有眼光的投资者不应该仅因股价便宜就买股票,而只有在它有望为你带来回报时才考虑购买。如果投资者只愿意对杰出的公司进行投资,则最要紧的事情是这家公司的现金加上其继续借款的能力,是不是满足未来几年的资本需求,从而实现在未来几年内的最好发展。

14. 公司管理层是不是向投资者报喜不报忧

即使是经营管理最好的公司,有时也会碰到始料未及的困难,诸如利润的减少、市场需求出现萎缩或转向别的产品,等等。另外,如果有公司年复一年地致力于技术研究,一直尝试生产新产品、研发新工艺,那么它就有望给投资者带来很高的利润,投资者应该买进这类公司的股票。

依据平均数法则,有些新产品或新工艺的研发会在耗费巨资后遭受惨败,还有一些则会在投产阶段的早期出现不可预料的延误,从而出现令人心痛的额外花费。这些沉痛的额外预算成本往往会持续好几个月,就算是规划得最谨慎的整体利润预测也会被它打破。即使一些成功的企业,这种令人失望的事情也是无法避免的。如果你具备良好的判断力,而且愿意坦诚面对这种情况,就会明白这只是最后成功的代价之一,这种情况往往是公司实力强劲的象征,而非弱势的表现。

管理层面对这些事情的态度,是投资人十分宝贵的线索。碰到坏事,管理阶层不像碰到好事那样侃侃而谈,"三缄其口"的重要理由有无数种。他们可能并没有锦囊妙计,无法解决出乎意料的难题。他们也可能不觉得对持股人有什么责任,不认为一时的独断专行有必要向持股人报告。

不管出于什么理由,一旦一家公司在设法隐瞒坏消息,那么投资者最好不要将其纳入选股目标之列。

15. 公司管理层是否具备毋庸置疑的诚信、正直态度

公司的管理阶层远比持股人更容易接触公司的资产,控制公司经营大权的人有无数种方法,能在不违法的情形下假公济私,牺牲普通股东的利益,为自己谋利。其中一个方法,是给自己或者亲戚远高于正常水准的薪水。另

一个方法是用高于市价的价格，把自己拥有的财产出售或租给公司。

当投资者面对诸多滥用职权的做法时，只有一种方法能保护自己，就是将自己的资金只投资于那些管理层对股东怀有强烈责任心和道德感的公司。不论公司在别的方面得到多高的评价，如果管理层对股东没有强烈的责任感，那就是一个很严重的问题，投资者绝对不要考虑投资这样的公司。

三、交易策略

（一）买入策略

1. 否定择时

"我觉得一些传统上选取买股时机的方法，表面上貌似有道理，实则愚不可及。按照传统的方法，投资者必须先搜集大量的经济材料，从这些资料中对企业的中短期景气状况做出一个判断。如果是比较老练的投资者，除了判断企业的景气度，往往还会预测未来的资本利率情况。接下来，如果所有的预测都表明投资的整体环境没有出现较大的恶化，他们就会得出可以放手去买股票的结论。而在有些时候，投资环境会出现一些预示着暴风雨来临的疑云，此时运用这种方法的人就会延缓买进股票或干脆取消买入计划。

"我之所以反对这种方法，不是因为它在理论上不合理，而是目前可以用来预测未来经济趋势的知识不甚充足，还不可能将这种方法应用于实际操作。用它预测的正确率并不足够高。拿自己的储蓄去进行有风险的投资时，实在不适合以这种方法为依据。"

2. 最佳买入时机

"利润即将大幅改善，但对利润增加的预期还没有造成公司股票价格的大幅拉升。我相信，这样的情况出现时，就是这些适合于投资的公司处于好买点的时候。相反，如果这样的事暂时不会发生，但只要买入的是一家优秀的公司，投资者从长线而言仍能赚到利润。"

3. 如果你自信所选的股票成长性极好，就果断地购买

"除非遇上股票市场中出现大量投机性购买、市场热情高涨的奇怪年份，

或者是连续出现重大的经济风暴来临的信号（就像1928年和1929年时的情形）。我相信投资者应该忽略对整体经济态势或股市趋势的一切猜测，一旦出现合适的买进机会，就应该投入适当的资金买入股票。"

（二）卖出策略

费雪崇尚长期投资，只要上市公司仍然具备让业务取得成功的各项特质，就不要轻易卖出。

三个卖出原则：买错了、基本面变了、遇到了更好的机会。

（1）买错了。最初的买入行为就是一个错误，而且当下盈利的情况越来越表明，所买入公司的实际情况并不像原先想象的那么优秀。

（2）基本面变了。如果一家公司的基本面情况随着时间的推移而发生变化，与"十五条原则"的契合度不再那么高，这时就应该卖出公司的股票。

（3）遇到了更好的机会。发现了一家更有吸引力的公司，其平均年度成长率更高。如果投资人对自己的判断有十足的把握，则应该卖出原有持仓而买入发展前景更好的股票。但这种情况极少出现。

费雪认为，投资者绝对不应该因为担心整体市场可能出现熊市而抛售手中优秀的股票。

"还有一个代价更为昂贵的理由，可以说明为什么投资者绝对不应该因为担心整体市场可能出现熊市而抛售手中优秀的股票。如果最初所选的股票的确很好，那么出现下一次牛市的时候，这只股票一定会创出新的股价高点，且远高于迄今为止的最高点。投资者如何知道什么时候该买回股票呢？理论上，应该在下跌出现之后将其买回。但是，说这种话的前提是投资者知道跌势在什么时候结束。我见过许多投资者因为担心将来大盘出现熊市而抛售了将在未来几年有巨大涨幅的股票，结果是熊市往往没有预期而至，整个大盘却一路高歌猛进。如果熊市真的来临，我几乎没发现过多少投资者能够在当初的卖价以下买回当初卖出的股票（这样的投资者不足1/10）。通常来说，他们要么是在苦苦等待股价跌得更多的时候错过；要么是股价的确继续下跌，但因为担心中短期回升不了没有买回，而又错过。"

（三）大盘走势

费雪认为，投资者不应该把时间浪费在预测大盘的走势上。

（1）就目前的技术而言，预测大盘走势的正确率并不高。

（2）优质的个股在一定程度上能抵抗市场的下跌。

"投资者不应该去猜测整体经济或股市未来的发展方向，而应该发挥判断能力来较为准确地判断出他想买入的公司相对于整体经济会出现怎样的表现，这样从一开始他就具备了两个优势，首先，他把赌注压在了十分了解的事情上，而不是放在主要靠猜测的事情上。此外，他只根据买入法则买入那些中短期获利能力出于某种理由将大幅提升的公司，这是他所得到的第二种支撑力量。如果经济保持良好的运行态势，则公司新显现出的获利能力最终会得到市场肯定，他所持有的股票会比一般股票涨得多一些。万一运气不好，在大盘下跌之前不久买入了股票，这种新的获利能力也能阻止他的股票像其他股票一样出现大跌。"

（四）资产配置

1."分散投资"并不明智

费雪认为，一次性投资很多股票，本质是投资者研究不够，心里没有把握。这种情况，其结果并不会比集中持仓来得好。

"如果一次性投资很多种类的股票，通常不是明智的投资者该有的作风，这样只能透露出他对自己的想法没有把握。如果投资者持有的股票太多，无法直接或间接地掌握相关公司管理层的情况，那么他的最终结局一定会比持有较少的股票坏得多。"

2. 仓位控制

"投资的时机选择非常困难。我并不想成为那种为了等待机会而手中留了太多现金的聪明人。同样，也不想在时机来临的时候，什么都还没准备好。当你对机会不确定的时候，你就要做对冲。我粗略算了一下，我的资金有65%～68%会投入我真正看中的4只股票里面。另外，大约有20%～25%是现金或者现金等价物，最后，剩余的资金会放到5只潜力大但确定性较弱的股票中。"

第15章　菲利普·费雪成长投资策略

3. 针对不同类型公司的仓位建议

（1）A类型的公司（所有的投资标的都仅限于根基稳固的大公司，并在大公司中选出有成长性的股票）：投资者至少持有5只这样的股票，且任何一只股票所占仓位不超过初始资金的20%。

（2）B类型的公司（介于风险较高的初创成长型公司和大型公司之间的股票）：建议每只股票占最初总资金的8%～10%；内在风险较高的股票，只能占总资金量的8%，而不能是10%。

（3）C类型的公司（有可能经营成功从而有可观的获利，但经营失败将血本无归或损失大部分资金的小公司）：投资每家公司的金额不要超过总资金量的5%（并且不要把无法承担损失的钱拿去投资）。

总体而言，费雪的性格中无处不在地展示出一种偏执。他的集中持股，他的持有一辈子，令人印象深刻。我对他的成长股投资理念非常认同，也认为成长股投资理念是目前来看非常优秀也非常接近投资本质的投资理念之一。但费雪对周期的轻视，对大跌的死扛，无法苟同。据费雪儿子回忆，费雪晚年的投资成绩不算理想，他持有的所谓传家宝的股票，表现并没有他早年所宣扬的那么优秀。

投资不同于自然科学，投资带有非常明显的时代烙印。比如，格雷厄姆为什么会那么保守，显然跟他在1929年大崩盘中受到的暴击有关。俗话说，一朝被蛇咬，十年怕井绳。哪怕大萧条后很多年，格雷厄姆都心有余悸，始终无法摆脱大崩盘带来的阴影。而费雪出生于1907年，比格雷厄姆小13岁，1929年大崩盘的时候，他刚毕业，在一家银行上班，拿工资，后来虽然自己的投资也有损失，但不影响大局。之后美国进入恢复期。二战后，美国经济彻底迎来爆发，费雪二次开启自己的投资顾问事业，赶上了好时候，那个年代大牛股层出不穷，谁还会记得大崩盘的惨烈啊？

同样的例子，巴菲特早年跟随格雷厄姆买"烟蒂股"，做的可谓得心应手，有点弯腰就捡钱的味道。后来"烟蒂股"越来越少，买不到了：一是大环境偏牛市，普遍估值较高；二是随着价值投资理念的不断传播，对手盘越来越多。巴菲特也没办法，甚至清盘了基金，暂时退休了。后来认识了芒格，改变了理念，开始以合理的价格买入优质股票，不再一味地强调便宜。

时代在进步，环境在改变，追求极度安全的"烟蒂股"策略，逐渐跟新的时代脱节了，不能很好地解释股市的现状了。之后巴菲特大杀四方，靠的是消费股和金融股，这是巴菲特真正的高光时刻。但是那个时代是美国企业借助美国军事实力和美元霸权全球扩张的时代，不少美国公司很快就冲破国内市场的限制，成为全球跨国公司，市场扩展了十倍不止。

我常常在想，如果没有这个背景，这些公司还能持续十几年高速增长吗？投资者还能无惧牛熊，无视周期地永恒持有吗？所以到了 2000 年前后，巴菲特的投资收益就持续跑输了市场，他的重仓股可口可乐甚至出现了"失去的十年"，也就是 10 年期间几乎无涨幅。

回到 A 股，我们的公司真的具备美国当时的条件吗？国内市场的集中也会出现不断成长的大牛股，但单凭国内市场，容量是有天花板的。一旦国内市场饱和了，增长放缓无可避免。如果没有全球市场的拓展，高速成长注定无法持续。这种情况下，所谓持有一辈子，真的合乎逻辑吗？所谓精心研究，真的有那么大的作用吗？对于一家公司，你研究的哪怕吐血了，它就能如你所愿吗？我认为，这恐怕有点自欺欺人。

正如投资第三公理中谈到的，股价波动是由三种力量共同决定的，除了业绩增长，还有周期。价值投资可以说是捕捉到了第一种力量，那就是业绩，无论是价值派还是成长派，本质上都是试图捕捉业绩的主线，而绝大多数都忽略甚至鄙视周期的力量，这显然是有所偏颇的。当然，下一章的内容，我们就会看到，成长投资领域还有一位比费雪还要早的成长鼻祖，就对周期持有不同的观点。

第 16 章

托马斯·普莱斯

现在人们都知道著名的成长股大师费雪，主要是因为他写了一本著名的书《怎样选择成长股》，更得益于巴菲特的那句名言：我的血管里 85% 流着格雷厄姆的血，15% 流着费雪的血。但其实成长股投资并非始于费雪。

究竟是谁最先开始成长股投资，无从查考，应该说自有股市以来就有人进行了类似的尝试。但是，第一次系统总结成长股投资规律的人是可以查考的，那就是被华尔街人士公认的成长股投资之父：托马斯·罗·普莱斯。需要注意的是，美国还有一位卓越的投资人也叫普莱斯，全名是迈克尔·普莱斯，属于格雷厄姆派价值投资者，擅长重组股投资，不要将二者混淆了。

托马斯·普莱斯出生于 1898 年 3 月 16 日，卒于 1983 年 10 月 20 日，享年 85 岁。普莱斯出生于美国马里兰州格林顿小镇，由于他的职业生涯主要在马里兰州首府巴尔的摩活动，又被称为"巴尔的摩先知"。

普莱斯首度发表完整定义的成长股投资理论，是在 1939 年《巴伦周刊》的 5 篇系列文章中。这里简单回顾一下，费雪出生于 1907 年，1958 年出版《怎样选择成长股》，出版时他已经 51 岁，而 1939 年费雪才 32 岁，那时的费雪正在自己的小办公室里，经营着投资咨询公司。

格雷厄姆 1894 年出生，比普莱斯大 4 岁；费雪 1907 年出生，比普莱斯小 9 岁。严格意义上来说，普莱斯和格雷厄姆是同一时代的人。

普莱斯小格雷厄姆 4 岁，他们都经历了 1929 年的大崩溃，但发展出了迥然不同的投资哲学。格雷厄姆通过《证券分析》创立了价值投资理论，普莱斯则通过实践发展出成长投资理论，最终创立并发展成今日的普信集团。

截至 2023 年，普信集团已经成长为一家资管规模达到 1.2 万亿美元，世界排名 16 位，为全球 53 个国家及地区客户服务的全球资管巨头。

一、何方神圣

科尼利厄斯·邦德长期在普莱斯的公司工作，见证了普莱斯及其公司的发展历程，于是以一本《投资成长股：罗·普莱斯投资之道》（T.Rowe Price: The Man, The Company, and The Investment Philosophy）进行了翔实的记录。

根据邦德的描述，普莱斯早年考取了斯沃斯莫尔学院，先学医学后改学化学，因为他认为化学在 20 世纪初可能是面向未来的主要技术之一。

1919 年，他毕业后进入皮特堡搪瓷冲压公司担任化学分析师。这家公司不久濒临破产，让普莱斯亲身体验到经济实力强大的重要性，家底厚才不慌，这是亘古不变的真理。

1921 年，普莱斯进入杜邦公司担任工业化学分析师。在那里，他目睹了杜邦公司的欣欣向荣，痴迷于公司是如何建立的，新产品如何能够支撑大型企业以及所有这一切是如何在股票和债券市场融资的。

两次就业经历，让他找到了个人未来发展的方向。于是他在 1925 年进入一家规模相对较小的金融公司——麦库宾古德里奇。在这里，他度过了 12 年，并形成了自己的基本投资理念。正如他所描述的："大多数人把普通股看作为了获得投机性利润而进行买卖的物品。他们认为，要想成功就必须猜测股市的涨跌。我们认为，这不是一个好方法。美国最大的财富来源于投资一家不断成长的企业，并与之同甘共苦，不离不弃。"

1934 年，他在公司内部成立了一个实验基金，以便证明通过持有高品质成长型股票可以获得更好的收益。与此同时，格雷厄姆在这一年出版了开创性的著作《证券分析》，倡导价值型股票投资。

1935 年，当普莱斯第一次描述他的成长型股票投资理念时，他说："要想找到一片投资的沃土，你不必上大学，只需具备我外祖母所说的实用知识。"这种说法与塔勒布相似：你从你祖母那里学到的智慧，要大大优于你从商学院获得的经验。因为专家的问题往往会带来脆弱性。

由于与公司的投资理念不合，1937年普莱斯离开麦库宾古德里奇，与另外两位合伙人共同创立了属于自己的公司——托马斯·罗·普莱斯公司。

1939年，普莱斯应邀在《巴伦周刊》上撰文，发表了5篇系列文章，全面界定了"成长型股票投资理论"。

（1）《挑选成长型股票：公司和人一样有生命周期；达到成熟期时风险增加》（1939.5.15）。

（2）《挑选成长型股票：衡量行业生命周期；投资高流动收入的谬误》（1939.5.22）。

（3）《挑选成长型股票：三个领域的应用选择步骤；需要考虑的因素》（1939.6.5）。

（4）《挑选成长型股票：如何识别从成长期到成熟期的变化，克莱斯勒公司与通用汽车公司的对比》（1939.6.12）。

（5）《运用成长型股票：稳定型和周期型使投资组合管理具有灵活性》（1939.6.19）。

自此，普莱斯的"成长型股票投资理念"在投资界广为人知。在他担任投资管理人的45年职业生涯中，成长型股票投资理论的内容基本没有改变。这个理论的最终版本后来出现在其公司1973年4月出版的一本手册上，题为《基于成长型股票投资理论的成功投资理念》。在普莱斯看来，成长型股票"对应的企业表现出长期的收益增长，其每股收益在相继出现的每一个商业周期的顶点创新高，同时还有迹象在未来商业周期的顶点能够创新高。每股收益的增长速度应该快于生活成本的增长速度，以便抵消美元购买力的下降预期。投资的目标是组建一个投资组合，其成分企业的收益预计在10年内翻倍。"

普莱斯建立投资组合方法的基石是"将投资组合中专门用于投资普通股的那部分用成长股建立起来"。在《巴伦周刊》系列文章中的第2篇，他将成长型股票定义为："特定企业的股份，该企业在收益方面表现出良好的长期潜在增长，并且经过谨慎研究，显示出未来将长期持续增长的迹象。"

这个定义中的每个词都有其特定的含义。投资的对象不是一张纸，而是企业的真实股份。公司"收益增长良好",是因为它的增长速度超过了整个经济的增速。"长期持续增长",不仅仅是新产品带来的短暂的加速成长,或是暂时有利的商业环境带来的提振。需要进行"谨慎研究"是为了确保增长可以持续到"未来"。成长型股票投资理论强调谨慎研究的重要性,而不仅仅是希望或盲目地相信这种高速成长会持续数年。

二、投资生涯

普莱斯的投资生涯分为三个阶段,从1937年成立投资公司至1983年去世,46年间管理了三只不同策略的基金,均取得了卓越的回报,被《福布斯》杂志誉为"巴尔的摩圣人"。

投资生涯上半程,普莱斯依靠独创的"成长股投资理论"封神。1937年成立的专注大型成长股的基金是当时的十年期收益冠军,1960年成立的专注小型成长股的新地平线基金,被资金追捧到不得不封盘。

投资生涯下半程,普莱斯更是使出神之一手。他于1969年发行的新纪元基金,通过重仓上游资源品,在美股十年大熊市的70年代,逆势大赚。仅靠交易黄金,就获得了2年7倍的回报。

若用一句话总结普莱斯的成功之道,那他公开发表的第1篇文章的标题《变化:投资者唯一的确定性》最为恰当。他认为投资需要顺势而为:"只要还处于人类的控制之中,基本的社会、经济和政治潮流就会流动不息。"

普莱斯投资生涯中所经历的潮流变化有三次,对应他跟随趋势创立的三只基金。

1. 成长型股票基金:38年26倍回报

该基金创立于经济大萧条后,当选20世纪顶级管理人。

1929—1932年,美国经济大萧条期间,道琼斯工业指数暴跌89.4%。热门股美国钢铁公司由每股262美元跌至21美元,通用汽车公司从92美元跌至7美元,跌幅均高达90%以上。

1933年大萧条后期,市场还处于恐慌与绝望时,普莱斯在日记中写道:"我认为是时候囤积股票了,我认为国家和市场的长周期是向上的。"在他看来，投资者最好的财产保障，就是购买并持有能够保持长期持续高增长的公司股票。

因此，普莱斯在1934年开创性地成立了首支成长型股票基金，专门投向收益和股息增长速度超过经济和通货膨胀的公司。到1972年，这只基金38年间获得了26倍的回报，而同期道指只涨了6倍。考虑到这期间美国经历了经济大萧条、二战和战后经济转型的多重挑战，这个成绩使他跻身于20世纪顶级资金管理人之列。

而使他成功的理念之一，便是几十年如一日地持有看好的股票，只有确认这家公司不再是成长股之后，才卖出。他认为"这个国家获得巨额财富的机会都来自投资成长型企业，长期持有并与之同甘共苦，而不是将投资从一个证券切换到另一个证券上。"

1965年，普莱斯公布了他自三四十年代买入并持有的7只成长股，平均上涨36倍。截至1968年，1939年买的3M公司涨了100倍，1941年买的默克公司涨了120倍，1949年买的IBM涨了50倍，等等。

1937年7月，普莱斯创立了托马斯·罗·普莱斯合伙人公司；同年，公开发表了第1篇文章《变化：投资者唯一的确定性》。这句话也是他投资生涯中坚信的理念：提前预判长期趋势变化，顺势而为调整投资策略，方能在动荡多变的市场中持续取得成功。

他在文章中写道："当俄国沙皇被谋杀，当希特勒成为德国独裁者，当罗斯福当选美国总统时，这些消息都登上了新闻头版。人们意识到发生了重要的变化。然而，很少有人认识到，这些历史事件只是长期以来一直在发挥作用的政治、社会和经济力量的外在证据。这些力量在持续地发挥作用，并直接影响到商业趋势，从而影响了房地产价值和证券价格。"

他认为，经济力量对股市的影响最大，政治力量通常只影响商业的中期趋势，而社会力量对文明的不断演变至关重要，且经常被忽视。投资人需要关注、思考及预判长周期的经济变化，而不仅仅局限于眼下。

此后，普莱斯不定期在《巴伦周刊》等杂志发表文章，分享他的成长股投资理论的进化以及对潮流的预判。在他看来，通胀环境下最糟糕的是持有债券、现金、银行存款和人寿保险。

普莱斯眼中典型的成长型公司一般具备以下几个特征，可以出现在充满活力的新兴产业当中，也可以出现在主打新兴产品、正蓬勃增长的老公司当中。

（1）不断开发新产品，追逐高利润。

（2）不差钱，可以随时抓住新机会，也能在经济不景气的时候抗住。

（3）合适的利润率。周转快的公司，6%的利润率可以接受；周转慢营收少的公司，就需要10%～15%的利润率。

（4）融洽的管理层和员工关系。大家收入都不错，但人力成本不占大头。

由于投资业绩突出，普莱斯逐渐成为偶像级人物，投资成长股也成为当时的市场热点。

2. 新地平线基金：专注小票

虽然功成名就了，但这些年来，普莱斯对于管理个人资金感到心累。因为这份工作需要与客户进行大量互动，当市场出现周期性跳水时，压力很大。一手创立的公司在快速发展过程中，自己也逐步失去了控制权。

于是，普莱斯决定从原来的公司退休，不再管理"公募"产品，转而成立了一家小而美的"私募"公司。这跟巴菲特关闭合伙企业，专注管理伯克希尔自有资金的选择，何其相似。

1960年，新地平线基金成立，这是他成立私募后发行的第一只产品，主要投向小型成长股。这类公司通常处于生命周期的早期成长阶段，增长速度更快。

当时"冷战"中的美苏两国展开了激烈的太空军备竞赛。普莱斯在此时更青睐小型成长股，是因为他看到了政府在国防研究，尤其是载人航天探索方面的支出加速，给了很多小公司成长的机会。

新地平线基金成立前5年，表现非常平庸，甚至被员工戏称为"新水平线基金"，但普莱斯还是坚定持有当初看好的那些成长型公司。到了1965年，该基金开始逆袭，年度涨幅为44%，相对道指的超额收益有34%。持仓中很多长年不涨的小型成长股爆发了，比如沃尔玛两年涨了12倍。

普莱斯说，买入并持有成长行业中经营良好的公司，并不需要成为天才，需要的是常识和耐心，这些大家都看得见的好公司，最终会带来价值的大幅

第 16 章 托马斯·普莱斯

增长。

有了赚钱效应，资金都开始卷小票，推升股价虚高，使得普莱斯根本找不到自己认为合理估值的好公司，以至于从 1967 年 10 月开始，新地平线基金不得不封盘 3 年。

面对成长型企业的估值难题，普莱斯也没有明确的数学公式，很大程度上依赖于经验。普莱斯的经验是，债券收益率越低，股市估值应该越高。比如，5% 的中期政府债券收益率，对应的成熟企业估值就应该是 10 倍市盈率，如果利率降到 3%，估值的合理水平就能提升到 12 倍。如果是成长型公司，估值可放宽到平均水平的 2 倍，3%～5% 的利率可以给到 20～25 倍的估值。

到了 20 世纪 60 年代末，市场在依次经历了炒作高科技股票、并购类股票、题材股后回归理性。叠加宽松货币政策，市场开始追捧那些有业绩支撑的、前景良好的成长股，也就是我们熟知的"漂亮 50"。两年时间内，"漂亮 50" 平均涨幅翻倍，是同期道指的近 3 倍。

1972 年，市场开始下跌，此后遭遇了长达 10 年的大通胀熊市。但当年，"漂亮 50" 逆势上涨，使得投资者出现股价只涨不跌的幻觉，泡沫越吹越大。直到石油危机引发经济滞涨，美丽的泡沫才被戳破，投资成长股的基金同期排名垫底。

3. 新纪元基金：重仓资源股

在市场烈火烹油，"漂亮 50" 鲜花着锦的阶段，鲜有投资者能站在长远角度去冷静思考未来 10 年市场的变化。

普莱斯却有这样的本领，他在《变化：1966，投资者唯一的确定性》一文中提到，自己已经减仓了一些从未来 10 年看定价过高的股票，但会继续投资三大领域：商业服务、科学与技术、自然资源（土地、黄金、白银、木材、石油和天然气）。

前两个领域涵盖了大型和小型成长股，普莱斯已经非常熟悉了。而自然资源领域，是普莱斯首次关注的，他预计这类公司低价获得的资源，在高通胀环境中可以大幅提价，利润也会迅速增长。

基于以上判断，普莱斯在 1969 年发行了具有开创性意义的新纪元基金，50% 仓位投资股票，其中 30% 仓位投向金属、采矿、林产品和贵金属等领域。

在美国动荡、黑暗的 70 年代，通胀加剧、经济陷入混乱、市场跌至新低，美元大幅贬值，普莱斯凭借对上游资源股的提前布局和持有，再一次取得了令人瞩目的成绩。

以黄金为例，1971 年，当尼克松宣布美国不再实行金本位时，普莱斯大举买进黄金股，1972 年至 1974 年市场暴跌期间，黄金股逆势大涨 700%，普莱斯卖出了。此后两年，黄金价格大跌，普莱斯再次大举买进，他认为，通胀远未结束，黄金仍是投资者抵御通胀的最佳保障。到 80 年代初，金价达到创纪录的每盎司 850 美元，普莱斯又卖出了。在他看来，不同于有持续利润增长的成长股，黄金公司本身不能创造价值，因此不能长期持有，更适合做波段交易。

对于 70 年代通胀环境的预判，普莱斯的逻辑很简单，只是因为看到了美国政府以比实际经济增速更快的速度印钞。仅 1971 年 M2 的增速就高达 10%，这将导致美元价值下降，消费者价格指数相应上升。而彼时的美国政府印钞，是为了弥补越南战争带来的贸易和预算赤字。

三、主要理论

成长型股票理论的基本原理可以追溯到普莱斯早年在皮特堡搪瓷冲压公司和杜邦公司的工作经历。他将这两家公司进行比较，分析这两家公司是如何回报投资者并奖励员工的。在一个竞争激烈的市场中，皮特堡搪瓷冲压公司并没有什么独特优势，该公司脆弱的资产负债表和有限的盈利能力使其很容易受到市场哪怕是微小变化的影响。对投资者来说，最好的选择就是把股票卖给竞争对手。而杜邦公司已经经营了 100 多年，它拥有现代化、高效的制造工厂，正迅速向新兴市场发展。经过长期的多元化发展，该公司当时早已脱离了最初的火药和炸药业务，而致力于生产化学制品和化工产品，这些产品越来越多地受技术驱动。作为化学工业领先的创新者，杜邦公司依靠在研发方面的巨额投入巩固了自己的地位。在财政上，保守的管理方式源源不断地创造现金来支付公司的快速成长，并为股东提供稳定增长的股息。

现代投资组合理论认为，公司股价的波动是衡量公司风险的一个指标。

第16章 托马斯·普莱斯

股票价格波动越大，风险就越大。但在普莱斯看来，风险只存在于财务方面，反映的是公司破产的可能性。对他来说，皮特堡搪瓷冲压公司明显存在很大的风险，而杜邦则不是。对现代理论派来说，情况恰恰相反。由于皮特堡搪瓷冲压公司的股票几乎没有市场做市或交易，它的波动性很小，因此不被认为是有风险的。杜邦公司股票在公开市场上成交活跃，有时可能出现巨幅波动。与常识相反，这个理论学派却认为杜邦面临的风险更大。

1. 研究和理解生命周期

普莱斯在1947年10月25日的演讲《一个企业的股份值多少钱》中指出，"这个国家的真正财富是由这样的人创造的。这些人把他们的资本投入到有前途的事业中，他们努力工作，再投入更多的资本，并且在整个经济萧条和繁荣期都坚定持有他们的投资，如福特、杜邦、洛克菲勒、杜克、卡内基、伍尔沃斯和其他很多广为人知的名字，这些名字代表了传奇。如今，人们仍在以这种方式创造着财富。"他继续说，"你和我可以参与到这样的持续增长中，因为他们代表的公司的股票是可以在市场上买到的。"

1954年1月，普莱斯在一个题为《成长型股票对美国的贡献》的演讲中讲述了他在杜邦公司工作的早期经历，"有能力和有远见的管理层鼓励员工成为股东，并以杜邦公司股票的形式向重要人员发放奖金"，这一事实令他"印象深刻"。"在我1921年进入投资行业后的几年里，我观察到，和其他大多数股票相比，杜邦公司的股票价格总是显得过高而不值得买入，而市值却一涨再涨。另一个令人印象深刻的见闻是，那些试图在自己公司的股票上赚取更多利润的员工，会在他们认为股价过高时抛售，再尝试以较低的价格买回来。但他们的收益并不如那些在整个市场周期中始终持有公司股票的人。"

1965年，普莱斯公布了一份清单——他从20世纪30年代和40年代以来买入并持有的7只成长型股票：杜邦、百得、3M、斯科特纸业、默克和辉瑞等。这些股票的平均升值幅度是36倍。他知道在挑选成长型公司时，没有人会毫无差错，但他相信只要有75%的正确率，结果将是"令人瞩目"的。根据他的账户记录，在其投资生涯中，他自己选择成长型股票的正确率超过了80%。多年来，他都以他认为的股票应有的价格逐步买入和卖出。只有在确信一家公司的股票不再是成长型股票之后，他才会完全出售这家公司的股份。他对任何投资的预计持有期都是按几十年计算的。按照计算得出的价格逐步买入和卖出，买卖的时机把握就不会是问题。

成长型股票投资理论最重要的一个概念是研究和理解生命周期，包括行业和单个公司的生命周期。普莱斯第一次阐述成长型股票理论时，将其称为"投资生命周期理论"。他在《巴伦周刊》系列文章的第1篇中指出，公司的生命周期与人的生命周期相似，两者都有三个重要的阶段：成长期、成熟期和衰退期。在收益增长强劲时投资一家企业，相比在成熟和衰退期的时候投资，能带来更多的收益和更少的风险。然而，衰退时往往会被景气度不断上升的商业周期所掩盖，因此很难察觉。

他在《巴伦周刊》系列文章的第3篇中写道："无论是玉米种子还是公司，在肥沃的土地上都很容易生长。正如杂草会阻碍玉米生长，竞争也会阻碍公司发展。"肥沃的土地没有激烈的竞争和政府干预等障碍。然而，无论农民多么能干，多么勤快，"如果土地贫瘠，岩石遍野，它的产量和利润都会是有限的。"持续监测整个田地的肥力，而不仅仅是单个公司的经营结果，这一点很重要。一个早期的预警信号可能是行业成交（销售）额增长出现下滑，特别是在单位时间销售量仍在上升的情况下。这种情况表明单位价格在下降，它是行业内公司盈利能力下降的迹象。

成长型公司可以出现在充满活力的新兴行业中，也可以出现在主打新产品正在蓬勃增长的老公司中，或者是由于管理层的变革而产生。成长型公司也可以是一个有专长的、不属于任何单一行业的公司，比如3M公司，它为很多市场生产各种独特的创新产品。

2. 公司的周期难以界定

对判断一个公司是不是一个好的投资项目来说，销售增长之后的第二个重要财务指标是其投资资本回报率，杜邦公司是提出这个概念的先驱，这也是它成功的一个主要因素。20世纪30年代乃至今天的大多数公司都是通过利润率或扣除所有费用后每一美元销售额的利润来衡量盈利能力的。这是比较同行业公司的一个好方法，但这个方法不能确定一个公司到底赚了多少钱，其增长速度能有多快或者其能够经营多长时间。

第16章 托马斯·普莱斯

多年来，杜邦公司要求其管理人员只接手在预计所需资本投入之上获得20%或更高收益的项目。这一要求使该公司将关注的重点限制在少数几个能同时满足这一门槛的项目上，并使它充分考虑到任何可能涉及数百万美元前期资本投入和营销成本的新项目的固有风险。追求20%回报率的原因很微妙。如果杜邦公司在投资资本上获得税后20%的回报，那么它的工厂和设备就可以20%的速度扩张，反过来，这将支持20%的销售增速。这是普莱斯所希望的成长型公司股票投资组合最低回报率的两倍。很多快速增长、原本很成功的公司因为没有关注这个重要指标而陷入破产。它们实现了销售目标，但由于资本回报率不足，最终陷入了债务的漩涡。最后，对20%回报率的重视使杜邦公司不断寻找有利可图的新产品和新业务，以便在未来继续保持销售和收益的快速增长。因此，在1921年，对于年轻的普莱斯来说，122岁的杜邦公司远比8岁的皮特堡搪瓷冲压公司更有活力。

1954年11月，普莱斯在约翰·霍普金斯大学就成长型股票发表的演讲中，概述了典型成长型公司的其他特征。

（1）智能研究：如果一家公司想要在瞬息万变的世界中开拓进取，那么用于研发新产品或为现有产品开发市场或兼具两者的智能研究是必不可少的。对一家公司而言，新产品比已经存在竞争的老产品更容易实现高额利润。

（2）雄厚的经济实力：这使管理层能够在业务一帆风顺时抓住机会扩大业务，也能够在经济不景气时避免破产或财务紧缩。

（3）合适的利润率：税前利润率必须合理，所占比例因行业而异。对一家销售食品、服装和低价杂货等消费品的公司来说，6%的利润率是令人满意的，因为这家公司周转速度足够快。对销售高价产品、营销额较低的公司来说，10%～15%的利润率则是必要的。

（4）融洽的管理层和员工关系：员工应获得良好的报酬，但工资总额相对较低，并易于根据业务量的变化进行调整。

正如普莱斯所强调的，很难确定一家公司何时从成长期走向成熟期，再走向衰退期。卖出的最佳时机通常是在最终放缓开始之前。问题在于，由于商业周期的景气度自然衰退、产品转型、原料短缺或其他一些可以掩盖实际情况的临时性因素的影响，可能会出现暂时的经济放缓。在《巴伦周刊》系列文章的第 1 篇中，普莱斯以铁路行业为例，说明一个正在走向成熟的行业。在一战之前，铁路行业一直在强劲增长。吨公里在战争前 10 年几乎翻了一番，但是来自卡车和管线的竞争使战后吨公里增速减缓，并在大萧条期间急剧下降，利润更是骤然萎缩。

这种情景同样发生在后来的个人计算机（PC）市场上。但这并不意味着该行业内所有公司都陷入发展停滞或无利可图，有些公司转行其他业务或者专注于一个竞争不那么激烈的利基市场。2007 年，苹果公司推出苹果手机，后来成为一项庞大的业务。该公司拥有一批忠实的追随者，因为其 PC 有自己的专用软件，使其能够维持价格、公司的销售额和收益持续增长。《财富》杂志在 2013 年 4 月的一份报道中写道："苹果公司只实现了 5% 的市场份额，却带回了 45% 的利润。"很明显，这一利润来源于其他 95% 的 PC 公司。

3. 股息的重要性

普莱斯在 20 世纪 60 年代后期最喜欢的一句老话是，"一鸟在手，胜于二鸟在林"。正如他在 1978 年 8 月 9 日的简报《为未来收入和市场价值的增长而投资》中所描述的，在他的类比中，收入类似于手中的鸟，是可以使用的美元。资本增值像林中的两只鸟。除非卖出股票，否则没有实现增值的可能。他觉得大多的公司职员都是为了增值而购买股票，却忘记了投资组合中股息的重要性。"为了理性地买入或卖出成长型股票，有必要确定'企业的价值'。股票在市场上的售价与它实际代表的企业价值之间通常存在着很大差异。没有什么神奇的数学公式可以用来确定这个价格。在很大程度上，价格的确定依赖于经验。"

根据多年的投资经验，普莱斯制订了一些与股票价值相关的指导原则。他认为股票估值与银行存款、美国政府债券和公司债券的利率直接相关。如果公司是一家成长型公司，利率在 3%～5%，股票价值应是未来 12 个月收益的 20～25 倍。他认为成长型股票的估值基本上是股票平均估值的两倍。股票价格会持续非理性地高于或低于其本身的价值，并可能在长时间内被高估或低估。

因此，普莱斯总是建议投资者要有耐心，随着时间的推移以合理的价格买进或卖出，还要始终保持机敏，以便在机会显现时突击买入更多的股票。新闻事件往往能提供极好的买入机会。如果股票价格相对于它的估值有很大溢价，他会建议出售部分股份，直到可以覆盖股票配置的总成本以及资本利得税的支出为止。而投资组合中剩余股份所代表的利润应该继续保留下来，直至公司已经成熟，而不再被视为成长型公司。这部分股票实际上没有成本。

这种简单但非常重要的资产管理规则产生了惊人的结果。1969年4月15日，在一篇题为《业绩：托马斯·罗·普莱斯公司成长型股票基金与投资组合模型》的非公开论文中，普莱斯提到了他的投资模型组合中一些公司的投资收益：到1968年，投资3M的收益率超过10000%，其股份于1939年首次购买；投资默克的收益率接近12000%，于1941年首次购买；投资IBM的收益率超过5000%，于1949年首次购买；投资雅芳的收益率接近7000%，于1955年首次购买；投资施乐的收益率接近4000%，于1961年首次购买。这些公司大部分至今依然"基业长青"。当然，也有很多其他的公司没有表现得那么好，但就像修剪整齐的花园一样，让实力雄厚的公司继续增长，同时削减对实力较弱公司的投入，这样随着时间的推移，实力雄厚的公司会在组合中逐渐占据主导地位。

从1934年初到1972年末，在假设所有股息都用于再投资的情况下，普莱斯说，他的成长型股票组合价值增长超过2600%，而道琼斯工业平均指数同期上涨600%，投资组合的股息增长了600%。这是一个杰出的纪录，尤其是在股市极具挑战性的时期，其间经历了大萧条、二战和战后转型。于是，我们看到在二战之后的几十年里，普莱斯的成长型股票理念因其卓越而闻名于世。

有趣的是，在20世纪70年代，市场复制了普莱斯成长型股票投资策略，而普莱斯投资组合中的许多公司也纷纷成为"漂亮50"。当市场疯狂推高"漂亮50"的股价，不久就迎来了剧烈下跌，导致托马斯·罗·普莱斯公司很长时间颗粒无收。这说明任何一个成功的策略都不总是有效的。没有任何一种投资风格在一年四季都占主导地位。但即便如此，这家以罗·普莱斯的名字命名的公司已经发展成为美国最大的积极管理资金的公司之一，截至2023年该公司管理的资产规模达到1.2万亿美元。这可能是"成长股之父"菲利普·费雪做梦都想不到的事。

可以这么说，如果费雪是"成长股之父"，那么普莱斯就是"成长股鼻祖"。

从普莱斯的投资实践来看，他寻找的是可以实现价值增长的公司。此时，成长投资与价值投资的界限就模糊了。投资本来就应该投资有价值的公司，一个没有价值的公司本来就不值得投资，所以价值投资这个词组就是多余的。只有成长才有价值，没有成长也就无所谓价值，成长就隐含在价值中。不纠缠于价值与成长之争是正确的。因为所有的聪明投资都是价值投资。芒格早已说过，这种投资理念与其中支付很高的市盈率倍数或者市净率倍数没有关系，因为你已经明智地做出决定，美好的前景是如此确定，以至于你仍然得到比你支付的价格更多的价值，即使是以35倍市盈率买入的所谓成长股。如果是合理的话，那是因为得到的价值比支付的价格多，但这仍然是价值投资。

普莱斯的策略与巴菲特、芒格并无二致。他们都将投资集中在一个高质量的企业上，并且无论估值如何也没有交易。成功的方法都是相似的，失败的方法却各有各的不同。无论如何，坚决回避让投资者自我"毁灭"的方法是首要的。如果一个投资方法在历史长河中逐步消亡，那么就没有必要去学习这个长期无效的方法，美国证券市场是一个非常好的镜子。100多年前美国市场上也有各种各样的投资方法，但是最终价值投资被广泛应用，而那些投机的人基本上被市场消灭殆尽了。

第 17 章

彼得·林奇

成长股投资领域，除了普莱斯和费雪以外，还有一位卓越的投资人，那就是彼得·林奇。

他是很多人眼中财富的化身，仿佛可以点石成金。《时代》周刊称他为"第一理财家"，《幸福》杂志将他誉为"股票投资领域最成功者"。他曾是美国最大的共同基金——麦哲伦基金的基金经理，凭借杰出的投资才能，一手缔造出令整个华尔街叹为观止的投资业绩。1977—1990年，在掌管麦哲伦基金13年的时间里，该基金资产规模由不足2000万美元暴涨至140亿美元，持有的股票由40只一路狂奔至1400多只，在13年时间里年复合收益率高达29%，在那个年代，无人能出其右。

《纽约时报》在2006年评出了全球十大顶尖基金经理人，彼得·林奇高居第二，仅次于巴菲特，可见他在整个投资圈的地位和声望。

他对投资基金的贡献，几乎可以跟乔丹对篮球的贡献相媲美，他将投资提升到一个全新的境界，变成了一门艺术。虽然为了陪伴家人，彼得·林奇在1990年事业巅峰时期选择了急流勇退，但他并没有闲着，接连出版了《战胜华尔街》（Beating the Street）、《彼得·林奇的成功投资》（One Up on Wall Street:How to Use What You Already Know to Make Money in the Market）等畅销书，将自己的投资理念和选股策略倾囊相授，这些著作也深刻影响了无数后来人，包括我自己在内。林奇是我的偶像之一，我现在的操盘逻辑，底层设计上就是以林奇的投资理念为主。我是发自内心地感谢他的无私奉献与付出，为众多的投资后辈提供了极有价值的参考路径。

一、大师生平

1944年1月19日，林奇出生于美国波士顿的一个富裕家庭里。父亲曾经是波士顿学院的数学教授，后来放弃教职，成为一家大型公司的高级审计师。与父亲不同的是，林奇并不喜欢数学，也对金融不感兴趣，在他少年的40年代，人们对1929—1933年的经济大萧条和股灾仍然心有余悸，那时林奇更感兴趣的是哲学、心理学和艺术。

不幸的是，在林奇11岁那年，父亲患癌症去世，全家的生活开始陷入困境。父亲的英年早逝对林奇影响很大，他的职业生涯一直被评价为"没有周末焦虑"的死多头，从来不把工作当成人生的全部意义，相反，他更重视家庭与生活。他曾说："尽管我乐于从事这份工作，但是我同时也失去了待在家里，看着孩子们成长的机会。孩子们长得真快，一周一个样。几乎每个周末都需要她们向我自我介绍，我才能认出她们来。我为孩子们做了成长记录簿，结果积攒了一大堆有纪念意义的记录，却没时间剪贴。"甚至为此，他选择在46岁就放弃了极为辉煌的事业。但对于一个11岁的孩子而言，谈这些还为时尚早，父亲去世最直接的影响就是林奇不得不放弃过去优渥的生活，他的母亲虽然是全职家庭主妇，但依然坚持让他在昂贵的私立学校就读。正是从这时起，林奇下定决心长大以后要挣很多钱，让母亲过上更好的生活。

林奇的经历不由得让我想起了格雷厄姆。格雷厄姆只有几岁的时候他父亲就去世了，后续的经济困难程度也超过林奇。同样的，格雷厄姆困苦的童年经历，也让他对金钱产生了超乎常人的热情，甚至是偏执。这一点不难理解。只有那些没怎么经历过因为缺乏金钱而导致生活困顿，或者生活事业一帆风顺的人，才可能造就平和宽容的性格。困难虽然可以锻炼一个人的意志，但也多少会造就某种偏执的性格，甚至是对其他人的不信任。

为了替母亲分担压力，父亲去世的第二年，正在读中学的林奇在熟人的介绍下，在一家高尔夫球场做起了球童。沿着高尔夫球场四处奔跑，找到球就可以赚钱，这对于一个12岁的孩子来说是一份不错的工作。不过在当时，小林奇一定不会想到，正是这段球童经历，彻底改变了自己的人生走向。

那家高尔夫球俱乐部的成员，很多都是当时一些大公司的董事长和股东，

第 17 章　彼得·林奇

他们经常在打高尔夫球时吹嘘自己最近的成功投资，这让林奇得到了关于股票市场的早期教育。正是在名流们高谈阔论的言语中，林奇对投资有了初步的概念，也让他意识到：股票，是可能改变自己命运的机会。

即便后来顺利考入了波士顿学院，他也没有放弃球童的兼职工作，只为了能够继续汲取营养。不仅如此，大学期间的林奇还花大量时间学习了历史学、心理学、政治学等社会科学，甚至还学习了玄学、认识论、逻辑学、宗教学，这些为他后来从事投资工作打下了坚实的理论基础。

关于知识框架，林奇跟芒格的看法有些类似，都是崇尚多元知识结构，认为做好投资的关键，并不在于只研究投资，而是扩大知识面，从其他学科的成就中汲取营养。他们都认为，投资不是科学，更像是艺术，很难用精确的方式理解投资。

当然，知识并不是林奇唯一的收获，在这里林奇的社交能力成为日后帮助他成功的关键。有一次，林奇的客户在高尔夫球场弄丢了雨伞，尽管并没有被要求，林奇依然用自己不多的积蓄买了一把漂亮的新伞送给客户。他没有想到，正是这样一次偶然的举动，成为改变他一生的重大机遇。这位客户就是乔治·沙利文，时任富达基金的总裁，他十分欣赏这位热情大方的青年，不仅为他写了波士顿学院的推荐信，还帮助他申请了球童奖学金基金的全额奖学金，也让林奇与富达基金结下了不解之缘。

业余球童的经历不仅帮助林奇进入了大学，也为他赚到了人生的第一桶金。1963 年，19 岁的林奇在认真分析了美国商务航运业务的发展前景后，决定购买一只货运航空小公司的股票——飞虎航空。正是这笔投资，使林奇的投资本金从 1250 美元变成了 6000 美元，足以覆盖他后续在沃顿商学院攻读 MBA 的学费，也让他一辈子喜欢上高回报率的投资。

纵观林奇的学生时代，并没有太多值得大书特书的地方。作为一个文科生，林奇不喜欢自然科学、数学、会计，而是醉心于历史、心理学、政治学。他后来把投资选股总结为一门艺术而不是科学，重要的不是数学方面的精准分析而是符合逻辑的推理方法，凡事都喜欢进行定量分析的人并不明智。他说："投资并不需要多复杂的数学运算，计算通用电气公司前一年负债和利润所需的数学知识在 16 岁前就已经完全解决，但华尔街的分析师们就像当

投资大道之价值为锚

年希腊人一样为了争论一匹马有几颗牙齿，能够坐下来说上几天。很多投资者宁愿坐下来争论股票会不会涨也不愿实地考察公司，似乎上帝能主动告诉他们答案。"这样的观点一直延续至林奇到久负盛名的沃顿商学院就读工商管理硕士（MBA）期间，他依旧排斥数学和金融学的课程，并且发现沃顿商学院的金融教授们传授的数量分析和随机游走理论并不能帮助他在股市中盈利，相反他在大型购物广场中发现的销量爆火的新商品，反而蕴藏着更大的投资机会。

在读研究生期间，林奇利用暑假，通过老熟人在富达公司找到了一份实习工作——当时的富达公司被华尔街形容为"投资公司中的圣殿"，这也是林奇与富达公司结缘的开始。

进入公司后，林奇被主管分派去做企业调研和报告撰写工作，具体负责对全国造纸业和出版业公司的真实情况进行实地调研分析。林奇的工作非常出色，给主管留下了很深的印象。

林奇在完成学业、服完兵役之后，1969年，富达公司再次向他抛出了橄榄枝，邀请他来担任企业与商品分析师。如鱼得水的林奇快速成长，5年之后就被任命为富达基金的分析部主任。这个工作为他以后驰骋投资领域积累了丰富而宝贵的经验。

由于表现突出，1977年，林奇被破格提升为富达旗下麦哲伦基金的基金经理。

富达基金和林奇无疑是互相成就的典范，林奇终其职业生涯也未曾离开过富达基金，他管理的麦哲伦基金，接手之初是规模2000万美元濒临解散的迷你基金，在他接手后短短13年里成长为规模140亿美元全世界业绩最好的基金，为公司带来了丰厚的回报和巨大的声望；而开明的公司董事也给予了林奇充分的信任和其他公司无法给予的自由选股的权利，让这位投资鬼才有了充分发挥的空间。

在林奇进入之前，富达基金早已是华尔街知名的共同基金公司，颇具戏剧色彩的是，就在1969年25岁的林奇正式加盟富达基金之前的两年，公司刚刚送走50年代到60年代负有盛名的基金经理——有"华尔街之王"美誉的华人蔡至勇。两位大师共同撑起了富达基金的业绩，让其在长达40年的

第17章 彼得·林奇

时间内长盛不衰,但他们的操作风格迥然不同。蔡至勇是股票技术分析的先驱,凭借他分析图表和模型的独特方式,获得了远超同行的收益;林奇则是挑选股票的天才,在没有量化交易工具的年代,他管理的麦哲伦基金投资了超过1400只股票,依靠这些股票快速增长的市值将林奇捧上了神坛。

但不论富达基金曾经经历过多少辉煌,在林奇到来时却是这家共同基金最灰暗的时刻,蔡至勇的离去带走了大批忠实客户,公司高层的变动以及随后爆出的贿赂丑闻,更是让其在1973年一年间便流失了1/3的资产。作为一位股票分析师,林奇仅用了5年时间就荣升为分析部主任,就在这个公司最艰难的时候,老板约翰逊大胆启用了这个年仅33岁的小伙子,让他成了濒临解散的麦哲伦基金的负责人。

那时的美股正处于熊市,大多数基金经理都将投资标的从股票转出,但对林奇而言,这正是扫货建仓的绝佳时机。林奇广泛购入市场上的低价股,他把自己购入的股票分为6类:缓慢增长型股票、稳定增长型股票、小规模快速成长股、周期性股票、困境反转型股票、隐蔽资产性股票,其中最偏爱的无疑是小规模快速成长股,他给这些股票取了个称号:10倍股。

顾名思义,10倍股就是那些能给你带来10倍回报的股票。对于那些每年增长速度至少20%的小规模企业,往往能给投资者带来10~40倍的高额回报,林奇最喜欢去乏味和缺乏关注的行业寻找高回报率的股票,这甚至成为他投资生涯最大的特点。1978年,在一次偶然前往加州旅游的过程中,林奇发现了一家令人印象深刻的墨西哥卷饼店——塔可钟。他很快发现这家连锁店在当地广受好评,并且从来没有过债务和倒闭的情况发生。短暂的思考后,他决定以7美元的价格大量买入,并使其成为麦哲伦基金当年的最大仓位。就当投资者都觉得林奇疯了时,不到一年时间百事公司就收购了塔可钟,并把股票价格带到了50美元。

而这或许是林奇整个投资生涯的缩影,他关注那些不被华尔街关注的小规模快速成长股,它们拥有低市盈率和优秀的资产负债结构,优势明显的特许经营资源,以及简单的业务和节俭的管理层。最重要的是,林奇习惯从生活中寻找潜藏的投资机会,而不是冰冷的报表和枯燥的投资会议。他曾说他家附近的伯林顿购物中心就是最理想的投资对象选择场所,那里有160多家零售企业，只需要逛逛街就能获得极好的基本面分析。而他最成功的投资对象：拉奎塔汽车酒店来源于酒店员工的评价；苹果电脑来自小时候的使用体验；唐恩都乐则是自己最喜欢的咖啡，无一不来自亲身经历。

正是这种特立独行的投资方式，使得林奇的收益完全不受大盘走势的影响，1978年道琼斯指数下跌18%，可刚刚上任的林奇却取得了20%的绝对收益。一年后，当市场反弹到18%时，林奇管理的麦哲伦基金更是创造了超过51%的回报。1983年4月，麦哲伦基金的资产达到10亿美元，1986年基金规模突破50亿美元，1987年8月管理规模增至百亿美元。1987年末美股出现"黑色星期一"，麦哲伦基金也损失惨重。但在彼得·林奇的"金手指"操盘下，他精准地在1987年股灾后重仓成长股，基金表现死而复生，这使得麦哲伦基金连续10年超过共同基金的平均水平，并且麦哲伦基金在反弹时再次超过市场水平。1990年麦哲伦基金规模增长至140亿美元，持有人超过100万人，成为当时全球规模最大的股票基金，林奇13年间的年化收益率高达29.2%。

在整个80年代，林奇在华尔街名噪一时。他带领麦哲伦基金不断创造令人难以置信的收益，甚至出现了林奇买什么股票，什么股票就应声而涨的情况。尽管随着规模的增大，越来越难找到那些不被重视且体量足够大的"10倍股"，但林奇依然通过庞大的股票池筛选着下一个奇迹。巅峰期麦哲伦基金同时管理着1400多只股票，在林奇职业生涯中共投资过15000只股票，他也赢得了"不管什么股票都喜欢"的称号。

但在事业如日中天的1990年，年仅46岁的林奇选择退休，彼时他是华尔街收入最高的基金经理，风头一时无两。关于林奇退休的理由，众说纷纭，他自己的说法是希望回归家庭，陪伴女儿的成长，不希望工作狂父亲早逝的命运发生在自己身上，但也有人将林奇的退休形容为他最体面的谢幕方式。林奇随心所欲的投资方式或许在麦哲伦基金规模较小时能取得高额的回报，但当麦哲伦基金已经成长为巨无霸基金时，这些方法开始不再奏效。林奇也坦然承认：现在退休是为了巩固他历史上最赚钱共同基金经理的传奇地位。

不论如何，伴随着林奇的退休，富达基金公司和麦哲伦基金进入了全新的时代，20世纪90年代末的美股互联网牛市中，麦哲伦基金的规模史诗般地增至1000亿美元。2000年美股互联网泡沫破灭后，麦哲伦基金的规模开始一路下滑。这可能也与它的业绩长期不振有关。在不断的质疑声中，麦哲伦基金也逐渐转型，强调低成本、流动性，从当年林奇时代的严重偏离主流指数的成长股基金，转换成持仓相对稳定，收益适度增强的弱主动基金。

二、投资理念

林奇是成长股投资的信徒。股票首先要好，但光好是不够的，还要低估。优质低价才是成长投资的王道。

找出优质个股的根本在于关注其背后的公司而不是股价本身。很多投资者之所以会犯错误，正是因为他们常常会将股票的价格和股票的实质混为一谈，追涨杀跌，却没能以投资公司的视角去投资股票，致使很多赚钱的机会从指尖溜走。

正如林奇所言："每只股票后面其实都是一家公司，你得弄清楚这家公司到底是如何经营的。不研究公司基本面就买股票，就像不看牌就打牌一样，投资赚钱的机会很小。"

以巴菲特为首的传统价值投资者，往往强调长期持股，甚至终生持股。而林奇则有所不同，不管是什么种类的股票，价值股、成长股还是绩优股，只要有利可图就可以买，一旦价格超过其价值就卖，重要的是及时兑现利润，保存战果。这当然与林奇是公募基金经理有关，投资者会看重短期业绩曲线，因此及时兑现利润、保持战绩才是基金经理最为看重的。

林奇的投资风格有点像须鲸捕食。生活在海洋里的须鲸，并不是采取有针对性的捕食方式，而是先不加选择地快速吞食数以千万计的微小海洋生物，然后将其中的少部分精华留下来，其余的杂质全部排出。类似地，林奇也是先买入一大批股票，然后经过仔细研究后，最终选择留下其中一小部分特别优秀的股票，其余的则全部卖出。

说句实话，当我看到林奇的持股组合竟然有1400只股票时，真是被吓到了。持有100多只还可以理解，但1400只真的有点超出想象，某种程度上，这么多股票几乎跟指数基金没啥差别了，很难想象这样能够跑赢指数。

对于其他人来说，像须鲸那样大面积猎食股票并不难，难的地方在于吃进去之后去其糟粕、取其精华的能力。这也恰恰是林奇的高明之处，他特别善于挖掘公司的隐蔽性资产，并发现其潜在价值。这一点必须佩服，林奇肯定有自己的独门绝学，这种诀窍未必会公开。其实可以理解，一个人有的东西可以公开讲，有的属于高度机密，属于投资的核心，没有必要也不可能全部公开。

在他看来，任何一个产业或者板块，哪怕是所谓夕阳产业，都可以从中找出潜在的投资目标，做女士丝袜的公司不见得比通信卫星公司差，只要公司潜质好，股票价格合理，就可以购买，正应了那句话：没有好的股票，只有好的价位。

林奇从不将自己的投资局限于某一种股票或者某一个行业上，他想要的是构建一个投资组合以分散那些非系统性风险。如此一来，在投资组合中只要有一两家公司收益率极高，即使其他的股票赔本，也不会影响整个投资组合的业绩。

不过他也认为，完全的分散投资组合同样是不合理的，在他的分散投资中更多体现的是集中。他建议，投资时最好选择不同风格、不同类型中排名相对靠前的基金，这对于投资者来说更为保险。"随着市场和环境的变化，具有某种投资风格的基金管理人或某一类基金不可能一直保持良好的表现，适用于股票的原则同样适用于共同基金。"

在此基础上，林奇提出了林氏投资的四大原则。

1. 了解你所持有的股票

这听起来很简单，但是我们知道能做到这一点的人少之又少。投资者应该能够在两分钟或者更短的时间之内向一个12岁的孩子解释你购买一只股票的原因。如果无法做到这一点，如果购买这只股票的唯一原因是觉得它的价格将上涨，那么就不应该买入。

他说："我可以给你说一只简单的常见股票——这种类型的股票大多数人都会购买。它是一家相对平凡的公司，生产的产品也很简单。该产品具有1MB内存的CMOS、双极RSC浮动点数I/O接口的处理器、16位双通道内存、

Unix 操作系统、Whetstone 每秒百万浮点运算的有机硅放射器、高带宽以及 15 微秒的运算能力等。如果你持有这种垃圾股票，你永远都不可能赚钱——永远不会。了解你持有的股票是非常重要的。你投资的企业应该很简单。"

2. 预测经济徒劳无益

预测经济完全是徒劳无益的，不要试图预测利率。艾伦·格林斯潘是美联储的头儿。他无法预测利率，他可以加息或降息，但是他无法告诉投资者 12 个月或者两年后利率将是多少。所有人都无法预测股市。

林奇很希望投资者能够知晓这些信息：

"对我来说，当衰退将要发生的时候获悉这种信息是很有帮助的。这会非常好。在座的大多数人应该还记得 1980 年至 1982 年的衰退，那是大萧条之后最严重的衰退。当时我们的失业率达到 15%、通货膨胀达到 14%、基础利率高达 20%。你们有谁接到告诉你们会发生衰退的电话了吗？你是否记得在你经常阅读的那些杂志上有哪一本杂志曾经成功地预见到了那种情况？没有人告诉我将出现那么悲惨的局面。

"你可能不相信人们在预测一年之后将发生的事情上面浪费了多少时间。能提前知道一年后的事情当然很棒。但是你永远无法知道。因此不要白费心机了。这没有任何好处。"

3. 不要担心指数

"你必须寻找麦当劳和沃尔玛这种类型的公司。不要担心股市。看看雅芳，在过去 15 年里，雅芳的股票从 160 美元跌到 35 美元。15 年前它是一家伟大的公司。但是现在，所有的雅芳推销员全都不得其所。她敲门，可是家庭主妇要么外出上班去，要么和她们的孩子在外面玩。她们销售的东西都可以在超市或者药店买到。雅芳的盈利基础土崩瓦解。这家公司只伟大了大约 20 年。

"今天股市的收盘价是 2700 点。就算今天的收盘价是 9700 点，雅芳仍然是一家悲惨的公司，股价从 160 美元跌倒 35 美元。因此在过去 15 年里，不管股市表现怎么样，你在雅芳公司上的投资都很惨淡。

"同样是在这一时期，麦当劳的表现非常好。它们进入了海外市场，它们推出了早餐和外带，它们做得很好。在这一时期，它们的绩效经历了魔幻般的上升，盈利增长至原来的12倍，股价上涨到原来的12倍。如果道琼斯今天的收盘价是700点而不是2700点，你在麦当劳上面的投资仍然能取得良好的回报。它的股价可能是20美元，而不是30美元，但是你仍然能获得8或9倍的盈利。"

4. 不要急躁，你有充足的时间

"你有充足的时间。不要有这样的想法：你一想到某个概念就必须马上把它付诸实施。其实你有足够多的时间对公司进行充分的研究。给我带来丰厚回报的股票都是我在关注它们第二年、第三年或者第四、第五年后才买入。在股市赔钱会赔得很快，赚钱却赚得很慢。赚钱和赔钱之间应该存在某种平衡，但是实际上没有。

"我想和你们谈谈沃尔玛这家公司，该公司于1970年上市。当时它们有38家店，一个漂亮的历史经营记录和一个坚实的资产负债表。在经过分拆调整后，它的售价是8美分/股。你可能会告诉自己，如果我不在下个月买进沃尔玛的股票的话，我将错过一生中最好的投资机会。

"5年后，沃尔玛有125家店，利润增长至5年前的7倍。你猜怎样？股价上涨至5年前的5倍，达到41美分/股。

"截至1980年12月，沃尔玛有275家店，利润再次上升至5年前的5倍。你猜怎样？股价上涨至5年前的5倍，现在是1.89美元/股。

"1985年12月，它有859家店，这并没有把山姆会员店计算在内。在这个5年期间内，利润上涨至原来的6倍，股价现在是15.94美元。因此你可以告诉你自己，天啊，这只股票从80美分上涨到15.94美元。我买入得太迟了。太疯狂了。我不应该再买入这些笨重的巨型公司。不，你此时买入还不晚，一点不晚。因为今天沃尔玛的收盘价是50美元。你有充足的时间买入。

"1980年，沃尔玛已经上市10年了。它的销售收入超过了10亿美元，资产负债表好得不得了，经营记录良好。真正让人惊讶的就是这些，投资于沃尔玛可能并不会给你带来巨额的盈利，但是如果你在1980年买入沃尔玛，持有至今你仍然能够赚25倍，在这一时期，这种回报率将把麦哲伦基金打得落花流水。顺便说一下，在此期间我并没有持有沃尔玛。当时我觉得它的股价过高。"

林奇也经常用自己获得富达基金工作的机会来举例："当我申请为富达工作的时候，富达共有80名员工。如今，我们的员工总数是7200人。当时富达求职者中有25名来自哈佛，总共有50名求职者争夺3个职位。我是沃顿的，我们过去经常开玩笑说，哈佛是二流学校，我们沃顿才是一流学校。不管怎么说，有很多求职者来自哈佛。但是我是唯一一个给总统当过11年球童的求职者，因此我得到了三个职位中的一个。"

三、六种股票类型

在《彼得·林奇的成功投资》一书中，他基于多年的分析经验将公司划分为六种类型：缓慢增长型、稳定增长型、快速增长型、周期型、隐蔽资产型以及困境反转型。一旦投资者确定了某一特定行业中的一家公司作为潜在的投资对象，接下来就要确定这家公司属于这六种类型中的哪一种，进而制订对应的投资策略。

林奇认为，缓慢增长型公司几乎没有投资价值；稳定增长型公司值得保底持有，原因在于这类股票能在经济低迷时期对投资组合起到较好的保护作用；周期型公司的投资逻辑完全不同，需要深刻理解产业周期，并选择恰当的投资时机，所以周期投资适用完全不同的逻辑，需要单独制订策略。

能够在投资组合中真正承担赚钱重任的，是另外三类公司。

（1）快速增长型公司。

这类公司是林奇最喜欢的股票类型之一，因为它们普遍规模小、新成立不久、成长性强、年平均增长率为20%～25%。他认为，如果投资者能够明智地选择，就会从中发现能够上涨10～40倍甚至200倍的大牛股；而对于规模小的投资组合，只需要寻找到一两只这类股票就可以大幅度提高投资组合的整体业绩水平。

有一点很重要，快速增长型公司并不一定属于快速增长型行业，而且快速增长型公司在给投资者带来高收益的同时，往往也会存在较大的风险，比如：规模较小的快速增长型公司增速放缓时，将会面临倒闭的风险；规模较大的快速增长型公司增速放缓时，将引发股票迅速贬值的风险。不过在林奇看来，只要能够持续保持较快的增长速度，快速增长型公司的股票就会一直是股市中的大赢家。

（2）隐蔽资产型公司。

如果一家公司拥有价值非同一般的资产，而这种资产只被极少数人发现，大众投资者却没有注意到，那么这样的公司就叫隐蔽资产型公司。林奇以佩恩中央铁路公司为例，认为这家公司"什么类型的隐蔽资产都有"：抵扣所得税的巨额亏损、现金、佛罗里达州大量的土地、其他地方的土地、西弗吉尼亚的煤矿、曼哈顿的航空权等，非常值得购买。而实际上，这只股票后来涨了8倍。

当然，投资隐蔽资产型公司的前提，同样是要对拥有隐蔽资产的公司有着真实的了解，一旦清楚了解了公司隐蔽资产的真正价值，所需要做的只是耐心等待。

（3）困境反转型公司。

这类公司既不属于缓慢增长型公司，也不是业务将会复苏的周期型公司，它们通常都有可能导致公司灭亡的致命伤。虽然很多投资者对这类公司信心不足，但很多人都没想到，危难之中往往也蕴藏着机会，就像克莱斯勒公司、福特公司、佩恩中央铁路公司以及其他许多公司，都证明了自己拥有"股价迅速收复失地"的能力。

投资困境反转型公司的好处在于，在所有类型的股票中，此类股票的涨跌与整个股票市场涨跌的关联程度最小。尽管有些公司没能做到困境反转以至于让投资者赔钱，但偶然几次的成功依然非常激动人心，并且总体来说，投资这类公司股票的投资回报非常丰厚。

不过需要提醒的是，快速增长型、隐蔽资产型和困境反转型三类公司固然收益不菲，可是它们的风险往往也相对较大，所以在做决策之前，一定要把功课做到位。

四、选股原则

林奇总结了13条普通投资者都能掌握的选股原则。

（1）名字听起来非常枯燥无味，甚至有点可笑更好。

（2）业务枯燥乏味。

（3）业务令人厌恶。

（4）大型母公司分拆出来的子公司。

（5）机构没有持股，分析师不追踪。

（6）公司被负面谣言包围。

（7）业务让人感到有些压抑。

（8）公司处于一个0增长的行业。

（9）公司有一个利基（缝隙市场，指有绝对优势的企业忽略的某些细分市场，意思是一个很小的产品或者服务领域的领先者）。

（10）人们需要重复购买的商品。

（11）公司是高技术产品的用户。

（12）公司内部人士在购买自家的股票。

（13）公司在回购股票。

符合以上条件越多的公司越值得研究，而要避开下列6个类型的股票。

（1）避开热门行业的热门股。

（2）那些被吹捧成下一个某某某的公司。

（3）避开"多元恶化"的公司。一心一意想要"多元化"的公司，基本上十年一个轮回：开始是大量收购，疯狂的"多元恶化"，接下来是疯狂的资产剥离，进行瘦身重组。

（4）当心小声耳语的股票。总是让投资者听到十分诱人的"滋滋"声响，却根本没有牛排在烤。

（5）小心过分依赖于大客户的供应商公司。

（6）小心名字花里胡哨的公司。

第一次看到上述观点的时候挺震惊的，觉得林奇是如此的与众不同，简直是个异类啊。但随着时间的推移，经验的累积，慢慢开始理解林奇提出这些观点背后的原因。其实这一切的背后有一个根本原因：只有不被市场关注，才容易低估。热门股票低估的概率极小，几乎为零。除非遭遇重大危机，这时就成了困境反转股，但困境未必能够反转，所以看上去估值极低，实际上有很大可能会血本无归。高风险高收益的模式不是每个人都能够把握的。

正是上述逻辑，使得林奇能够从市场几千只股票里，选到优质低价的好股票，从而为其令人震惊的超凡业绩打下坚实的基础。

所以理解了底层的逻辑，很多具体的表象也就迎刃而解了。否则盲目地鹦鹉学舌，抄大师的作业，专门选名字滑稽可笑的股票，那么最终滑稽可笑的可能就是你。

五、综合分析

林奇为何能持续战胜市场，并创造奇迹？这个问题相信很多人都渴望找到答案。因为林奇的投资业绩太出色了，以至于人人都想成为林奇。我也进行了深入的思考，自认为有以下几点是非常重要的，供大家参考。

（1）林奇是一个标准的工作狂，异常勤奋，并且比任何人都更加重视调研，以获得第一手资料。

林奇每天早晨 6:05 就出门，一天要看的资料有 90 多厘米高；几乎每天晚上都要加班到很晚才回家，一年到头不休息，甚至连晚上做梦梦见的都是股票。

此外，林奇非常注重调研，他对上市公司的访问量（包括上市公司到富达访问、林奇到上市公司实地访问以及参加投资研讨会）逐年上升，有媒体记录，1980 年是 214 家；1983 年是 489 家；1986 年高达 570 家。每年要出行 16 万公里的路程进行实地考察，甚至陪家人出国旅游也去那些有上市公司的城市，常常是到了地方，妻子去逛景点，他去公司调研。此外，他每年要与 500 多家公司的管理层进行交谈，即便是没在阅读或者访谈，他也会花几个小时不停地打电话。

可以说这真的有点夸张，几乎不是在调研，就是在调研的路上。可能正是因为这种工作强度，使得林奇在 46 岁事业顶峰期就选择了隐退，不然真有过劳死的可能。

林奇表示：我一直坚信勤奋必有回报。如果你考察10家公司，你可能会找到1只有意思的股票；如果你考察20家公司，可能会找到2只股票；如果考察100家公司，就可能会找到10只股票。考察公司最多的人将在投资这场游戏中取胜，这一点一直是我的投资思想。如果自己不对上市公司进行调查研究，进行仔细的基本面分析，那么拥有再多的股票软件和信息服务系统也没用。

市场一直流传着关于林奇的几件趣闻轶事，跟大家分享一下。

有一次林奇从朋友那里听到关于某玩具公司的讨论，便决定到销售这个玩具的商店看看，当他询问顾客是否喜欢这个玩具商店时，几乎所有人都说他们是回头客。亲身经历而不是道听途说，最终使林奇相信了这家公司，并果敢地买进该公司股票。

还有一次，在买进拉昆塔的股票之前，林奇在这家汽车旅馆里足足住了三夜，同样是为了得到翔实的第一手资料，为后续的投资决策打下了坚实基础。

坦白地讲，虽然林奇是我的偶像，但他的这种勤奋，我并不认同。

第一，这个程度的勤奋不利于健康，也就无法持续，正如一只100%增长的股票，是无法长期保持的。

第二，投资跟劳务报酬或者计件工资是不同的，也不是越勤奋，付出越多，就一定会有回报。

做投资肯定要讲究均衡，既为了赚钱，也要保持身心健康。这个是首要原则。

（2）林奇的选股策略十分灵活，投资理念不断推陈出新，不拘泥陈规。

林奇曾说过："在选股上，灵活性是关键，因为在股市上总是能找到一些价值被低估的公司股票。除了约翰·邓普顿之外，我是第一个重仓持有国外股票的美国基金经理。"可以说只要是能赚钱的，什么股票都可以买，不管国内的，国外的，大盘的，小盘的，统统都可以。

林奇执掌麦哲伦的早期，因为资金比较少，选股的重点是小盘快速成长股，抓到了不少大牛股，取得了非常优异的成绩。但是后面随着基金规模越来越大，也不得不调整投资策略，逐渐增加大盘蓝筹股的仓位，尤其是汽车公司这样的周期股，因为小盘股实在买不了那么多，盘子太小了。

林奇还进军海外市场，投资外国上市公司股票，不断根据市场情况以及基金规模情况灵活调整自己的选股策略。

同时，林奇从早期的频繁买卖换股，到后期的长期持有，不断灵活调整自己的投资组合管理策略。

很多人看了林奇的书产生了错觉，以为林奇就是靠买小股票起家的，而且终生都是买小股票。实际上，越是后期他的风格越是稳健，据他自己说的，他最大的两笔利润其实是困境反转股——克莱斯勒公司和佩恩中央铁路的股票。

但是不得不说，对于中小投资者而言，林奇的策略是非常有启发性的，也是非常有效的，毕竟，绝大多数人一辈子也没机会操作几百亿美元的资金，如果你真的有了这么多资金，再调整自己的投资策略也是可以的。林奇说的没错，小型成长股容易出大牛股。哪怕在今天依然是适用的。

（3）具有一套完整的投资策略。在买入股票前，林奇把股票分析分成三个步骤。

首先，以收益增长情况为依据对公司进行分类，针对不同类别采取相应的分析方法、资产配置和卖出策略。

其次，进行估值分析，根据市盈率、PEG等估值指标判断公司股价是否被高估。

最后，研究公司未来发展的故事，林奇称此为最想要了解的事。投资者必须寻找能够推动公司收益持续增长的动力因素，投资者越能确定这种动力因素究竟何在，就越能够确定公司未来发展的前景。

在下单买入之前，林奇总会沉思两分钟并再次评估三个问题。

- 我对这只股票感兴趣的原因是什么？
- 公司已经具备哪些条件以取得成功？
- 公司的未来发展将面临哪些障碍并如何解决？

只有确信能够明了这些问题并对结果感到满意时，林奇才会真正买入一只股票。

第17章　彼得·林奇

买入股票之后，卖出的时机也十分重要，甚至寻找一个卖出点比买进点更重要。林奇对卖出股票的见解独树一帜，他坦言：多年来，我学会的一个经验就是像思考何时购买股票一样思考何时卖出股票。林奇倾向于把资金永远留在股市里，根据基本面的变化把资金在不同股票之间进行转换，这是典型的选股不选时，因为林奇根据经验认为自己根本无法预测股市的暴跌。

关于卖出股票，林奇的另一个重要观点是，如果投资者很清楚地知道自己当初买入一只股票的理由，自然就会清楚地知道何时应该卖出这只股票。

林奇把所有股票分为六种类型，进而制订不同策略。这是他最伟大的贡献，甚至可以媲美格雷厄姆的价值投资理念。即使拿到今天来看，他的分类方法也没有过时。

世人总想一劳永逸地找到一套永恒的模式，解释股市的所有问题，林奇告诉大家这是徒劳的。股票不存在永恒的模式，只有进行合理的分类，并根据不同的类别制订合理的策略，才能长期战胜市场。以此为基础，他把股票分为六种类型，并详细解释了每种类型的特点以及盈利模式。我从中受益良多，坦白地讲，我现在的投资逻辑就是以林奇的六分法为基础。

①缓慢增长型股票实战价值不大，仅有的功能就是填仓位和赚分红。但是分红的功能是可以被稳健增长型股票替代的，也就是分红差不多，但利润增速不如稳健增长型股票，价格的波动幅度也小于稳健增长型股票，所以，缓慢增长型股票的主要功能都是可以被替代的，因此实战意义不大。

②稳健增长型股票是很有价值的，主要有以下几个考量。

首先是能吃进大量资金，这个对于大资金投资者是很重要的，因为很大的资金量不可能全买小票，大部分仓位只能配置蓝筹白马股，起压舱石的作用。

其次是有稳定股息，可以长期持有，稳定分红。

再次是增速不算高，也不算低，往往可以维持很多年的持续增长，从而获得不错的长期价格增值。

③快速增长型股票，容易出牛股，是投资组合里最重要的利润来源。这一点林奇讲得很清楚，这里不再赘述。缺点就是盘子小，资金量很难做大，小资金投资者则没有这个困扰。

关于快速增长型股票，林奇给出的秘密武器是PEG，也就是PE与盈利增速的比值。当PEG小于1时，值得关注。如果PEG小于0.5，那就是非常好的投资机会了。

第一次读到PEG时简直惊为天人，对林奇的敬佩如滔滔江水连绵不绝。后来一次偶然的机会才知道PEG这个指标并不是林奇原创的，它的创始人其实是英国人吉姆·斯莱特。所以这里就不再对PEG展开细致的分析了，后面会详细地介绍斯莱特和PEG指标。

④资产隐蔽性股票，个人认为现在的年代价值已经不高了，信息的加速传播和透明化，使得这种捡漏策略难度加大，只能作为一个辅助策略搭配使用。

⑤困境反转型股票，属于高风险高收益的策略。这个可不是林奇独享的策略，其实很多投资大师都喜欢困境反转型，比如巴菲特、聂夫等，几乎所有投资大师都有类似的投资案例。原因仔细想一想也不难理解，只有遇到重大危机的时候，才能拿到超乎寻常的低价，平时是很难的，而一旦危机过去，价格必然暴涨，短期就可以获取暴利。当然，如果判断失误，也会血本无归。

⑥周期型股票，属于独一份的分析逻辑和方法，不同于其他股票，关键是行业周期、存货、供需，核心是基钦周期。

根据多年的实战经验，结合A股的市场环境，我的操盘策略选择了四种类型作为基本盘，这也是我认为比较合理的一种投资配置，分享给大家。

①快速增长股，作为利润的主要来源，配置大约30%～50%。

②稳健增长股，作为基本盘、压舱石、保险阀，不求暴利，但求稳健和红利，配置20%～30%。

③困境反转股，以小博大，成功获取超额利润，失败也可以承受。配置10%～20%，这个可以灵活一些，毕竟不是随时都有困境反转股。

④周期股，其操盘逻辑不同于增长股，主要是考虑行业周期、存货、供需，配置20%～30%。

其中，困境反转股和周期股仓位可以适当灵活，因为这两类股票的出现有一定的偶然性，二者的仓位可以共同使用。

第18章

吉姆·斯莱特

很多人都是通过彼得·林奇的书，才知道了 PEG 指标，因此很自然地认为这个指标是彼得·林奇独创的，其实并不是。

PEG 指标是由英国投资大师吉姆·斯莱特首先提出，在《祖鲁法则》（*Beyong the Zulu Principle*）中将其运用在投资和选股上，随后在著名投资大师彼得·林奇的推广下，让更多人认识了 PEG。

1992 年吉姆·斯莱特出版《祖鲁法则》，教人如何在股市大举获利，他认为投资股市应该像祖鲁人一样锁定某个狭隘领域，缩小投资范围，才能从中获利。

祖鲁法则是指 1879 年大英帝国与南非祖鲁王国爆发祖鲁战争，祖鲁族的士兵仅用传统冷兵器竟让船坚炮利的英军大败而归。最后英军以损失 1700 人的代价才打赢祖鲁战争。祖鲁族所采取的战术即被称为祖鲁法则。

《祖鲁法则》一书主要强调在投资市场向来居于弱势的散户，必须学习祖鲁族，集中火力在自己选定的某个专门领域，这样才能发挥优势，进而打败机构大户，赚取超额收益。为此他提出了 PEG 指标。

一、PEG 指标

PEG 也叫市盈增长比率，也就是市盈率相对盈利增长速度的比率。

PEG 的计算方法，是将市盈率除以过去一年或预期未来若干年的净利润成长率，它考虑了当前市盈率及未来获利的成长性。理论上讲，这个指标越小，其投资价值越高。计算公式：

$$PEG = 市盈率 / 企业年盈利增长率 \times 100\%$$

　　这个盈利增长率是指明年或未来三年的盈利增长速度。这是一个预估值，因此这个数值预估得越准确，PEG 最后的数值就越正确。盈利增长率的数值我们可以参考上市公司以往的盈利增长速度来预估未来年份的增长速度，也可以根据自己对上市公司的了解来预估明年或未来三年的增长速度。

　　斯莱特在当时是根据分析师的预估盈利增长速度计算的，这可能是由于当时的历史条件决定的。无论怎么说，不管用什么方法，尽量把明年或未来三年企业的增长速度估计得靠谱一些，才是最重要的。

　　在当下的投资中，人们通常都是预估明年的盈利增长速度。因为预估未来三年的盈利增长速度难度太大了。

　　PEG 法则认为 PEG 的数值越小越好。实际的股市投资里，我们并不能只靠 PEG 来对股票进行估值，还要结合其他因素，综合权衡后方可做出决策。这里强调一下，PEG 不适合分析航空、汽车、钢铁、有色、煤炭等周期性行业的股票，周期股的操作需要其他的逻辑。

　　PEG 的实质是对市盈率指标做了进一步的完善，使我们在关注市盈率的同时不忘记关注企业的成长性。其实它的本质并不复杂，以较低的价格（较低的市盈率）买入较高的成长性（盈利增长速度）股票，才是最优的股票投资。

　　PEG 值的分子与分母均涉及对未来盈利增长的预测，出错的可能较大。计算 PEG 值所需的预估值，一般取市场平均预估值即多位分析师的预测所得到的预估平均值或中值。

　　用 PEG 指标选股的好处就是将市盈率和公司业绩成长性对比起来看，其中的关键是要对公司的业绩做出准确的预期。

　　PEG 指标弥补了静态市盈率指标在判断股票投资价值时的缺陷，不但考虑了本会计报告期的财务状况，同时也考虑了过去几年企业盈利的增长情况，以及未来几年企业的发展机遇。PEG 指标同时也弥补了动态市盈率指标的不足。相对于动态市盈率对盈利增长率的计算，PEG 指标的计算过程显得更为合理和科学。PEG 指标虽然同样带有一定的人为预测因素，但 PEG 指标在计算过程中，对盈利增长率的预测是建立在对企业本身近距离的研究和观察之上的，因此更为准确。

此外，PEG 指标还解决了静态市盈率和动态市盈率共同面临的一个问题，那就是对于价值评估标准的选择，这也是 PEG 指标选股法最大的优势所在。传统的市盈率选股法，是将个股市盈率与行业平均市盈率或者市场平均市盈率做比较，选出具有相对较低市盈率的个股进行投资。由于市场平均市盈率受宏观经济波动影响较大，容易产生脱离价值轨道的现象，导致作为价值评估标准的市场平均市盈率，本身并不具备可比性。

PEG 指标成功解决了这一问题，因为 PEG 选股法并不将市场平均水平作为价值评估的标准，而是将该标准定为数字 1。PEG 值低于 1 时，说明该股票价值被低估，值得投资者投资；当 PEG 值超过 1 时，说明该股票价值被高估，已经持有该股的投资者应该卖出，买入其他 PEG 值低于 1 的股票。彼得·林奇曾经指出，最理想的投资对象，其 PEG 值应该低于 0.5。

二、传奇一生

吉姆·斯莱特，英国人，出生于 1929 年 3 月 13 日，2015 年 11 月 18 日去世，享年 86 岁。

斯莱特是英国投资界的传奇人物。他 24 岁就取得了注册会计师资格，并加入多姆集团。年轻的斯莱特在经营管理和商业技巧方面表现出过人的天赋。进入集团仅三个月，他就成为集团主要子公司的总经理，并在接下来的两年里重组了集团内其他所有小型工业企业，帮助这家一度亏损 4 万英镑的企业盈利 2 万英镑。

本来，按照这样的轨迹，斯莱特必定会成为杰出的商业精英，但是就在 32 岁时，他在西班牙出差，染上了一种病毒性疾病，一直折磨了他几年之久。因为身体原因，他无法再承担到处奔波的艰苦工作，现实逼迫他必须用其他办法来增加收入。

于是，斯莱特对投资产生了兴趣，他认为，股市中的赢家一定具有某些相同的特点，只要找到并抓住这些特点就一定能成功。

他先是购买了大量投资周刊，潜心研究，并琢磨出一个对他一生非常重要的道理：只要选择一个比较狭窄的领域反复钻研下去，就会成为这方面的专家。

1964年，35岁的斯莱特放弃了利兰汽车公司的工作，带着全部资产2800英镑闯入股市，与彼得·沃克共同成立了斯莱特·沃克证券公司，并将2800英镑全部投入一家他认为有前途的公司上，3年后，这笔钱变成了5万英镑。

正是坚持着自己的哲学，并通过快速并购，不到10年斯莱特就打造出了自己的金融帝国，并将公司发展为著名的投资银行。1972年公司估值2.9亿英镑，成功跻身百万富翁之列，成为英国家喻户晓的投资大师。

1963—1965年，斯莱特还以笔名"资本家"在《星期日电讯报》撰写股市投资专栏，其推荐的投资组合回报率高达68.9%，而同期英国股市仅上涨3.6%。

可惜天有不测风云，1975年的金融风暴中，由于过度使用杠杆，斯莱特在事业巅峰时遭遇滑铁卢，破产了！

公司被英国银行接管，他直接从亿万富翁变成了"负翁"。

这是斯莱特人生中最惨痛的一次失败。不仅背上了100万英镑的债务，新加坡政府还先后15次向他发出传票，英国政府也对他发出了逮捕令。

但是，46岁的斯莱特并没有因此沉沦，他离开了金融市场，并利用自己多年积攒的信用，借到了一笔贷款，利用这笔钱，他和朋友继续做生意，领域涉及房地产、金矿及鲑鱼捕捞。

此外，他还靠撰写儿童读物赚钱。而他写的儿童读物全世界销量超过300万册！

几年之内，他就还清了全部债务和利息。

实际上，斯莱特能够东山再起并不是从炒股、房地产、金矿上实现的，而是渔业。这里的渔业，并不是放养与捕捞所有鱼类，仅仅是鲑鱼。

20世纪70年代，鲑鱼在英国是一种极其名贵的鱼，每条可卖到3000英镑，利润高得惊人。斯莱特在苏格兰买下了几公里长的一段河流，他对这段河流中其他的鱼类视而不见，专对鲑鱼感兴趣。

他广泛涉猎书本，多方请教专家，研究鲑鱼的习性，了解鲑鱼如何产卵、怎样人工培育等，如饥似渴地吸收着所有关于鲑鱼的知识。随着他对鲑鱼的了解越来越深入，鲑鱼给他带来的收益也越来越大。以前，人们每年仅能捕到 23 条鲑鱼，斯莱特投资鲑鱼的当年就比别人多捕了 142 条。

后来，他每天都能捕到 10 来条，日进斗金。鲑鱼简直就是一座真正的金矿。

曾经有人向斯莱特讨教成功之道，他微笑着说：鲑鱼是我的致富之因，祖鲁法则是我的致富之道。那究竟什么是祖鲁法则呢？斯莱特解释说：祖鲁法则是祖鲁民族对人生、对事业的取舍之道，主要意思是：与其用一根粗大的铁柱来钻厚重的木板，不如用一只铁钉。也就是说，只要你选择一个比较狭窄的课题钻研下去，你就会成为这一领域的专家。这也是斯莱特给自己的书起名《祖鲁法则》的原因。

当然，在这段时间里，斯莱特还潜心研究投资，并不断完善自己的投资哲学，最终总结出了祖鲁法则。

1992 年斯莱特出版了《祖鲁法则》，这是一本关于如何选择成长股的书，后来斯莱特又写了《轻松投资》《超越祖鲁法则：增长股份的非凡利润》《如何成为百万富翁》以及《在睡觉时赚钱》。

积累了充足的资本金后，63 岁的斯莱特在 1992 年重返阔别 17 年的股市，带着"祖鲁法则"秘技，重出江湖，再度打造了传奇佳话，所投资公司的股价在 17 个月从 50 英镑狂涨 10 倍，飙升至 549 英镑。

此时，斯莱特拥有的财富已经超过了他第一次破产前的身家。

祖鲁法则的核心思想，其实可以归纳为三个要点：专注、小领域、持续深入地研究。

大而全的模式在现代社会已经越来越难了，这是谁都无法改变的趋势，所以，选择一个细分领域，持续深入地研究，成为该领域的专家，就是最为可行的成功之道。这个道理不但适用于投资，同样适用于你的人生。

三、投资理念

斯莱特说：我认为自己是一个成长型投资者，但从本质上说，我的技巧是从我的成长股选择空间里，找寻出价值。在衡量价值的时候，我用的是一种不同于传统价值投资者的方法。假如相对于某一可比的增长水平，某一股票的市盈率比本行业其他公司的市盈率要低，或者是比整个市场的平均市盈率要低，那么，我就发现了他的价值。

在其他条件相同的情况下，相对于一家公司的增长率，其市盈率越低，这只股票就越有吸引力。

斯莱特认为，成长和价值并非泾渭分明。成长本身就包含价值，和成长相对的并不是格雷厄姆式的价值，而是周期股。

这两大类股票的主要区别在于虽然都会受到经济波动的影响，但成长股受到的影响比较小，周期股受到的影响却非常大，于是投资成长股的关键在选股，择时可以淡化；而想靠周期股赚钱，最重要的工作就是择时，一方面看宏观经济数据变化，另一方面看目标企业的利润水平变化。

1. 专注小型成长公司

大多数经纪公司都不会花费大量时间和金钱来研究小型股票。因此，更有可能在这个相对未充分挖掘的股票市场中找到便宜货。

为了寻找这些股票，他研究了 PEG 比率，该比率通过比较公司的市盈率与其预期的每股收益增长率来寻找极具性价比的优质股票。

他曾说过一句响彻投资界的名言：大象不会疾驰。

斯莱特曾这样总结自己的投资策略：我挑选成长股的方法，本质上就是从整个市场入手，并且通过筛选，将选择空间缩小到仅剩下几只股票，作为我投资组合的候选对象。

2. 成长股要选择正确的行业

斯莱特说：在寻找成长股时，我最喜欢的行业是制药业、医疗保健业、传媒业、支持服务业、其他金融行业、酿酒业、酒吧和餐饮业，以及普通零售业。有时我也能在这些行业以外找到一些成长股，但是数量极少，并且很分散。确保你没有投资于错误的行业非常重要。

3. 选择比时机重要

斯莱特说：在投资成长股时，更重要的是选择，而不是时机。不应当花费过多的时间担忧整个市场的走势。投资是一门精确的艺术，并且选择比时机的把握更为重要。

4. PEG 的使用

每股收益年增长率为 15%～30% 的个股使用 PEG 是比较合适的，因为这个增长率可持续。需要强调一下，周期股不适合 PEG 指标。

5. 每半年需要对持有的股票进行一次回顾和更新

不能指望一劳永逸，一辈子只做一次决定，剩下的时间就是喝茶看报。股市永远是变化的，没有什么方法能永远有效。

6. 相对强度指标

相对强度指标是一种技术指标，和 PEG 概念作为祖鲁法则的两条重要选股要求，其实不难理解。斯莱特在价值投资的基础上强化了技术的考量，因为股价走势较市场更为强势的个股更具爆发力。但这一点格雷厄姆和巴菲特显然不会同意。

股价无法立即吸收大量的利好消息，往往在股价上升的过程中，总有一些逐利的投资者不断受到诱惑，使股票需要在相当长的一段时间才能达到一个新的价格水平。

7. 关注连锁模式

对于那些已证明可以克隆业务的公司需特别关注。这里主要指的连锁模式。

8. 分散风险

将风险分散到很多股票是很重要的，因为不知道股票何时才能上涨。个股最多不应该超过总成本的 15%。

9. 设置止损

止损可以选择买入价的 20%，也可以用跟踪止损法，也就是止损价设置为曾达到的最高价的 20%～25%。

10. 设置投资期限

如果三年都没有打败市场，那还是把钱交给专业的基金吧。

四、选股策略

斯莱特明确列示了选股的七条强制性标准。

1. PEG 小于 1，最好小于 0.75

斯莱特选股的第一条标准就是看 PEG 指标。他认为，PEG 指标小于 1 是最基本的要求，最好的情况是小于 0.75。

PEG 适用于成长型公司。购买低 PEG 股票的吸引力在于，它们除了具备安全性，还能不牺牲成长股前期的上行潜力。低 PEG 的成长股不但享受到了预期收益率提升带来的股价上涨，还享受到了估值提升带来的资本增值。这也就是所谓的"戴维斯双击"。

据统计，低市盈率增长比例股票能明显跑赢市场。

2. 预期 PE 不超过 20 倍

除了第一条之外，斯莱特愿意为成长股花费预期每股收益最高 20 倍的市盈率，同时，每股收益增长率在 15%～25% 时，PEG 的效果最好。

买入一只市盈率为 12 倍，预计每年每股收益增速为 24%，市盈增长比率为 0.5 的股票，即使下一年度收益有点令人失望，股价也不会跌得太多，因为相较于原始的预测以及整个市场，它的市盈率已经很低，而且股价也很便宜。

斯莱特指出，公司增长率迟早会放缓，增速会下降到一个更合理的水平。如果后期公司增速减慢，由于买入时的市盈率很低，股价的跌幅会很小。

3. 每股现金流超过上一年报告和前五年平均每股收益

在投资领域找规律是很难的，但那些拥有出色现金流的股票总是很有吸引力。

一家公司如果拥有合理的盈余现金，以及远远超过每股收益的每股现金流，那么这就是一家非常令人放心的公司。现金流远远比收益更难伪造。因此，大量现金流就像一种保护措施，帮助我们避开那些使用会计手段调整做出的"人造"优质成长股。

适用于市盈增长比率股票的简单筛选方法是：确保每股现金流超过上一

报告年度和前五年的平均每股收益。现金流筛选标准让投资者更安心，在熊市中起到更为有效的作用。如果一家公司的每股现金流比每股收益好得多，那么在最终权衡是否买入股票时，应把这一点作为加分项来考虑。

4. 杠杆率低于 50%

《祖鲁法则》中所述的杠杆率是净杠杆率。杠杆率是衡量公司负债风险的指标，从侧面反映出公司的还款能力。

在企业总资产恒定的情况下，杠杆率越高，代表着公司银行负债越多，还款压力越大，负债风险也就越大。50% 以上的杠杆率就非常令人担忧了，特别是当一家公司的大部分借款都是短期的时候。斯莱特介绍了一家高杠杆率的公司比没有杠杆率的公司容易受到冲击的原因。

（1）所有具有高杠杆率的公司，包括银行贷款和其他短期借款，都可能对利率变化非常敏感。

（2）在流动性危机时期，一个高杠杆率的公司，特别是有大量短期借款的公司，可能会非常脆弱甚至破产。

（3）高杠杆率的公司往往会夸大其业绩的发展潜力。所有股本都已充分利用，而进一步大量借款会导致公司增加负债，也会让公司对金融市场的风吹草动非常敏感。

（4）一家高杠杆率的公司显然没有很好的措施来应对突发事件，如大罢工或突然的经济衰退。

杠杆是一把双刃剑，当企业盈利时，增加杠杆能扩大盈利，但是加的过多，风险就会上升。因此高杠杆率带来收益的同时也放大了风险。

令人乐观的现金余额是辨别一家公司是否能成为卓越的成长型公司的迹象之一。强劲的现金余额是最令人信服的证据，证明一家公司的增长是真实的，并且它可以持续将其不断增长的每股收益转换为现金。

5. 前 12 个月的相对强度较高，同时前 1 个月或前 3 个月的相对强度较高

较低的市盈增长比率大大缩小了潜在股票的投资范围，利用现金流分析可以使投资具有安全感。

斯莱特把前1个月的相对强度为正、前12个月的相对强度变大作为一个重要筛选标准。所谓"相对强度"，实际上就是股价与大盘的相对强度。比如在某一段时间内，股价上涨两成而大盘上涨却只上涨一成，那么股价的走势就强于大盘。

尽管很多人都认为近期表现不佳的股票具有最大的上涨潜力，但实际上，表现最好的股票往往是那些已经开始像赢家一样跑赢大盘的股票。

相对强度严格来说属于技术分析的概念，这也是斯莱特跟其他价值投资大师不同的地方，他并没有完全否定技术分析，相反，他对相对强度非常看重。

我根据多年的实战经验，非常认同斯莱特的观点：相对强度是一个非常强大、有效的工具，尤其在市场比较强的时候。

其实不仅仅是相对强度指标，技术分析里有不少很有实战价值的工具，都是多年实战经验的总结。但是因为某些原因，价值派的投资大师，贬低技术分析的居多，甚至很多话说的很难听。在这一点上，我觉得自己有必要表明观点和态度。

6. 竞争优势

竞争优势可能来自以下几个方面。

（1）顶级品牌名称。

（2）专利或版权。

（3）法定垄断。

（4）行业的主导地位。

（5）在细分市场的既定地位。

竞争优势有时被称为商业特许经营。公司的竞争优势可以巩固未来的收益，并提高利润预测的可靠性。在众多的选择中，投资者最好投资那些跟竞争对手相比有明显优势，不易受到攻击的企业。

巴菲特几乎只投资拥有各种强大商业特权、经营权的企业，如可口可乐、美国运通和迪士尼。

斯莱特认为，必须密切关注资本回报率的发展趋势，数值下跌可能表明一家公司正在失去其竞争优势；另外密切关注利润率水平，利润率下降可能是公司失去竞争优势的第一个甚至是唯一的警示信号。

7.董事中没有人积极卖出股票

限售期届满，公司董事常常会减持股票，理由一般是"个人资金需要"。斯莱特认为，只要有一个董事在卖它们公司的股票，就足以让他对该公司完全失去兴趣，即使公司的统计数据看起来令人感到振奋。

相反，如果有几个董事在买入公司股票，这将是非常积极乐观的信号。如果 CEO 和 CFO 都在买入公司股票，那么更要注意。

除此之外，斯莱特还提出强烈建议的标准。

第一，每股收益处于加速提升中，最好是能自我克隆的业务模式。

第二，有一些董事在买入股票。

第三，公司市值在 3000 万～2.5 亿英镑之间。

第四，有股息收益率，这一点只是参考，因为对于高速成长股来说，持币不分红应该是最优策略。

这是除了上述 7 条强制性标准之外的重要准则，属于第二梯队的标准。

再就是加分项，属于第三梯队的标准。

第一，低市销率。

第二，有新变动。

第三，低市研率。

第四，合理的资产状况。

综上所述，斯莱特的投资理念具有自己鲜明的特色，也完全符合自己所说的祖鲁法则。从个人角度看，我非常认同斯莱特的祖鲁法则。作为一个小投资者，专注于一个细分领域，形成优势，其实是成功的不二法门。不少投资者都选择大而全的路线，什么都研究，什么都会一点，但是一旦实盘操作起来，就完全不是那么回事。这里的主要原因，我觉得就是缺乏专注和集中。

当然也不是随便选择一个领域就闷着头往里钻。这肯定也是有问题的。钻研之前，方向的选择很重要，首先保证方向是对的，或者至少不能偏差太大。比如，斯莱特选择的小盘成长股这个细分赛道，最终取得了成功，我深受启发。

你选择的方向，有多大的概率能够取得成功，这是个"生死攸关"的问题，必须要高度重视。当然不是每个人都可以一次就选对，这是不现实的，但底层逻辑还是有的，不同的道路，成功的概率还是存在差异的。一个基本的原则就是做大概率事件，永远站在大概率的一边。

如果人生的每一个选择都能与大概率为伍，那么成功就不难了。但一个残酷的事实是，人类的本性就是喜欢小概率事件，去博大盈亏比。

第 19 章

戴维斯家族

戴维斯家族是美国金融史上的著名家族之一。作为一个连巴菲特都对他赞誉有加的投资人，老戴维斯是少数拥有超过 45 年投资业绩的大师。比他投资业绩更长的人，目前只有沃伦·巴菲特、沃尔特·施洛斯和菲利普·卡雷特。通过对保险股的投资，戴维斯家族实现了惊人的财富增长，年化收益率接近 25%。

从祖父谢尔比·库洛姆·戴维斯开始，到儿子谢尔比（戴维斯为儿子也取名谢尔比）、孙子克里斯和安德鲁，名耀华尔街的戴维斯家族，以屡试不爽的价值成长投资战略和对投资的执着，成就了美国史无前例且最成功的投资家族。

爷爷从 5 万美元做到 9 亿美元，爸爸 30 年投资累计回报 75 倍，是标普 500 的两倍，孙子管理 450 亿美元资产，戴维斯家族打破了"富不过三代"的魔咒，屹立华尔街几十年不倒。

做投资的人几乎都听过一个术语叫"戴维斯双击"，就来自著名的戴维斯家族。根据我多年的实战经验，如果说格雷厄姆的价值投资能够称得上投资界的屠龙刀，那么戴维斯双击就是投资圈的倚天剑，因为这个理念既包含价值投资的低估优势，又包括业绩质变形成的爆发力，同时含有成长投资的种子，堪称投资之大成思维。

一、第一代戴维斯

1. 青少年时期

谢尔比·卡洛姆·戴维斯是戴维斯家族的第一代和奠基人，出生于1909年。他家里有一套店铺，父母把它租了出去，定期收租金。父亲还给华尔街写稿子，经常有稿费。因此家里收入还行，属于当时的中等收入家庭。

戴维斯小时候不愁吃穿，无忧无虑。他学习认真，成绩也好，一直保持到了大学。他读的是普林斯顿大学，学的是俄国史。大学期间，戴维斯参加了一次社会实践活动，前往欧洲。在法国的火车上，他认识了未来的妻子凯瑟琳·沃瑟曼。两个人聊得很投机，后来发现他俩都读俄国史专业，参加的也是同一个社会实践活动，很有缘分，于是很快确立了恋爱关系。

凯瑟琳是犹太人，而且是富贵人家的小姐。她父亲从事纺织行业，很赚钱，是有名的犹太大富豪（沃瑟曼家族），家庭条件比戴维斯家强得多。

1932年两人大学毕业之后结了婚。婚礼后两人去欧洲度蜜月，戴维斯顺便找了份兼职记者工作。工作之余，两人继续深造，并一起在日内瓦大学完成政治学博士课程，正式成为"博士夫妇"。

1934年，夫妻俩回到费城自谋生活。这个时候，美国刚刚经历了30年代初的经济大萧条，工作不是太好找。戴维斯想找一个写作赚钱的活，但是没有如愿。凯瑟琳就把他推荐给自己的哥哥比尔。

比尔有一家投资公司，还盖了一座大厦。他靠投机生意赚钱，他给戴维斯安排了一个"统计员"的活儿，职责是协助公司研究股票，看哪些股票有价值。

一开始，戴维斯跟着公司里的老员工学技术。这个阶段，以往历史学、政治学的底子对他几乎没有什么帮助，全凭一腔热血从头学起。戴维斯对待新岗位很认真，经常来往穿梭于全国各地，不断地拜访公司、观察行业、了解社会。除了跟公司高层打交道以外，他还经常跟一线人员聊天，由此掌握了比较全面的经济信息。

短短两三年，戴维斯不仅积累了广阔的见识和经验，而且展现出了很强的投资天赋，他给比尔推荐的股票很有价值，做的分析也非常全面。不过，

第 19 章　戴维斯家族

在 1937 年戴维斯和比尔就因为理念不合散伙了。

离开比尔的公司之后，戴维斯重新回到了写作的爱好中。他沉下心来，结合自己的历史学知识，把这三年东奔西跑搞股票调研的见闻与心得，写成了一本名为《面向四十年代的美国》的书。一经出版引起好评一片。

当时的纽约州州长托马斯·杜威看了这本书之后，聘请戴维斯来当他的演讲拟稿人和经济顾问。杜威本来是要竞选总统的，不过后来没成事，还下了台。戴维斯跟着杜威干了 3 年之后，1940 年重新开始写作赚钱。

由于研究了大量历史，戴维斯不像其他人那样悲观，他相信周期的存在。长期而言，投资股票是最具有潜力的。戴维斯甚至查了一下美国的专利发明数量，在那个年代爆发式增长。于是，他预测三个巨头将苏醒：铁路、公共事业和建筑。

1937 年，戴维斯迎来了自己的第一个儿子，到了 1938 年，他的女儿出生。

之后发生了第二次世界大战。如戴维斯预测的，第二次世界大战也推动了股市上涨。1942—1946 年，道琼斯指数翻了一番。美国政府成了最大的消费者，从钢铁到橡胶，再到军需品。

戴维斯认为，股票市场的机会越来越大。而且他发现了一个有趣的现象：任何在前 20 年表现很好的资产，会在下一个 20 年表现很差；相反，任何在前 20 年表现很差的资产，会在下一个 20 年表现很好。

2. 进入政坛

经过战时枯燥而单调的 3 年生活后，1944 年，戴维斯再次被重新当上州长的杜威任命为州政府官员——保险司副司长。这回把他带到了财富大门的面前。

虽然事后来看是一扇财富大门，但当时美国的保险行业并不景气，甚至后来十几年也是如此。大家普遍不看好这个行业，所以鲜有人愿意去敲开这扇门。

戴维斯在保险司副司长的岗位上得以深入地接触这个行业，他也再次发扬自己埋头钻研的精神，经常花大把时间研究纽约州各个保险公司交上来的财务报表。如果办公室里看不完，他就把这些表格带回家继续研究。在反复对比表格上各种数字的同时，戴维斯也梳理了一下保险行业的成长历史，顺便研究了州里及美国国内关于保险行业的立法，然后结合之前3年的投资经验，他逐渐看清了保险业的现状以及未来的前景。

随后，他决定：辞掉工作，全职做投资。

3. 开始投资生涯

在戴维斯看来，当时的保险行业潜力巨大，这基于两个原因：一是保险公司不像其他生产企业，它基本上没有购买机器、扩大厂房的资金投入，除了水、电、房租、办公耗材费用和工资以外，没有太多的成本，大额支出就是偶尔有客户索赔的时候；二是客户投保的保费基本上都被公司用来搞各类投资，公司股东们基本不用再额外掏钱，而这些投资的收益最终都归股东们所有。

但是，戴维斯在任职副司长的时候发现，保险公司的报表很多都是"效益不佳"的。因为他们的报表体现的基本都是买卖保单的记录，而那个时候，保险推销员每卖出一张保单，就能得到相当于首月保费120%的佣金，所以公司的账上总是显示亏损。

巨大的红利被悄悄地掩盖，但是被戴维斯发现了，而且他感受到从长远来看，保险业绝对是稳当的投资领域。

在这一发现的鼓舞之下，戴维斯告别了有可能前途无量的政坛和收入还算丰厚的铁饭碗，用勤劳工作攒下来的钱以及凯瑟琳娘家留给她买房的钱，把自己变成了一家老牌保险股票交易公司的合伙人。这个公司运营得并不好，但戴维斯看重的是他的牌子。后来公司的创始人压力太大，自杀了，戴维斯便成了最大的股东，然后以自己的名字命名公司，还让妻子凯瑟琳过来帮他接电话。

公司业务不多，戴维斯则一直在研究各种保险股票，遇到好的他就自己买，然后等着拿股息。

事实证明，虽然没有会计师和股票分析师专业证书，戴维斯却通过认真细致地分析社会的各行各业，并深入挖掘大小企业，准确地找到了被埋藏的潜力股。

确定完自己的目标之后，戴维斯把手头的资金陆续投入了进去。

日复一日，年复一年，每投一家公司之前，他都会慎之又慎地研究来、比较去。一旦被他看中，他所投入的资金将会有极高的概率为他带来利润。独立投资的第一年结束时，戴维斯公司最初的10万美元资产翻了一番多，变成了23万美元。

凭借着耐心、专注、研究，让戴维斯找到了那些今后40年给他带来亿万财富的"金矿"。

4. 捡便宜的原则

有些便宜，该捡的时候一定要捡。戴维斯以及妻子凯瑟琳都喜欢捡便宜，但捡的都是有价值的大便宜。

1941年，打算竞选总统的纽约州州长杜威下台，然后又赶上二战。戴维斯离开了杜威的政府班子，靠写作和为政府战争临时部门打工谋生。

因为打仗，世界不太平，美国也实行了很多战时经济政策，所以股市基本上一点也不赚钱。这时候，有个人打算出售手里的纽约证券交易所席位，价格是3.3万美元。这是个白菜价，因为十年前，这个席位能卖到60万美元。

纽交所席位可以让持有人获得在纽约证券交易所自由买卖证券的资格，至今也只有一千多个席位。如果没有这个席位，那么想在纽交所炒股就得找有席位的人经手，还得交佣金和手续费。

戴维斯很心动，直觉告诉他应该买下来，将来可能有大用。于是，他跟妻子商量，拿出了岳父留给妻子买房子的3万美元，凑了凑就把席位买了下来。

长远来看，这个投资确实很划算。到戴维斯去世时，他手里的这个席位价值83万美元。除了价格的巨大涨幅外，该席位也给戴维斯早期投资保险行业带来了及时、丰富的第一手交易信息，同时让他免去了"中间商赚差价"的开支。

当然，捡便宜这一原则发挥最大效用的领域，是戴维斯买股票搞投资。

他刚弃官从商的时候，美国股市还处在低迷的熊市状态：一是由于刚打完仗；二是由于大家普遍对30年代的经济危机心有余悸。这个时候，买股票的人很少，股价普遍很低，而且不被看好。戴维斯觉得这是买入股票的大好时机。当然，他依旧会对各种廉价股票进行细致的研究，最主要的是登门拜访和观察细节。只要他认为这家公司有前途，就会毫不犹豫地买入。事实证明，他买入的很多小公司和小企业，日后都成了行业龙头，是大家竞相买入的热门股票。

戴维斯先后研究并投资了32家保险公司，这些公司在20世纪50年代给戴维斯创造了160万美元的利润。然后，他以此为本金，再次投资新的目标。到了50年代末，从熊市进入牛市的美国股市，将戴维斯的净资产推到了800万美元以上。

到了20世纪60年代，美国股市一路雄起，戴维斯觉得在美国国内很难找到"便宜货"了，于是把目光投向了海外。

5. 海外投资

引起戴维斯兴趣的是日本。他报名参加了一个前往日本的商业考察团，到了那里之后细致体会了当地的风土人情，然后与日本企业的高管们深入交谈。事后，戴维斯和同行的人员发现，日本商业氛围很浓厚，尤其是保险行业得到了政府的大力扶持和保护。日本保险业跟美国不同，税收很低、赔偿准备金丰厚、索赔困难。

戴维斯觉察到日本保险业的机会，于是毫不犹豫地买入了日本的保险股。很多跟他一起去的人回到美国后就对日本没兴趣了。

从60年代末开始，日本经济迅速增长，戴维斯持有的日本保险股票以及开拓日本业务的美国保险公司的股票都出现大涨，使他迅速跃入千万富翁的行列。受此鼓舞，戴维斯继续寻找其他的海外财富，并在墨西哥、南非、德国、法国、意大利等国家找到了"物美价廉"的保险股，让他赚得盆满钵满。

不过，1969年他出任美国驻瑞士大使后，便把公司和投资交给了伙伴打理，结果6年间从5000万美元跌到2000万美元，跌幅高达60%。

在此期间，戴维斯的儿子谢尔比开始独立创业，经过一段时间的"年轻气盛"和"随波逐流"之后，损失惨重的谢尔比选择了老爸的投资策略：先搞研究，再捡便宜。

6. 晚年爆发

从瑞士大使任上回来的戴维斯继续搞投资。之前亏损的 3000 万美元并没有让他丧失冷静，相反，戴维斯稳稳地待在办公室里，手里的投资组合却再次反弹，并以复利形式增长，迅速回本且突破 1 亿美元。即便如此，戴维斯还在继续等待着捡便宜的机会。

1987 年，又一次经济危机爆发，股市崩盘，全球出现恐慌。年近 80 岁的戴维斯瞅准机会，经过仔细研究后，大量买入一批跌到谷底的股票。这时，他公司里的很多人都在反对，认为这老头简直疯了，办公室经理为了阻止戴维斯下达购买命令而疯狂挂断他的电话，气得老头张口大骂。

买入这些"烂股票"之后，公司的人拿给他一份报表，上面显示公司账面亏损 1 亿多美元。戴维斯看罢呵呵一笑，非常淡定。

随后没过两年，股市迅速复苏，戴维斯买入的"烂股票"咸鱼翻身，不仅补偿了亏损，还让他净赚过亿美元，总资产超过 4 亿美元。到了这时，80 岁的戴维斯退居幕后，让儿子谢尔比和孙子克里斯、安德鲁管理自己的投资基金。

1994 年戴维斯离世的时候，当初几万美元的资产已经暴涨至 9 亿美元。在他的持股名单里，那些当年名不见经传的小公司很多都成了业界霸主。

7. 成功的关键

研究透了，便宜捡了，关键还得耐住性子、沉住气。

戴维斯从下海创业到身家数亿，经历了 40 年的时间，这是一条白手起家创业致富的漫长之路。也就是说，戴维斯发大财不是在几天、几个月、一年之内做到的，而是通过数十年的逐步积累才实现的。

大部分时候，戴维斯要花大把的时间去研究成千上万张公司报表，去约谈成百上千个公司人员，参观成百上千个办公室和厂房，然后趴在桌子上进行上万次有关数据的计算，最后才能得出哪些是他应该投资的赚钱股票。当然随着经验的丰富，他判断的流程会缩减，但前期的积累依然艰辛。一旦投资进去，真正利润增加的过程反而平淡无奇。

戴维斯从 20 世纪 40 年代后期开始投资，先后经历了两次大牛市，两次大熊市，一次大崩盘，三次战争，一次总统遇刺，25次国家政策调整，等等，当大部分投资人被一时的形势"迷惑"而改弦易张或投机取巧时，戴维斯却谨守着自己的投资原则，忠实地持有着手里的股票。即便60年代曾亏损近60%的资产，他仍然小心谨慎地对待股票投资。

很多购买戴维斯投资基金的客户都觉得他的投资产品收益太少了，投资领域太小气了，与别的公司的投资收益相比太低了。但事实证明，敢一直购买他的投资产品的客户，最终的收益是惊人的。只不过这个时间会很长，得靠十年、二十年的时间才能印证。

细致的研究、长期的持有，成为戴维斯财富增长的终极秘诀。

8. 趣事一箩筐

克里斯讲过两则关于他的爷爷戴维斯的趣事，可以当作戴维斯为赚钱而奋斗一生的写照。

第一则：克里斯正式为爷爷戴维斯打理基金的那段时间，发现年近80岁的戴维斯虽然不经常来办公室，但总会把一件旧的掉色的夹克搭在办公室座椅上。克里斯问戴维斯为什么，戴维斯说：如果我不在，但是有人找我，当他们看见椅子上的衣服，就会认为我没有走远，更不会认为我去吃喝玩乐了。

克里斯又问这件夹克放在椅子上多久了，戴维斯说：20年。

第二则：克里斯陪着80岁的爷爷去找客户开会，路途不远，爷孙俩人步行去。路上，戴维斯总是小跑前进，克里斯不明白为什么他要这么做。戴维斯说：如果有客户看到我在大街上这样一路小跑，就会认为我不是一个懒惰的人。

二、第二代戴维斯

谢尔比并没有继承和管理父亲戴维斯的巨额财富，他从小就深受父亲的影响，父亲将投资经验和理念灌输给他，童年时代伴随着他的是财务报表与股票知识。此外，谢尔比还在父亲的身边做过助手。

1969年他与朋友接管了纽约的一家投资公司，并将其命名为纽约风险基金。

纽约风险基金起初的资产不过几百万美元，但是经过谢尔比20多年的苦心经营和第三代的精心管理，截至2014年3月底，其在管资产规模高达236亿美元。

纽约风险基金第一年的主要投资领域是科技股，并取得了非常不错的成绩。但是，他们在20世纪70年代初的经济衰退中尝到了苦头。这次失败迫使谢尔比重新思考投资策略，之后他开始专注于挑选低价且适度增长的股票而非高价的成长股。

投资战略调整后，纽约风险基金重拾辉煌，创造出10年复合年回报率19%的业绩。

1988年，谢尔比获评《福布斯》杂志最佳共同基金经理。同年，父亲戴维斯以3.7亿美元的净资产荣登《福布斯》美国富豪榜。

三、第三代戴维斯

1994年，在老戴维斯去世后，儿子谢尔比也在三年后退出活跃的基金经营圈，轮到戴维斯家族的第三代即孙子克里斯和安德鲁经受考验了，他们接管了整个家族的资产，一、二代的财富在第三代手中汇合。戴维斯家族管理的资产总规模为470亿美元，其中有公开披露数据的资产为241亿美元。

虽然克里斯和安德鲁共同管理着这笔巨额财富，但是他们的投资风格和管理资金的规模相差甚远。相同的是，他们都取得了非常优异的投资业绩。

自1995年克里斯掌管纽约风险基金以来，获得的年平均回报率为11.95%，而同期标普500指数年平均回报率仅为7.61%。安德鲁掌管的增值收益基金从1992—2013年获得的年平均回报率为8.99%，而同期标普500指数的回报率为6.8%。

四、《戴维斯王朝》

约翰·罗斯柴尔德的《戴维斯王朝》向我们展示了一部美国经济史，在40多年的历程中，经历了第二次世界大战、美国大萧条、"漂亮50"泡沫破灭、两次大牛市和大熊市。这本书由著名的投资大师彼得·林奇作序。

老戴维斯和巴菲特有三个共同点。

（1）在其投资生涯中都取得了23%左右的年化收益率。

（2）都酷爱投资保险股。巴菲特的伯克希尔就是一个保险公司。

（3）都非常节俭，甚至有点抠门。他们在成为亿万富翁后，依然住在破旧的房子里。

老戴维斯相信一件事情：以合理的价格投资成长股，而不是以任何价格投资成长股。他的生活也遵循这个价值观。全家人节约着每一分钱，直到孩子们20多岁，才发现自己出生在亿万富翁的家庭。

老戴维斯虽然培养了同样优秀的儿子，却很长一段时间和儿子关系冷漠。父子两人一直话不投机，意见不合，直到老戴维斯去世前，才有所化解。

戴维斯家族的成长告诉我们一个道理：真正的长期投资，不是5年，不是10年，而是永远。

投资界的传奇"戴维斯王朝"目前已经传了三代，三代人都非常善于赚钱，基本上属于稳扎稳打、心细谨慎的类型。

可能正是这种谨慎的性格，才造就了美国投资史上这个成功的家族。投资最终比拼的就是活得久，戴维斯家族凭借稳健的风格，持续三代长盛不衰。

五、戴维斯双击

戴维斯家族的投资理念主要源于家族的第一代——老戴维斯，他提出了著名的"戴维斯双击"效应：在熊市购买低市盈率、低盈利的股票，等待行情转暖，享受公司盈利增长以及市盈率提升的双重收益。

根据股价公式：股价（P）=市盈率（PE）× 每股盈利（EPS），戴维斯发现，在不同的市场阶段，投资人对于股票的PE接受程度不同。

在弱势市场里，10 倍 PE 是大多数投资人能欣然接受的估值水平，市场进入牛市后，投资者可能对 20 倍的 PE 也认可，而当市场进入疯狂阶段后，投资者可能对 30 倍甚至更高的 PE 也无所谓。

"戴维斯双击"正是利用这种现象，在市场低迷的时候寻找 EPS 和 PE 处于低位的股票，在预计盈利进入上升的拐点时买入，等待股市行情回暖，同时公司盈利回升，从而 PE 和 EPS 一齐上升，带来股价的迅猛攀升。

"戴维斯双杀"则是相反的现象，即在市场疯狂的时候，买入 PE 很高，同时 EPS 处于顶峰拐点的股票，当股市走弱，同时公司盈利下滑，PE 和 EPS 一齐下降，导致股价大幅下跌。

要想找到能够实现"戴维斯双击"的股票，除了需要通过研究市场的估值水平选择买卖时机，也需要研究企业的内在价值寻找盈利能够大幅增长的股票。

戴维斯选股第一步，就是找到好公司。他指出，真正的好股票背后必须是好公司，只有真正的好公司才能让 EPS 不断提升。他认为，一家好公司，其营收、利润应该连年稳定增长，有强大的护城河或者垄断地位，而且行业天花板较高，成长空间大，理论上永续经营。戴维斯认为业绩年增长标准应达到 10%～15%。在这样严苛的条件下选出的公司，其 EPS 才会有漂亮成绩。

戴维斯选股第二步，PE 一定要低。低 PE 未来才会有上涨空间，戴维斯基本只买 10 倍以下 PE 的公司。按照这样高 EPS、低 PE 的搭配选股，然后长期持有。

当"戴维斯双击"发生，投资者既可以获得 EPS 不断增长带来的投资回报，又能获得市场乐观情绪下 PE 提升带来的市场溢价。总之，EPS 和 PE 两者相乘可促进股价成倍数增长。

六、实战案例

1947 年，戴维斯离开州政府，投身股市。那时二战刚刚结束，经济并不乐观，保险股的表现也并不亮眼。1942—1947 年，道琼斯成分股利润翻了一番，但是保险股并没有上涨。所有东西都提价了，唯独保险没有。

保险这样的金融业其实是和经济环境高度相关的。而1942—1947年保险股收益率不佳的原因，主要在于投资保守和会计掩藏。

投资保守是因为当时大部分保险股投资债券。会计掩藏是因为保险公司给经纪人的佣金是首月保费的1.2倍，即每开一张新保单，公司账面就录得一项亏损，也就是越显得亏损，公司其实越在不断扩大规模。这种会计处理方式是由于当时的监管要求导致的。

保险业有完全不同于其他行业的独特之处。

1. 保险是复利行业

在保险公司的投资组合里，有价证券的利息可以不断流入，并能够以复利增长；保险业也不同于制造业，制造业需要设计、生产、销售，还要更新设备等，保险业不需要。

2. 低成本的保险浮存金

浮存金就是保险公司收的保费，会计处理上会把保费计入应付账款，等待将来赔付，而平时这些钱会用于投资，其收益属于公司利润。保险公司就是用客户的钱去购买投资组合的。如果将来客户索赔没有耗尽投资组合的资产，那保险公司就会积累一笔相当可观的隐性资产，并且这笔隐性资产还在不断增加。

3. 低PB甚至破净

当时典型的保险公司持有的债券和按揭固收的价值之和，甚至要高于保险公司的市值。

戴维斯发现，保险公司属于闷声发大财的类型，发展速度很快，但许多人根本没有察觉到。于是戴维斯开始买入。戴维斯投资的第一年用现金5万美元加了一部分杠杆，第一年结束时，净资产已经达到了23.5万美元。

当然令人惊奇的不是在泥沙俱下里发现机会的眼光，也不是别人恐惧时我贪婪的坚决，而是神奇地踏准每一次脉冲，就像2008年做空次贷危机的保尔森一样，戴维斯也是有步骤、有的放矢地对保险业进行了一系列操作。

自上而下来看，一般险种可以分为车险、意外险、旅游险、健康险、人寿险、家财险、企业险等。在意外险领域，地震、洪水等巨灾带来的就是保险业"大鱼吃小鱼"现象，"小鱼"因为实力弱、财务状况差倒闭了。戴维斯时代的保险业效率低下，在1969年，每7美元的赔付，就有3美元的行政和工资支出。

后来的故事是保险业开始入主其他行业，其他行业也拓展至保险业，保险业进军酒店、房地产等，这些行为当然不会对保险业本身经营有多少益处。或许可以想象得到，保险公司稍有行差踏错，就会伤筋动骨，比如不期而至的坠机、飓风、洪涝等。由此不难看出保险业也是有明显周期性的，但戴维斯一直不卖出。

戴维斯的投资核心：一是选择小公司，以备大公司收购；二是抓住二战后的房屋险、汽车险、人寿险蓬勃发展的契机。

有一家很有名的公司盖可（GEICO），即政府雇员保险公司。这家公司1936成立于得克萨斯州，老板搞了个双低策略，即低成本、低赔付。

（1）只卖给体制内的政府工作人员，因为这些人工作很稳定，不太容易出现大规模的赔付。

（2）只通过邮寄信件的方式销售保险，这样减少了昂贵的中间经纪人成本。

在盖可上市之前，这块"肉"就被价投派的祖师格雷厄姆看上了，他率先买了公司一半的股份。等盖可上市后，格雷厄姆的明星学生，23岁的巴菲特在跟盖可公司的CEO聊了几个小时后，发现盖可的利润竟然是同行的5倍，而市场上的分析师们却说盖可的股价过高了。巴菲特在买入盖可后的第二年，即1952年，就卖掉了盖可，获利50%。这些都发生在1950年前后。而他们和盖可的故事一直延续到1994年戴维斯去世，之后巴菲特全资收购了盖可。

戴维斯是20世纪60年代初，52岁的时候才发现盖可的，当时的盖可可以用客户的保费支付索赔，因此公司的投资组合可以不受赔付的影响。甚至由于戴维斯持有公司很多股份，而被要求成为公司董事会成员。

但到了20世纪70年代，情况急转直下，当时飙车行为、慷慨的理赔、欺诈索赔等开始令保险公司承担了一系列损失，盖可甚至开始对体制外人士出售保险，这样反倒使索赔上升。1975年盖可公告，亏损1.26亿美元，公司股价从高点42美元跌至4.8美元，跌去了90%。此时戴维斯是盖可的最大股东，80岁的格雷厄姆也持有相当数量的股份。

经过管理层变更后，盖可的股价跌到了2美元，相当于又跌了50%多。没多长时间，巴菲特又回来了，经协商巴菲特以每股2.125美元的价格购买了50万股盖可保险的股票，并承诺日后会买进更多，数量会以百万股计，同时公司管理层也通过发新股筹措资金。

但身为大股东，戴维斯不赞成发新股，因为这会摊薄以后的每股收益，在公司股价从2美元上升到8美元的时候，戴维斯就抛掉了所有盖可的股份。但后来盖可现金充裕后，立即就进行了股份回购。这让戴维斯后悔不已。

从历史上看，20世纪50年代的美国股市是自1929年大危机之后最好的十年，道琼斯指数几乎涨了3倍，从235点上涨到679点。1950年投资到标普500的1万美元到了1959年能达到6.7万美元，年化收益率达到21.1%。这个无与伦比的纪录，一直保持到20世纪80年代。戴维斯通过这一次牛市，成了百万富翁，完成了第一桶金的积累。

1950年保险公司的市盈率只有4倍，十年后市盈率达到了15到20倍，而且盈利增长了4倍。这就是典型的"戴维斯双击"。

1962年，戴维斯参加了去日本的分析旅程，以后的故事就是戴维斯"买买买"，之所以这么肯定日本保险业的未来价值，是因为和美国对标凸显出来的。

当时日本的保险业受国家保护，并希望公司资金是持续充沛的（以支撑不可预见的地震赔付）；而且日本的财险、灾害险只被20家公司瓜分，其中5家具有垄断性地位，这5家收的保费是美国公司的2~5倍，而美国这一领域约有1万家公司；日本车祸赔付也会受到严格审查核实。

看到日本保险业未来价值的还有美国保险公司（后被AIG收购），1946年就开始涉足日本市场；美国家庭保险（现名美国家庭人寿保险公司），也冲破日本的重重阻力，在1974年开始营业，以销售癌症保险大获成功。

第 19 章 戴维斯家族

回到美国后，戴维斯大量买入日本的保险股，包括日本前五家最大的保险股中的四家，同时还有在日经营的美资保险股。一年之后，戴维斯加大了日本保险公司在投资组合中的比重。这些保险股给戴维斯带来了巨额财富。

随后戴维斯开始大量买入海外股票，包括荷兰、德国、法国、意大利、墨西哥、爱尔兰、南非的保险公司股。

会买的是徒弟，会卖的是师傅，而戴维斯是根本不卖出。一旦他买入了优秀的公司，他的最佳决策就是一直持有，永远不卖出。他坐拥保险股，度过了每天、每周、每月上上下下的波动。他坐在那里，经过了温和的猴市、严酷的熊市、崩溃、调整，不动如山。他坐在那里，看着分析师们忙忙碌碌地上调和下调公司评级，看着技术图形发出的买入和卖出信号以及基本面的各种变化。但只要他相信公司继续拥有强有力的领导层以及持续的复利增长能力，他就一直持有。

按照戴维斯的投资记录资料，他在 1950 年持有的股票，到了 1990 年依然保留在投资组合里。美国国际集团（AIG）是赚得最多的；其次是日本的东京海上日动火险公司，赚了 3000 多万美元；处于第三等级的是当初 20 世纪 60 年代买进的日本保险公司，此外还有伯克希尔·哈撒韦、其他几家美国本土的保险公司，以及房利美（联邦国民抵押贷款协会）；处于第四等级的也是保险公司，赚了 400 万～900 万美元。

资料记录里当然有亏损的，在数以百计的亏损案例中，戴维斯最失败的一次是在名为"第一执行官"的公司身上，这家公司持续负增长，最终导致 250 万美元归 0，戴维斯始终没有抛出，而且还将其记录在资料上。但这 250 万美元对于上面的盈利来说不值一提。

戴维斯还买了高收益的垃圾债，虽然低收益的国债在利率下行的大背景下，收益率在增长，但垃圾债有一些真的违约了。整体上戴维斯在垃圾债的投资上应该是亏损的，只是对比在保险股上的收益而言，微不足道。

1994 年戴维斯离世，留下了 9 亿美元的信托。其子谢尔比、其孙克里斯将戴维斯的原有持股抛出，将变现资金投入纽约风险基金和其他戴维斯基金。戴维斯的财产与智慧最终汇集在这些投资账户里。

1995 年戴维斯之孙克里斯出任纽约风险基金共同管理人。

投资大道之价值为锚

　　1997年在纽约风险基金成立28周年之际，戴维斯之子谢尔比60大寿，他退居幕后充当顾问角色，由儿子克里斯独挑大梁。谢尔比将自己的4500万美元捐给了世界联合学院的奖学金项目。这是他给子女们的一个信号：他们不应继承父辈的财富，就像他没有继承爷爷的财富一样。

第 20 章

沃伦·巴菲特

在现代经济社会中,每个人都渴望财富自由,但是很少有人能像沃伦·巴菲特那样,通过智慧和坚持,创造出惊人的财富和影响力。

巴菲特被誉为"股神",他的投资理念和投资策略被无数人模仿,他的年度信函和股东大会被视为投资界的"圣经"。他用自己的行动证明了价值投资的力量。

一、传奇人生

沃伦·巴菲特于 1930 年 8 月 30 日出生在美国内布拉斯加州的奥马哈市,是家中的老二,有一个姐姐和一个弟弟。他的父亲霍华德·巴菲特是一名股票经纪人,后来成为国会议员。他的母亲利拉·斯塔尔是一位家庭主妇,也曾经帮助她父亲办过报纸。

巴菲特出生在美国大萧条时期,那是一个经济困难、社会动荡的年代。他的父亲霍华德因为银行倒闭而失去了工作和储蓄,后来才创立了自己的证券公司。巴菲特一家过着极其拮据的生活,母亲常常自己不吃饭,还要忍受神经痛的折磨。巴菲特从小就见证了贫穷和苦难,这给他留下了深刻的印象。

很多人说巴菲特的成功是因为命好,出生在上流家庭,其实并非如此。巴菲特刚出生那会儿,赶上全世界经济大危机,他父亲失业后和朋友合伙开了一家经纪公司,四个月才做成一笔业务,根本就不赚钱,连温饱都成问题。好在他爷爷是开便利店的,所以他父亲成了啃老族。从记事起,巴菲特就在他爷爷的便利店里帮忙干活。

有一年冬天，巴菲特去铲雪，干了五个小时，最后连手指头都伸不直，爷爷却只给了1美元作为奖励。这一天巴菲特学到了两个道理：一是在交易前一定要搞清楚交易内容；二是光靠体力劳动挣不了大钱。

巴菲特的父亲给他灌输了节俭和理财的观念，也让他对股票产生了浓厚的兴趣。巴菲特经常跑到父亲的办公室看那些股票和债券单据，还当过小抄写员，把股票的报价写在黑板上。巴菲特从小就对数字有着超乎寻常的敏感和记忆力，他喜欢玩各种与数字有关的游戏，比如统计车牌号、字母出现的次数和城市人口等。他还喜欢阅读各种财经书籍和杂志，比如《财富》《福布斯》《华尔街日报》等。他最喜欢的书是《一千种致富之道》，这本书让他了解了复利的力量以及累积资本的重要性。

巴菲特从小就展现出了极强的赚钱欲望。

5岁时上门推销口香糖。

6岁时倒卖可口可乐。

8岁时阅读图书馆的各种投资书籍。

10岁时，他随父亲去纽约参观了纽约证券交易所，并拜访了高盛公司的掌舵人西德尼·温伯格。温伯格问他最喜欢哪只股票，他说是城市设施公司。

11岁，他凑齐114美元，买下了人生中的第一只股票——3股城市设施公司优先股，每股38美元。后来这只股票跌到27美元，他没有卖出，而是等到股价回升到40美元时才抛出，赚了6美元的利润。但是他很快就后悔了，因为这只股票后来涨到了200美元。这让他明白了耐心的重要性。

12岁他在朋友家的门廊上宣布：我在35岁之前会成为百万富翁。那一年是1942年。然后他泡在图书馆，拼命寻找赚钱的方法。

13岁开始经营报纸生意，每天早上四点半起床送500份报纸。

15岁用报纸的盈利，买下一块小农场，开始用农场收租金。

16岁那年迷上赌马，由于年龄太小，无法参与，于是就去图书馆找来所有赌马的数据，编写了一部赌马教程，做知识付费，教别人赌马。

17岁收购二手弹子机，放在理发店与老板五五分成，每周稳定收入175美元，这比大人打工赚的还要多。

到高中毕业，巴菲特已经拥有了一家小农场和5000美元的存款，并且

第 20 章 沃伦·巴菲特

他还读了 100 多本关于商业方面的书籍。

19 岁那年,他第一次阅读格雷厄姆的经典著作《聪明的投资者》,立即被这本书迷住了。1970 年 7 月 17 日,巴菲特在和格雷厄姆的通信中写道"在此之前,我一直是靠腺体而不是靠大脑进行投资。"巴菲特本人甚至把这次经历比作"保罗走在通往大马士革的路上",并且他从中学到了"以 40 美分买 1 美元"的哲学。从此,"安全边际"的哲学成为巴菲特投资思想的基石。

20 岁那年,巴菲特在哥伦比亚大学上学。他最感兴趣的是证券分析课程,由多德教授主讲,格雷厄姆会在每周四下午股市收盘后,到校讲一堂公开课。

格雷厄姆教导巴菲特,投资的本质是寻找那些市场价格低于内在价值的股票,也就是具有安全边际的股票。安全边际意味着买入价格要远低于估值价格,以防止估值错误或市场波动造成损失。格雷厄姆还教导巴菲特,要把市场看作一个情绪化的"先生市场",有时候会给出合理的价格,有时候会给出荒谬的价格。投资者要利用市场的情绪波动,而不要被市场左右。

巴菲特从格雷厄姆那里学到了如何分析财务报表、如何计算内在价值、如何寻找低估股票、如何控制风险、如何保持理性,等等。他把这些知识运用到自己的投资实践中,并取得了不错的成绩。他曾说:"我从格雷厄姆那里学到了一种思维方式,一种对待投资问题的方法论。"

21 岁大学毕业,巴菲特和其他年轻人一样,回到老家开始打工,一开始做销售工作。巴菲特的头脑里虽然有大量的专业见解,但做了几年一直没什么成绩。

24 岁那年,巴菲特的老师格雷厄姆以 12000 美元的年薪聘用了他,他正式入职格雷厄姆-纽曼公司。在那里他的才华终于得到施展,他奉行价值投资理念,所以经常跑到上市公司进行实地调研,以搞清公司真实的盈利能力。此外,他还经常到图书馆研究资料。

26 岁那年,老师格雷厄姆宣布退休并关闭了公司。巴菲特已经挣到了 17400 美元的本金。他不想再给别人打工,于是回到老家开始自己创业,他和家人、朋友共凑了 10.5 万美元,成立了一只合伙基金,开启了他长达 13 年的私募经历。

投资大道之价值为锚

29岁那年，巴菲特遇到了比他大6岁的查理·芒格。这位大哥充满智慧，见解独到，他们两个很聊得来。巴菲特对芒格说：想不想和我合伙做投资，一起赚大钱。就这样，巴菲特找到了自己的军师。芒格比巴菲特的投资思路更为大胆，当芒格对一门生意有充足的把握时，他愿意承担更大的风险。有段时间，他们的年复合收益率达到了30%。

1962年，巴菲特开始买入伯克希尔·哈撒韦的股票，1963年成为最大股东，并于1965年正式接管伯克希尔。伯克希尔原本是一家经营困难的纺织厂，被巴菲特逐步转型为一家投资控股公司，拥有多个子公司和股权投资。

巴菲特收购伯克希尔的初衷并不是看好其发展前景，而是想利用其低估的价格和定期的要约收购来赚取差价。然而，由于收购方西伯里在最后一刻降低了收购价格，激怒了巴菲特，他决定取得伯克希尔的控制权，并逐渐淘汰西伯里。

巴菲特后来承认，这是他投资生涯中最失败的投资，因为他为了满足自己的自尊心，而放弃了更好的投资机会。他说："我从西伯里那里学到了一个重要教训：永远不要让个人情绪干扰你的商业决策。"

尽管如此，巴菲特并没有放弃伯克希尔，而是利用其强大的现金流和稳定的盈利能力，作为自己投资并购其他优秀企业的平台。他说："我把伯克希尔·哈撒韦看作一个巨大的画布，我可以在上面画出我想要的画面。"

1962年，巴菲特32岁时，他的个人资产突破100万美元，正式成为一名百万富翁，兑现了小时候吹过的牛。

33岁的时候，美国运通公司因为投资失败，亏了很多钱，行情暴跌。再加上当时总统肯尼迪遇刺，市场再次大跌，美国运通公司的价格打了五折。巴菲特意识到，又到了捡便宜的时候，他花了一半的资金，用1300万美元对美国运通公司进行投资。后来，美国运通的业务慢慢恢复，市场价格也开始飙升，他投入的1300万美元，创造了2000万美元的盈利。

到38岁那年，巴菲特的合伙基金突破了1亿美元，在13年的时间里，他管理的合伙基金没有一年是不赚钱的，巴菲特也为自己赚了2500万美元。也是在这一年，他发现市场上已经很难找到符合标准的便宜公司，这是金融危机爆发的前兆。于是，巴菲特果断清算了所有投资，宣布暂时隐退。一年

第 20 章　沃伦·巴菲特

之后的 1969 年，股灾果然爆发，几乎所有公司都腰斩了，市场情绪一片恐慌。

39 岁时，巴菲特解散了他的合伙企业，专心经营伯克希尔·哈撒韦。

42 岁那年，巴菲特和芒格重出江湖，用 1000 万美元投资华盛顿邮报。在之后的十年内，升值为两亿美元。完成这笔交易后，芒格说，应当忘记过去用好价格买普通公司的做法，改用普通价格买好公司。就是这句话，成为巴菲特投资人生的重要转折点。

巴菲特意识到投资不能整天关心短期的涨涨跌跌，而应该看长远、看总账。他在芒格的帮助下，进化成为融合格雷厄姆、费雪和芒格三人思想的集大成者，长期陪伴好公司成为他的投资新模式。

同年，他花了 2500 万美元收购了一家只有 700 万美元净资产的喜诗糖果，大家都认为巴菲特是疯了，但后来他又赚了很多钱，当然这是后话。

48 岁的巴菲特赚到了 1 亿美元。之后，巴菲特并没有选择把钱放到银行吃利息，然后去享受生活。

58 岁那年，他又拿出 13 亿美元，成为可口可乐的股东，并一直持有。因为他认为可口可乐公司具有稳定的盈利和良好的品牌声誉。可口可乐公司为他赚取了超过 230 亿美元的收益，这还不包括每年的分红。

在 61 岁那年，他又花了 3 亿美元再次买入美国运通的优先股。他对美国运通的投资是长期持有并持续加仓。这一次美国运通让巴菲特赚到了近 250 亿美元。

78 岁那年，全世界发生了经济大危机，大家感觉看不到未来。巴菲特花 2 亿多美元买到了比亚迪新能源汽车公司 10% 的股权。14 年后，比亚迪公司让他赚了 30 多倍。也是在这一年，巴菲特迎来了人生中的巅峰时刻，他正式超过比尔·盖茨，成为全球首富。

81 岁那年，用 108 亿美元买入 IBM，然而这一次他失算了，到 87 岁的时候，他不得不清仓了所有 IBM 的股份，从账面上看，他亏损了 12 亿美元。

86 岁时，重回价值投资，巴菲特开始连续买进苹果公司的股票，没想到短短 7 年，又赚了 1300 多亿美元。

从 35 岁到 93 岁，他的投资涨幅超过 3 万倍，他的身家也实现了从 2500 万美元到 1200 亿美元的飞跃。

二、经典案例

1. 喜诗糖果

巴菲特投资喜诗糖果始于 1971 年末，当时蓝筹印花公司的投资顾问与高管得知喜诗糖果有意向出售的消息后，打电话给巴菲特表达了强烈的收购意愿。然而，巴菲特的第一反应是拒绝，他无意收购一家糖果公司，并认为对方出价 3000 万美元的价格太贵。

巴菲特的合伙人芒格对喜诗糖果非常了解，他认识到喜诗糖果在加利福尼亚州的品质声誉和强大的品牌效应。他向巴菲特强调，如果喜诗糖果的竞争对手想要夺取市场份额，需要付出巨大的代价。经过深入的财务分析和市场研究，巴菲特略微放松了自己的底线，表示愿意以某个价格收购这家公司。

最终在 1972 年，巴菲特以 2500 万美元的价格成功收购了喜诗糖果，这被视为他人生最重要的一次投资思路的转变：从格雷厄姆的"捡烟蒂"式投资，转向巴菲特个人特色的"滚雪球"式投资。

他一直坚持以合理的价格购买优质的企业和优秀的管理层。在这次收购中，尽管他对糖果行业并不熟悉，但他通过对公司财务报表和市场的深入理解，发现了喜诗糖果的强大品牌力量和持续盈利能力。这笔投资的成功也进一步证明了他的投资哲学：在投资决策中，不仅要关注公司当前的经济效益，更要看到其未来的增长潜力。

2. 华盛顿邮报

巴菲特投资华盛顿邮报始于 1973 年。当时，由于美国证券市场整体低迷，华盛顿邮报的股价下跌至相对低估的水平。然而，巴菲特却看到了其稳定的盈利能力和良好的竞争地位，这使得公司在市场中具有很高的壁垒，而市场对其价值的低估则为投资者提供了长期持有的机会。

于是，巴菲特通过其控股公司伯克希尔，开始以大约 1 亿美元的估值陆续买入华盛顿邮报公司的股票，购买了公司 9.7% 的股份。他总共投入了 1062 万美元，这部分资金是他用伯克希尔发行的 20 年长期债券募集的。购买华盛顿邮报股票的同时，巴菲特还注意到该公司除了拥有《华盛顿邮报》之外，还拥有《新闻周刊》、四家电视台、两家广播电台，以及印刷厂和造纸厂。他认为这些资产加起来价值4亿到5亿美元，而当时市场只给出了1亿美元的标价。

从那时起，巴菲特就没有卖过一股华盛顿邮报公司的股票，反而通过股份回购，使得自己的持股不断增多。直到2006年年底，巴菲特当初的1062万美元已经增值为12.88亿美元，持有长达33年，投资收益率高达127倍。

3. 可口可乐

巴菲特投资可口可乐公司始于1988年夏天。在经过深入的研究和考察后，他开始首次购入可口可乐的股票，随后的10个月时间里，巴菲特总共投资了10.23亿美元来购买可口可乐的股票，均价为10.96美元。巴菲特曾经在演讲中说道，他每天都会喝可口可乐，足见他对汽水的喜爱。

巴菲特的投资决策主要基于以下几个方面的考虑。

（1）行业稳定性和前景。巴菲特认为饮料行业的未来有着巨大的潜力，因为人们对于饮料的需求是持续且稳定的。

（2）企业竞争力。可口可乐是全球饮料公司巨头，具有强大的品牌影响力和广泛的分销网络，这使得它在竞争中占据了优势地位。

（3）管理层的才能和可靠度。唐纳德·基奥是可口可乐公司的首席执行官，他的领导能力和对公司的热爱深深打动了巴菲特。

（4）公司对股东的态度。巴菲特注意到可口可乐一直在提高分红，这体现了公司对股东权益的重视。

从1988—1998年，十年间巴菲特在可口可乐公司的股票增值了11倍，年化收益率达到27%。这个成功的投资案例再次证明了巴菲特价值投资哲学的正确性：选择有着强大护城河和良好商业模式的公司进行长期投资。

4. 富国银行

巴菲特在1990年首次投资富国银行，当时他宣布伯克希尔·哈撒韦公司将投资2.89亿美元购买500万股富国银行的股票，均价为57.88美元。此外，根据公开资料，巴菲特在1989年首次投资富国银行时购买了约500万股，投资金额约为 2.9 亿美元。这次投资的时机恰逢市场低点，被认为是巴菲特成功的很大原因之一。

从 1990—2000 年，富国银行的股价从 2.6 美元涨到了 26 美元，使得巴菲特的初始投资增值到 30 亿美元，这是一个为期 10 年的 10 倍回报，年化复合增长率达到了 26%。这一投资案例展示了巴菲特的价值投资理念，即在市场低迷时寻找被低估的优质企业进行长期投资。

5. 苹果公司

巴菲特投资苹果公司始于 2016 年，当时他的投资经理托德·库姆斯和泰德·韦斯勒引导旗下基金购买了 981 万股苹果股票。在得到巴菲特的批准后，伯克希尔开始大量增持苹果股票。

巴菲特对苹果公司的投资决策主要基于以下几个方面的考虑。

（1）商业模式和护城河。巴菲特曾在公开场合表示，他认为苹果公司更像一家消费品公司，而不是科技企业。他看重苹果公司的强大护城河以及优越的商业模式。

（2）盈利能力。苹果公司的盈利能力极强，其获利能力几乎是美国第二大企业的两倍。这也是巴菲特愿意投资这家公司的重要原因。

（3）投资经理的建议。巴菲特的投资经理托德·库姆斯和泰德·韦斯勒对苹果股票的看好，并进行了实际买入操作，也影响了巴菲特的决策。

从 2016 年开始，巴菲特开始买入苹果公司的股票，首次建仓约 10 亿美元，当时苹果公司股价在 90～100 美元之间，之后的两年时间里，巴菲特又多次大手笔增持苹果公司股票。如今，伯克希尔·哈撒韦公司持有的苹果公司股份已占其股票投资组合的 40% 以上。

这项投资可以说非常成功，到 2022 年，仅账面收益就超过 1200 亿美元。这再次证明巴菲特投资哲学的正确性：选择有着强大护城河和良好商业模式的公司进行长期投资。

三、投资帝国

保险业务和再保险业务是巴菲特投资帝国的根基。保险业务指向客户提供风险保障和赔偿服务,并收取保费作为收入。再保险业务指向其他保险公司提供风险分担和赔偿服务,并收取再保费作为收入。

巴菲特最早涉足保险业务是在1967年,当时他通过伯克希尔收购了一家名为国民诱因的财产险公司和一家名为国民火灾的火灾险公司。这两家公司都由杰克·林格经营,他是一位精明而节俭的保险人。

巴菲特对保险业务感兴趣的原因有两个:一是保费可以作为一种低成本的资金来源,用来投资其他有价值的项目,这就是所谓的"浮存金";二是保险业务可以提供稳定的盈利能力,只要保险人能够正确地评估风险和定价保费,就可以实现"承保利润"。

巴菲特在保险业务上展现了非凡的智慧和远见。他不仅选择了那些具有高效管理、低费用比率、高客户忠诚度、强大品牌和竞争优势的保险公司,还在不同的保险领域进行了多元化的布局,包括财产险、寿险、汽车险、责任险、医疗险等。

巴菲特在再保险业务上也取得了巨大的成功。他在1985年收购了美国第四大汽车保险公司(Government Employees Insurance Company,GEICO)的再保险公司,这是他早年就开始投资并持有股份的公司。GEICO以其低价策略和直销模式,在美国汽车保险市场占据了很高的份额。

巴菲特在1998年收购了一家名为通用再保险的财产再保险公司,这是当时全球大型再保险公司之一。通用再保险以其专业技术和严谨风控,在全球范围内提供各种再保险服务。

除此之外,巴菲特还创立了一家名为伯克希尔·哈撒韦特别责任的专业再保险公司,专门承担那些风险较高、赔偿金额较大、发生频率较低的再保险业务,例如灾难性风险、恐怖主义风险、航空航天风险等。巴菲特对于保险业务和再保险业务的重视程度可见一斑。他曾说:"如果你问我伯克希尔·哈撒韦最重要的资产是什么,我会说是我们在保险业务方面的声誉。"

能源业务和铁路运输业务是巴菲特投资帝国中相对较新也是较大的部

分。能源业务指向客户提供电力、天然气、水力等能源服务，并收取电费、气费等作为收入。铁路运输业务指向客户提供货物或人员的铁路运输服务，并收取运费或票价作为收入。

巴菲特最早涉足能源业务是在1999年，当时他通过伯克希尔·哈撒韦收购了一家名为中美洲能源的电力公司。这家公司由戴维·索科尔经营，他是一位出色而有远见的能源人。

巴菲特对能源业务感兴趣的原因有两个：一是能源需求具有稳定性和持续性，不受经济周期或消费者偏好的影响；二是能源行业具有较高的准入门槛和监管壁垒，可以形成较强的竞争优势和定价权。

巴菲特的财富在晚年时期呈现了指数级的增长，从20世纪80年代末的10亿美元，到2000年初的300亿美元，再到2010年末的800亿美元，几乎每十年就翻一个数量级。巴菲特的财富增长曲线显示，他90%以上的财富都是在60岁以后获得的。这说明他并没有随着年龄的增长而放缓投资的步伐，而是保持了持续和稳健的回报率。他也没有因为财富的积累而改变自己的价值投资理念和简朴的生活方式，而是坚持了自己对股票和企业价值的判断和分析。

2021年3月10日，巴菲特净资产超过1000亿美元，成为第六位身家过千亿美元的人物。这一天也是伯克希尔·哈撒韦公司股价创下历史新高的日子。这表明巴菲特即使在面对新冠疫情等全球性危机时，仍然能够调整投资策略和组合，抓住市场机会，实现财富增值。

巴菲特不仅是一位杰出的投资家，也是一位慷慨的慈善家。他曾承诺将捐出自己99%以上的财富给慈善机构或基金会。巴菲特捐出的370亿美元是美国迄今为止出现的最大一笔私人慈善捐赠。

巴菲特被誉为"奥马哈先知"，他用自己的一生证明了价值投资理念和方法的有效性和正确性，也用自己的一生展现了投资者应该具备的品格和素质。他的投资理念和风格影响了无数投资者和企业家，他的年度致股东信被视为投资界的"圣经"，他的年度股东大会被称为"资本主义的狂欢节"。他以自己的智慧、勤奋、诚信和慈善，赢得了世人的敬佩，他是投资界的典范。

四、思想演变

巴菲特投资思想的发展,大致可以分为三个阶段。

1. 第一阶段（1949—1971 年）

本阶段的投资风格以格雷厄姆的价值投资为主,也就是"捡烟蒂"法。

1949 年（19 岁）,巴菲特第一次读到格雷厄姆的经典著作《聪明的投资者》,惊为天人。把这一年作为巴菲特投资思想形成的开端是完全合理的。

1950 年（20 岁）,巴菲特在哥伦比亚大学研究生院正式拜格雷厄姆为师。

1954 年（24 岁）,巴菲特加盟格雷厄姆－纽曼公司,为格雷厄姆工作。

1956 年（26 岁）,巴菲特成立第一家合伙公司,开始创业。

1959 年（29 岁）,和芒格相识相知,并在 20 世纪 60 年代开展了一系列合作。

1962 年（32 岁）,巴菲特开始买入伯克希尔的股票,1963 年成为最大股东,并于 1965 年正式接管伯克希尔。

1967 年（37 岁）,巴菲特以 860 万美元的价格为伯克希尔购买了国民补偿金公司,第一次踏入保险业。

1969 年（39 岁）,巴菲特解散了他的合伙企业,专心经营伯克希尔。

在此期间,巴菲特可以算是格雷厄姆的铁粉,无论投资思想还是投资实战,都是严格按照格雷厄姆的那套方法进行的,并且取得了巨大的成功。这给巴菲特带来了巨大的信心,也让他形成了极强的惯性。他不止一次说过,他不认为还有什么其他的方法比格雷厄姆的更好。

但是早在 1964 年（34 岁）,巴菲特就注意到格雷厄姆买进廉价股的策略存在问题,随着股市的上涨,这类投资机会越来越少,以至于很难找到合适的投资标的。

正如芒格所说,在格雷厄姆手下工作的经历和巨额盈利让巴菲特的大脑一度阻塞,很难摆脱如此成功的思维方式。

1969 年（39 岁）,巴菲特读到费雪的著作《怎样选择成长股》,得到了很大的启发。

真正让巴菲特摆脱格雷厄姆思想的束缚,并完成转变的,是查理·芒格。

芒格对一家优势企业的价值有着敏锐的观察力,他使费雪的公司特质理论进一步具体化。"查理把我推向了另一个方向,而不是像格雷厄姆那样只建议购买便宜货,这是他思想的力量,他拓展了我的视野。我以非同寻常的速度从猩猩进化到人类,否则我会比现在贫穷得多。"

总而言之,遭遇了价值实现的问题,巴菲特才认清格雷厄姆"不论本质购买任何公司"的哲学的局限性,开始将费雪和芒格的杰出企业扩张价值理论整合进他的哲学中。

2. 第二阶段(1972—1989年)

1972年1月3日,巴菲特接受芒格的建议,用2500万美元收购了喜诗糖果公司,以此为开端,芒格不断地推动着巴菲特向"为质量付出代价"的方向前进。随着喜诗糖果的茁壮成长,巴菲特和芒格都意识到"购买一个好企业并让它自由发展要比购买一个亏损企业,然后花费大量时间、精力和金钱去扶持它要容易且快得多。"这种投资思想的形成标志着巴菲特"从猿进化成人"。

巴菲特把格雷厄姆、费雪和芒格的思想结合起来,逐步形成了自己的风格。

这个进化阶段的划分,可以从巴菲特和芒格的原话得到佐证。1997年,芒格在公司股东年会上说:"喜诗糖果是我们第一次根据产品品质来收购的。"巴菲特补充道:"如果我们没有收购喜诗糖果,我们就不会购买可口可乐公司的股票。"

这个阶段巴菲特的投资方法的显著特点是,减少套利操作和对廉价股票的投资,增加对优秀企业的控制,利用保险浮存金进行优质企业普通股的长期投资。

第一阶段巴菲特的投资思想和角色基本上是格雷厄姆式的"私募基金经理";第二阶段,转型为企业家和投资家的双重角色,并合二为一。

他说:"因为我把自己当成企业经营者,所以我成为更优秀的投资人;因为我把自己当成投资人,所以我成为更优秀的企业经营者。"

这个阶段可以用巴菲特1985年的一席话来概括:"我现在要比20年前更愿意为好的行业和好的管理多支付一些钱。本倾向于单独地看统计数据,而我越来越看重的,是那些无形的东西。"

3. 第三阶段(1990年至今)

进入20世纪90年代后,伯克希尔遇到更大的困难,用芒格的话说:"我们的规模太大了,这将我们的投资选择限制在被那些非常聪明的人所检验过的更具竞争力的领域。当前的环境令未来15~20年内的普通股与我们在过去15~20年内看到的股票将有很大的不同。"

简单地说,巴菲特面临两难境地:钱太多,机会太少。面对这样的挑战,随着巴菲特的持续学习和滚雪球的威力,巴菲特的投资思想进化到更高的层次,投资技艺更加全面,更加炉火纯青。这一阶段投资思想的进化表现在以下几个方面。

(1)护城河概念的提出,标志着巴菲特评估企业长期竞争优势和内在价值的艺术更加成熟。

1993年巴菲特在致股东信中首次提出了护城河概念。他说:"最近几年可口可乐和吉列剃须刀在全球的市场份额实际上还在增加。它们的品牌威力,它们的产品特性以及销售实力,赋予它们一种巨大的竞争优势,在他们的经济堡垒周围形成了一条护城河。相比之下,一般的公司在没有这样的保护之下奋战。就像彼得·林奇说的那样,销售相似商品的公司的股票,应当贴上这样一条标签:竞争有害健康。"

1995年5月1日,在伯克希尔的年度会议上,巴菲特对护城河的概念做了仔细描述:"奇妙的、由很深很危险的护城河环绕的城堡。城堡的主人是一个诚实而高雅的人。城堡最主要的力量源泉是主人天才的大脑;护城河永久地充当着那些试图袭击城堡的敌人的障碍;城堡内的主人制造黄金,但并不都据为己有。"粗略地转译一下就是:我们喜欢的是那些具有控制地位的大公司,这些公司的特许权很难被复制,具有极大或者说永久的持续运作能力。

2000年的股东大会上,巴菲特进一步解释说:"我们根据护城河加宽的能力以及不可攻击性作为判断一家伟大企业的主要标准。而且我们告诉企业的管理层,我们希望企业的护城河每年都能不断加宽。这并不是非要企业的利润一年比一年多,因为有时做不到。然而,如果企业的护城河每年不断地加宽，这家企业会经营得很好。"

（2）投资战略的转变。

一个转变："由于伯克希尔的资产迅速膨胀，以及会明显影响我们业绩的投资空间急剧收缩，使得我们必须做出精明的决策。因此我们采用了一种仅需要几次精明——而不是过于精明——的战略，事实上，每年有一个好主意对我们来说就够了。"这意味着巴菲特采取更加集中持股的投资战略。

另一个转变：因为资本的体量越来越大，巴菲特的普通股投资更加专注于寻找在一个细分领域内价值低估的优秀或良好的大公司，实施选择性反向投资策略，即在一家具有持久竞争优势的大公司遭遇挫折、股价被目光短浅的市场压低时给以积极关注。这意味着格雷厄姆式的不论本质买便宜货的模式不再适合大块头的伯克希尔了。

（3）挥棒理论的发展。

美国超级击球手威廉姆斯在其所写的《击打的科学》(The Science of Hitting)一书中解释了自己的击球技巧。他将击球区分成77个单元，每个单元代表一个棒球，只有当球处在最好的单元时（幸运区），他才会挥棒击球，即使这样做会面临三振出局的风险，因为处在最差位置的球将严重降低他的成功率。

巴菲特将这一策略和投资作类比，发展了投资领域的挥棒理念。1995年巴菲特在对南加州大学商学院学生的演讲中，简述了这个概念："在投资时，没有所谓的必须去击打的好球。你可以站在击球手的位置上，投球手可以投出好球；通用汽车投出47美元，你若缺乏足够的资讯来决定是否在47美元的价位买进，你可以让它从眼前流过，不会有人判给你一击。因为只有挥棒落空时，你才可能被判出局。"

巴菲特还说过："我把投资业称为世界上最伟大的商业，这是因为你永远不必改变态度。你只需站在本垒上，投手扔来了47美元的通用股票，39美元的美国钢铁公司股票！没有惩罚，只有机会的丧失。你整日等待着你喜欢的投球，然后趁外场手打瞌睡的时候，大迈一步将球击向空中。"

（4）跨国投资和收购的突破。

巴菲特的首次跨国投资是1991年投资英国的酒精类饮料公司健力士。

最有代表性的跨国投资则是2003年投资中国石油近5亿美元，最有代表性的跨国收购则是2006年以40亿美元购买以色列伊斯卡尔金属制品公司80%的股份，这是巴菲特在美国以外进行的最大一笔投资交易，也是以色列历史上来自海外的最大一笔投资。

前几年巴菲特在韩国股市也实施了非常漂亮的跨国投资。他简单浏览了投行提供的投资手册，发现有些财务健全的公司，市盈率只有3倍，他就挑选了大约20只股票买进，等这些股票上涨五六倍，接近其内在价值时卖出。

（5）非常规投资更加多样化。

鼓鼓囊囊的钱包，迫使巴菲特在非常规投资领域又有了新的突破和发展。

1991年透过私募的方式用3亿美元投资了美国运通附带上限可转换优先股，这种证券基本上算是一种普通股，只不过在投资的前三年可以领取一笔特别的股利，条件是在同时间因为股价上涨所带来的资本利得将受到限制。根据约定，这些优先股必须在1994年8月以前转换成普通股。

1994—1995年建立了4570万桶仓位的石油的衍生合约。

1997年购买了1.112亿盎司的白银。

1997年购买了46亿美元以账面摊销的长期美国零息债券。

2002年首度进入外汇市场投资，截至2004年底，伯克希尔总计持有214亿美元的外汇仓位，投资组合包含12种外币。同年，涉足以欧元为单位的垃圾债券市场，至2006年总值达10亿美元。

巴菲特还进行固定收入套利，并持有错误定价的衍生品合约，这些合约可分为两大类：信用违约掉期合同、卖出长期的股票指数看跌期权。

值得注意的是，外汇投资、收购海外公司是巴菲特不愿持有太多美元资产及现金的最新投资策略。正如巴菲特指出，伯克希尔的主要基地仍在美国，但为了防范美元汇率继续下挫，收购海外优质企业，有一举两得之效。

总之，后期的巴菲特思想更加开放，技术更加全面。在常规投资的选择技巧上更加炉火纯青，更加集中投资，而且开始加大了海外投资和并购的力度；在非常规投资上则更加多样化，更富有进攻性。当专家学者把大师的经典策略总结成教条时，大师又进化了。

实际上，我认为，在第一个阶段之前，也就是少年巴菲特时期，应该也

投资大道之价值为锚

算一个阶段，但这时他的投资理念还处于萌芽期，甚至谈不上投资理念，更多的是小商人的思维萌芽。你看他学生时代干的事，谁也想不到他会成为投资大师，大多数人觉得他可能会成为一个成功的商人。

其实巴菲特并非特例，不少投资大师都有过类似的经历，在学生时代就尽显"奸商"本色，倒腾物资，低买高卖，比如聂夫、卡拉曼。而有的大师则非常传统，喜欢钻研，走的是正统、学术的路线，比如老戴维斯、费雪。

不同的风格，最后都取得了成功，足以说明投资的包容性。投资不是整齐划一的，并没有固定的模式和规范。波动永远存在，而你可以从中选择任意一种模式，或者从中选择任何一段，都有可能成功。

关于这一点，《祖鲁法则》的理念我非常认同，对于普通人而言，专注于一个细分领域，投入精力和时间，在较短的时间里成为个中专家和翘楚，才是最高效的成功之道。投资如此，人生亦如此。

第21章

何以解忧，唯有成长

一、价值与成长

基本面研究的出发点是股票背后所代表的企业。股价的波动，逻辑上应该跟企业的经营成果息息相关。简单地说就是"好公司，好价格"。

基本面研究，实际上可以分为两个流派：价值投资和成长投资。

价值投资理论最早由格雷厄姆提出，其核心理念是寻找低估的优质股票。某些优质股票，出于某些原因，股价会低于其实际价值，如果这时买入，后续会出现一个价值回归的过程。本质上价值投资就是试图捡漏，赚市场情绪错杀的钱。

早年的巴菲特是格雷厄姆的学生和忠实信徒，他按照格雷厄姆的价值投资理念进行实践，获得了不菲的收益。但是随着价值投资理念的不断传播，直接的结果就是优质股票的低估机会越来越少。这个不难理解，以前懂的人少，优质股票跌下来没多少人关注，可以轻松捡漏；现在一堆人都等着捡漏，有时候还没跌下来，就有人急不可耐地买入了，导致根本跌不下来。那些真跌下来的，往往事后会证明确实有问题，根本不是捡漏，而是炸弹。后来巴菲特也抱怨，价值投资的机会越来越少，以至于经常持有大量现金而找不到股票标的。

后来芒格向巴菲特推荐了费雪的成长投资理念，其核心是选出能够不断高增长的成长股，不要总试图捡漏，不算便宜甚至有点高估的价格都是可以接受的。因为成长股可以通过不断的成长消化高估值，所以即使当时买入的价格并不低，但随着时间的推移，只要成长兑现，估值自然会降下来，甚至数年以后回头看，当时买入的价格可以说低得惊人。巴菲特接受了芒格的建议，开始改变投资风格，投资了喜诗糖果、可口可乐、吉列等公司，也正式开启了他的股神生涯。

本质上，价值投资和成长投资，都是基于价值的投资方法，只是价值投资重视安全性，在安全的基础上寻找市场错杀的机会；而成长投资重视成长性，在成长的基础上，以合理甚至略微高估的价格买入，坚定持有，跟随企业一起成长。

从目前的情况来看，无论是国外发达市场，还是国内 A 股市场，价值投资的影响略显逊色，而成长投资逐渐发展壮大。这种局面的形成，我认为主要有以下几个原因。

1. 价值投资的机会越来越少

如上所述，价值投资本质上就是试图捡漏，好股票却因为某些原因被错杀。现在随着电子交易系统的普及和信息传播的透明，这种捡漏的机会越来越少，盯着的资金越来越多，使得真正的捡漏机会往往刚出现不久就消失了，同时伴随的必然是价值投资收益率的降低。机会变少，收益变低，竞争激烈，自然很多资金就不玩了。从资金配置效率上讲，信息的透明化，必然导致利用信息不对称的投资机会逐渐减少，这是不可避免的。

2. 价值投资的收益降低

这点是跟机会减少相生相随的。通常，价值投资的回报率绝大多数都在 50% 以下，能超过 100% 的比较少。这跟成长投资的巨大盈利空间相比，确实少得多。

3. 价值回归的时间不确定

价值回归的时间不确定，甚至有不断拉长的趋势。价值投资首先是捡漏，买到错杀的优质股，然后需要等待价值回归，才能兑现利润。但价值跌下来了，未必能够很顺利地回归。价值回归的理论依据是好东西价格便宜了，会有很多人抢着买，价格自然就会上升，直到价格高估为止。但这只是理论，真实情况没有这么简单清晰。从目前的实战来看，通常价值回归的时间都比较长，至少要半年以上，甚至长达数年。盈利空间本来就不大，价值回归的时间又很长，投资回报确实很难乐观。

4. 假错杀、真炸弹的情况并不少见

有时候以为是错杀，最后却证明只是某些消息灵通人士提前知道了你不知道的利空消息。想捡便宜，却在半空接飞刀。这种情况最恶劣，对价值投资的杀伤力也最大。其他几条原因，只是回报率高低的问题，这一条却直接导致亏损甚至巨额损失。

与价值投资相比，成长投资具有不同的特征。成长投资的主要特点如下。

（1）成长投资的机会更多。

经济繁荣期，很多行业都在不断增长，相应的，每个行业里都会出现增速高于行业平均的领头羊或者隐形冠军，它们都是非常好的成长投资标的。经济衰退期，仍然有少数行业具有不错的成长性，尤其是大消费行业、医疗、食品行业，通常具有防御特征，周期性不明显，容易出长牛股。战争期间，大多数行业出现衰退，军工行业会逆势成长。所以，成长投资的机会比较多。投资者可以选跨周期的长牛股，也可以选某段时期内极度受益的明星股。这跟价值投资被动等待低估错杀的机会相比，更加主动。

（2）成长投资的收益更高。

优秀的成长股，翻倍是家常便饭。部分优质成长股，会成为10倍牛股。极少数的超级明星股，甚至会带来超过100倍的巨额收益。这些明星股之所以如此出色，绝大多数是因为抓住了时代赋予的历史机遇。一个行业的崛起，颠覆了以前的产业格局，营收和利润高速增长，自然伴随着不断突破新高的股价。

值得庆幸的是，几乎每个时代都会有这样的明星，让人有点灰心的是，想要抓住这样的超级明星股，绝不是看上去那么简单。事后解释总是相对容易，提前预判则异常艰难。这里的区别，就在于研究的功力，在于我们对宏观的把控，对产业格局的把控，最后才是对个股的把控。当然我们不可能抓住全部涨幅，也不可能选中所有牛股，但至少巨大的涨幅为我们提供了广阔的空间。而价值投资的收益相对而言就小得多。

成长投资的涨势会一直持续，直到增速无法维持为止。有的成长股能够持续一年以上，有的能持续数年，有的甚至长达十年以上。操作成长股时，可以耐心持有，直到增速见顶；也可以波段操作，长短皆宜。

成长股最大的风险就是伪成长。以为是优质成长股，但实际上只是伪成长，预期的高成长无法兑现，就会遭遇"戴维斯双杀"，迎来大幅快速的调整。

成长投资并非万能钥匙。成长投资，从本质上讲，就是一个持续时间较长的上升趋势，这个趋势是由不断增长的业绩所支持的，因此具有清晰的逻辑、扎实的支撑，但能否真正成长，具有较大的不确定性。非常优秀的企业，突然遭遇黑天鹅事件屡见不鲜，谁能保证自己认准的企业就一定不会出问题呢？

综上所述，成长投资的核心就是解决四个最重要的问题。

第一，找到真正的成长股。通过广泛而深入的研究，找到真正的成长股，甄别出伪成长股。每一个伪成长股，都是一颗炸弹，如果买点把握的比较好，可能会全身而退，如果属于高估买入，一旦成长证伪，几乎都是割肉出局。

第二，买在合理的价格。找到真正的成长股后，尽量买在合理的价格，而不是随时都可以买入。这里技术分析起到了非常重要的作用。再好的股票，买点不讲究，细节不注意，最后导致的差距是巨大的。

第三，及时兑现利润。随时保持警惕，及时发现增速见顶的拐点，一旦确认，及时兑现利润。

第四，一旦成长证伪，立刻出局，千万不要抱有幻想。

实际上，价值投资和成长投资的区分并非泾渭分明，二者很多时候是存在交叉的。比如股票A的利润增速是20%，那么在20倍市盈率以下，逢低分批买入，算是价值投资还是成长投资？确实很难精确区分，也没有必要。总体而言，价值投资和成长投资关注的角度有所不同，但共同点都是重视基本面，重视价值。只不过，价值投资的首要着重点在低估上，而成长投资的首要着重点在业绩成长上。

没有成长或者成长性弱的股票，即使市盈率很低，甚至低于净资产，但其波动性太低，也就封锁了盈利空间。所以选股的最优策略是从业绩高速成长的股票里选，也就是"选股首重成长"。

不要相信那些"好的股票任何时候买入都不晚"之类的话，再好的股票，都要重视买点的选择，虽然没法买在最优，但尽量买在合理的低位，绝对不会错。所谓的好股票，未必真有那么好，商业竞争的残酷，远远超出绝大多数人的想象，绝不是凭一厢情愿或者所谓洞察力就能够做好投资的。每一笔投资，无论什么时候，都要做好自己可能会出错的准备。因此，买点的选择上尽可能买在合理的低位上，即使错了，也给自己留出纠错的空间，才有可能全身而退。这方面的技巧，有赖于技术方面的修养，这就是"买点首重价值"。

二、成长投资万能公式

股票价格公式：

$$P = EPS \times PE$$

其中，P是价格，EPS是每股盈利，PE是市盈率。

先对上述概念做简单解释。

（1）每股盈利（Earnings Per Share，EPS），指普通股每股税后利润，是公司盈利能力的重要指标。

$$每股盈利 = 税后净利润 / 普通股股数$$

（2）市盈率（Price Earnings Ratio，PE），是评估一只股票价格是否高估或低估的重要指标。比如，通常所说的A股票10倍的市盈率，有点低估；B股票50倍的市盈率，有点高估，就是这个意思。

$$市盈率 = 股票价格 / 每股盈利$$

股价波动的直接因素就是EPS和PE。所以要想找到股价波动的规律，最直接的方法就是在这二者身上下功夫。

不难看出，股票价格的上涨，有两个直接原因：一是EPS上升，在PE不变的情况下，股价会相应上涨；二是PE上升，在EPS不变的情况下，股价同样会上涨。

EPS是相对客观的，是企业依靠自身努力经营实现的，因此基本面研究的一个重点就是分析、预测企业未来EPS的变化情况。现在券商主流的方法就是走的这个路线，通过财务分析和预测，对未来几年的EPS做出预测，从而预测未来的股价空间。

PE有所不同。EPS虽然需要预测，但最终是客观的数值，可能预测的不准确，但它是实实在在存在的，投资者需要做的只是提高预测的精确度。但PE是个相对主观的概念，更多的是市场给予的一个主观认可值。也就是说，这个数值是可以变动的，今天20倍的市盈率是合理的，一年后可能就变成低估了。一个传统行业的公司本来享受的是10倍市盈率，可能因为进军新的行业，就开始享受30倍市盈率了。这就增加了预测的变数和难度。

PE本质上就是风险偏好。风险偏好提高了，就可以接受更高的市盈率，哪怕企业本身一点变化都没有。风险偏好降低了，以前合理的市盈率现在就变成高估了。

综上分析，基本面研究其实可以分成两个部分。

第一，对企业自身业绩的研究和预测，主要是对EPS的预测。

这个目标相对客观，主要根据财务分析进行合理预测，这套方法很成熟，尤其对于比较成熟稳定的行业而言，营收和利润的变化都不会特别突然，具有很好的延续性，因此准确度较高。即便出现了一些突发状况，也可以及时地调整模型参数，仍然可以较为及时地预测出变化后的业绩状况。

这部分工作绝大多数券商研究所都会提供，尤其是几个比较大的研究所，其研究员的水平是比较有保证的，预测的准确度也非常高。当然这跟他们可以拿到第一手的数据直接相关。大券商研究员去调研，待遇都不同，小机构可能都没人理，更不用说散户了。所以，非机构投资者所谓的调研，意义不大，因为拿不到核心及时的数据，也没有专业研究员的精力和专业素养。调研的水准首先取决于数据。大的券商研究所都是分行业的，一个行业几个研究员天天盯着，一有消息就会及时跟踪，普通投资者显然很难达到这种水平。

对于普通散户甚至大户而言，亲自调研的成本较高，效果也不好。从这个角度看，适度购买机构的研究成果比较有性价比。现在很多研究报告也有免费的渠道，散户可以加以利用。

大量阅读，适度参考，应该是一个合格投资者的必修课。

第二，对企业合理PE的评估。

关于PE，有以下几个原则需要重点把握。

（1）股价的波动，并非完全随机，而是处于一个PE区间，包括PE上限和 PE 下限。当股价跌到 PE 下限时，就会有价值投资者试图买入，从而导致在 PE 下限附近企稳，形成底部。当股价上涨到 PE 上限时，持有该股的投资者会认为股价进入高估区域，从而开始不断有人卖出，导致构筑顶部。本质上，PE 区间就是一个围绕 PE 中枢进行的波动，它勾勒出了股价波动的合理区间。

（2）通常情况下，PE 区间是稳定的，除非出现重大变化，比如进入新的行业，业绩出现质变导致业绩增速大幅上升或者下降，投资者偏好出现重大变化，等等，这时可能会出现 PE 中枢向上或向下移动的情况。

（3）不同股票的 PE 区间并不完全相同。理论上，PE 区间应该与该股票的业绩增速呈正比，但实际中并非如此精确。不过大的原则确实如此，业绩增速越高，PE 区间越高。国内的市场，要适当考虑历史遗留原因，但随着与国际市场的接轨，投资理念也逐步接轨，以前适用的很多法则或者规律逐渐失效，新的适用法则逐渐向国外发达市场靠拢。

股票市场反映的是预期，一般情况下，提前反映大约半年左右，因此给股票估值时使用的 EPS 通常是今年预期 EPS 和明年预期 EPS。

综上所述，PE 下限、PE 上限、今年预期 EPS 和明年预期 EPS，这四者构成了股价波动的核心框架。这就是成长投资的万能公式。

举个简单的例子说明。股票 A 今年预期 EPS 是 1 元，明年预期 EPS 是 1.3 元，业绩增速是 30%，PE 区间是 20～30 倍，则股价今年会在 20～30 元之间波动。随着时间的推移，今年下半年到明年年初，股价的波动区间会逐渐转移到 26～39 元（1.3 元的 EPS，对应着 20～30 倍的 PE）。因此对于这只股票，操盘思路如下：

（1）最理想的操作：在 20 元附近买入，39 元附近卖出。

（2）比较务实的操作：在 26 元以下分批建仓，30 元以上分批卖出。

综合来说，做股票有以下几种盈利模式。

（1）PE 区间不变，赚 EPS 增长的钱。这是赚成长的钱。

（2）EPS、PE 区间都不变，赚从 PE 下限到 PE 上限的钱。这是赚周期的钱。

（3）由于重大质变，PE 中枢上移，比如货币大放水导致流动性泛滥，这是赚 PE 的钱。这种 PE 中枢的上移不会频繁发生，通常伴随重大事件发生一次性改变，然后会恢复到传统的下限、上限模式。

（4）EPS 增加，PE 中枢上移，同时还能精确捕捉到 PE 下限和 PE 上限，那就是操盘之王。

总体来说，对于优质成长股，万能公式的分析模式非常有效。对于低成长股或亏损股，最好不要用这个模型，关注重点应该是业绩以外的东西，比如重组预期等。

这里强调一下，周期股不适用于上述公式。周期股的投资逻辑完全是独立的，要深刻理解行业周期。

感　谢

感谢我的父亲和母亲，是你们塑造了我坚韧不拔、敢于直面任何困难的品质，我无所畏惧，勇往直前。

感谢同亨投资的杨志达先生，对本书的很多观点给出了极有价值的意见。您对我的帮助，我永远铭记在心。

感谢慧安投资的沈一慧先生，对本书的很多观点提出了中肯且有益的意见。

感谢我的好兄弟邓钟锋，芙蓉湖畔，畅聊人生，你对我的信任和帮助，我永生难忘。

感谢我的好兄弟卿云投资的杨振宁，对本书的很多观点起到了举足轻重的作用，感谢你的无私付出。

感谢我的表弟李龙，你对我的信任和帮助，我铭记在心。

最后要特别感谢中国宇航出版社的田芳卿和吴媛媛两位编辑，你们付出了巨大的精力，审阅、修改图书内容，并且无私地给出宝贵的意见。没有你们，这本书不可能出版。非常感谢！

参考书目

[1] 格雷厄姆，多德．证券分析[M]．巴曙松，陈剑，译．成都：四川人民出版社，2019．

[2] 格雷厄姆．聪明的投资者[M]．王中华，黄一义，译．北京：人民邮电出版社，2016．

[3] 格雷厄姆．华尔街教父格雷厄姆传[M]．王培，译．成都：四川人民出版，2021．

[4] 费舍．怎样选择成长股[M]．吕可嘉，译．北京：地震出版社，2017．

[5] 邦德．投资成长股：罗·普莱斯投资之道[M]．郭敬维，译．北京：机械工业出版社，2022．

[6] 巴菲特，坎宁安．巴菲特致股东的信[M]．杨天南，译．北京：机械工业出版社，2023．

[7] 考夫曼．穷查理宝典[M]．李继宏，等，译．北京：中信出版社，2021．

[8] 聂夫，明茨．约翰·聂夫的成功投资[M]．吴炯，谢小梅，译．北京：机械工业出版社，2022．

[9] 林奇，罗瑟查尔德．战胜华尔街：彼得·林奇选股实录[M]．刘建位，徐晓杰，李国平，等，译．北京：机械工业出版社，2022．

[10] 林奇，罗瑟查尔德．彼得·林奇的成功投资[M]．刘建位，徐晓杰，译．北京：机械工业出版社，2022．

[11] 罗斯柴尔德．戴维斯王朝[M]．杨天南，译．北京：中国人民大学出版社，2018．

[12] 艾萨克森．埃隆·马斯克传[M]．孙思远，刘家琦，译．北京：中信出版社，2023．

[13] 威尔德．三角洲理论：隐藏于市场中的秩序[M]．高海嵘，译．太原：山

西人民出版社，2013.

[14] 周金涛. 涛动周期论[M]. 北京：机械工业出版社，2017.

[15] 萨普. 通往财务自由之路[M]. 董梅，译. 北京：机械工业出版社，2023.

[16] 费雪. 对费雪的专栏采访[J]. 福布斯，1987.

[17] 塞思·卡拉曼. 一般性价值投资理论，适用于所有风格和市场[J]. 证券市场周刊，2023.7.